강사 셀프 브랜딩

Self-Branding

강사
셀프 브랜딩

글 | 한광일, 최재용, 박은경
감수 | 김진선, 홍승정
그림 | 박신영

삼호미디어

서문

강사라는 직업이 좋긴 좋나 보다. 요즘 사회 각 분야에서 갖가지 강연이 활발히 열리고 있다. 그 호황 속에서 많은 강사가 나름대로의 특·장점을 갖추고 활동하고 있다.

과연 강사란 무엇인가? 한마디로 강의를 하는 사람이다. 너무 쉬운가? 그렇다면 강의란 무엇인가? 강의의 사전적 의미는 '학문이나 기술의 일정한 내용을 체계적으로 설명하여 가르침'이다. 결국 강사란 강의를 파는 사람으로, 학문이든 기술이든 특정한 내용과 체계를 갖춘 전문 지식을 기본적으로 소유해야 한다.

그러나 오늘날 비록 특별하거나 대단한 전문 지식이 아닐지라도 나름대로 약간의 지식과 철학과 체험을 갖고 있다면 강사로서 활동하는 데 무리가 없다. 이 말은 전문 지식이나 기술적 체계가 없어도 강사로서 활동은 물론 대접받기에 충분할 만큼 강사라는 직업의 세계가 오픈되어 있다는 증거이다. 그러다 보니 강사라는 직업 분야에도 '강사 시장'이라는 말이 등장했다. 시장이라는 것은 분명 판매자와 구매자가 존재해야 하고 팔 수 있는 공간이 있어야 한다. 여기에는 판매할 물건이 있어야 하고 사고 싶은 구매 욕구가 충족되어야 매매가 이뤄지는 경제 논리가 포함된다.

다시 살펴보자. 판매자 입장에서 본다면 파는 제품이 우선 좋아야 하고 판매 기술 또한 뛰어나야 시장경제에서 살아남을 수 있다. 구매자 입장에서는 이 같은 조건들이 충족된 제품일지라도 이리저리 따져 살펴보고 최종 선택을 한 뒤에야 비로소 주머니에서 돈을 꺼낸다.

이를 강사와 대중에 대입해볼 때, 판매자는 강사로서 자신만의 특별한 제품을 갖고 있어야 한다. 판매 기술 또한 무시하지 못할 판매 조건이다. 이 같은 조건이 충족될 때 구매자 대중은 돈과 시간을 들여 강의를 들으러 찾아오고 그 강사의 강의에 열광한다.

강사가 자기만의 특별한 커리큘럼이 없다면 대중은 그에게 시간이나 비용을 지불할 이유가 없다. 물론 전문 지식이나 특별한 커리큘럼이 준비되어 있을지라도 전달하는 입장에서 강의 스킬이 부족하다면 그 좋은 콘텐츠를 대중에게 효과적으로 알릴 수 없을뿐더러 대중의 시선을 받는 데 큰 어려움이 따른다.

따라서 강사는 먼저 배워야 한다. 처음부터 모든 게 구비된 강사는 없다. 이 책『강사 셀프 브랜딩』은 이 같은 입장에서 먼저 강사가 갖추어야 할 여러 조건으로부터 시작하고 있다.

한국강사은행 한광일 박사는 '강사의 자격', '강연 기획과 평가', '매력적인 강사의 조건', '레크리에이션·행사 멘트', '강사의 매력 키우기', '칭찬의 기술' 등에 대해 30년 가까운 전문강사로서의 노하우를 꼼꼼하게 전달한다.

한국소셜미디어진흥원 최재용 원장은 '자기 PR은 네이버에서', '모바일 활용 동영상 제작, 유튜브 및 SNS 등록', '셀프 브랜딩을 SNS로'를 통해 강사로서 자신을 하나의 브랜드로 키울 홍보 마케팅 방법을 설명한다.

뉴젠스 밸런스행복센터 박은경 대표는 강사 역량 강화를 강조하며 '나에게 강사란 어떤 의미인가?', '상대가 집중하고 싶은 강사', '셀프 리더십 코칭의 이해'에 대해 전한다. 이를 통해 강사로서 대중과 소통할 때 먼저 갖추어야 할 기본 요건을 알려준다.

이처럼 이 책은 강사의 자격, 그 자격을 갖추기 위한 필수 조건, 대중과 소통하는 데 전제되어야 할 기본 요건, 강사로서 자신을 널리 알리기 위한 홍보 마케팅 등등 강사에게 필요한 모든 과정을 담고 있다.

대중을 상대로 강사 자신이 갖고 있는 지식을 전달하는 데에서 이 같은 조건들이 충족된다면 강사의 셀프 브랜딩은 저절로 구축될 것이다. 그렇기에 이 땅의 모든 강사는 더 많이 노력해야 한다. 끊임없이 배우고 실천하면서 자신의 내면을 먼저 채워나가야 한다. 밤잠을 줄일지언정 그 시간과 노력을 아끼지 말아야 한다.

'스타강사', '잘나가는 강사', '뜨는 강사', '인기강사' 같은 타이틀을 얻기 위해서는 피나는 훈련과 반복과 노력이 따라야 한다. 하루아침에 이런 타이틀을 강사 자신의 이름 앞에 붙일 수 없다. 남보다 무엇 하나라도 달라야 하고 특별해야 한다. 깊이든 재미든 그 어떤 것이든 간에 나만의 그 무엇이 있어야 한다. 그 무엇을 갖추는 데 이 한 권의 책이 큰 힘이 되길 바란다. 나아가 '존경받는 강사', '스승', '인생의 멘토'의 자리까지 이어지기를 소망한다.

끝으로 이 책의 출간을 위해 기획에서부터 진행 전 과정에 참여하여 감수를 맡아주신 세종대학교 세종CEO 문학포럼 김진선 지도교수와 홍승정 국제사이버대학교 평생교육학과장, 삼호미디어 출판 담당자 및 임직원 여러분께 감사의 말씀을 전한다.

2015년 6월

Prologue

시대에 따른 사회 각 분야마다 유행처럼 스쳐가는 나름의 분위기 혹은 물결이 있다. 이를 '트렌드'라고 한다. 학문 분야에도 이 같은 트렌드가 있다.

언제부터였을까? TV를 켜면 여기저기 채널에서 그동안 쉽게 볼 수 없었던 강사들의 열띤 강연을 어렵지 않게 접할 수 있다. 신선한 일이다. 흔히 볼 법한 막장 드라마, 예능 프로그램, 가요 프로그램, 스포츠 중계방송이 아닌 한 분야에서 나름대로 일가를 이룬 강사들이 나와 자신의 이야기를 펼치고 있으니까 말이다. 그렇게 <세상을 바꾸는 시간, 15분>이라는 프로가 대중들의 시선을 받기 시작했고, 출연한 강사들의 입을 통해 쏟아져 나오는 개인 경험과 관련 노하우를 시간 가는 줄도 모른 채 들으며 감동에 쉽게 빠져들곤 한다.

처음 <세상을 바꾸는 시간, 15분>은 진짜 세간의 화제가 된 스타강사, 인기강사들로 매 시간을 채워갔다. 그러다 어느 날부터인가 한 분야에서 특별한 업적이 있거나 전문가로 인정받는 인물들이 강사로서 무대에 올랐다.

그 후 이 프로그램을 모방하여 등장한 것이 바로 <강연 100℃>다. 이것은 인기 혹은 '스타성'과는 좀 거리가 멀지만 서민들의 살아가는 이야기를 강의 형식으로 풀어내는 프로그램이다. 이 프로그램 또한 그 무대에 서고자 신청자들이 앞다투어 줄을 서고 있는 상황이다.

사실, 강사가 무대에 서서 조명을 받았다고 해서 계속 강사로 살아갈 수 있는 것은 아니다. 강사는 다른 직업과 달라 전달하고자 하는 전문 지식이 있어야 하고, 그 전달 방법에서도 남달라야 한다. 이를 갖추었을 때 '뛰는 강사', '스타강사', '인기강사'라는 타이틀을 얻을 수 있다.

이 책『강사 셀프 브랜딩』에서는 강사가 되기 위한 아주 기본적인 조건에서부터 고도의 스킬에 이르기까지 전 과정을 함께 고민해볼 것이다. 이를 통해 무엇보다 강사 자신을 브랜드화하는 노하우, 대중, 즉 수강생들과의 소통 방법까지 전하고자 한다.

한광일
현) 열린사이버대학교 석좌교수
현) (사)국제웃음치료협회 총재(www.ha.or.kr)
현) 한국레크리에이션협회 총재(www.krec.or.kr)
현) 한국강사센터 대표(www.funny.or.kr)
현) 한국강사은행 총재

자격사항 연세대학교 석사, 서울대학교 박사, 웃음치료(지도)사, 칭찬지도사, 행복복지사 등
20여 종 자격증 창시자, 지도자 39,000명 양성(현 1,170기)
수상내역 2011 대한민국 교육대상 스타강사 수상, 2012 대한민국 성공 대상 수상
방송출연 KBS, MBC, SBS, 외국 방송 및 명사 특강 7,200회
저서 『웃음 치료법』, 『스트레스 치료법』, 『매력의 기술』, 『이기는 스타일』,
『펀 경영 리더십』, 『이기는 펀 리더십』, 『한국의 명강의』 외 다수

최재용
현) 국제사이버대학교 평생교육학과 겸임교수
현) 한국소셜미디어대학 학장
현) 한국소셜미디어진흥원 원장(www.hansowon.org)
현) 미국GLG마케팅그룹 컨설턴트
현) 한국취업진로학회 상임이사
현) 한국경영교육학회 상임이사
현) 한국소셜미디어전문가협회 이사장
현) (사)중소상공인SNS마케팅지원협회 이사장

강의분야 SNS 활용 소통전략, 스마트폰 활용전략, SNS 활용 홍보마케팅, 온라인 홍보마케
팅 등(각 대학 최고경영자과정, 협회, 단체, 정부기관, 대기업, 중소기업, 기타 농업대
학 등)
자격사항 기술거래사, 창업지도사, SNS지도사, 모바일지도사,
대한민국 제1호 SNS 마케터 컨설턴트 등
수상내역 2013 대한민국 명강사 33인, 2014 마르퀴즈 후즈 후 세계인명사전 'Master of SNS'
로 등재, 한국평화언론대상 신지식인상 등 다수
방송출연 KBS〈스펀지 2.0〉, SBS〈중소기업 대한민국의 힘〉, SBS〈아이디어 HOW MUCH!〉,
KBS〈여유만만〉, KBS〈굿모닝 대한민국〉, KBS〈생생정보통〉,
MBC〈컬투의 베란다쇼〉, 매일경제TV, 한국경제TV 등 다수
저서 『소셜미디어 마케팅』, 『SNS 백배 즐기기』, 『카카오스토리마케팅』,
『스마트폰 200배 즐기기』 외 다수

박은경

현) 뉴젠스 밸런스행복센터(www.bcoach.co.kr) 대표
    (12년 코칭 경력)
현) BHC코칭연구회 회장
현) ICF국제코치연맹 인증프로코치(PCC)
현) (사)한국코치협회 인증수퍼바이저코치(KSC)
현) (사)한국 NLP협회 NLP트레이너
현) ICF(국제코치연맹) 서울챕터 부회장
현) The Virtues Project International(인성프로그램) MFT(Master Facilitator)
현) Stakeholder Centered Coaching 코치
현) Birkman 디브리퍼
현) SQ21 영성코칭전문코치
현) POY(Point of you) Certified Trainer, Korea Partner

저서   『밸런스행복코칭』,『파이팅(진로·학습코칭)』,『The 코칭』

김진선

전) 지엘매거넷 대표 'i-MBC 하나더 TV 매거진' 발행인
현) 한국소셜미디어진흥원 부원장 / 이사
현) 한국소셜미디어대학 미디어콘텐츠 학과장
현) 파이낸스투데이 전문위원 / 수석기자
현) 한국시민기자협회 서울시지회 부회장
현) 중소기업연합통신 교육국장
현) 한국저널리스트대학 교수
현) 세종대학교 세종CEO 문학포럼 지도교수

자격사항 SNS마케터컨설턴트, SNS지도사, 모바일지도사, 최고위강사 1급, 소통강사 1급

수상내역 2014 대한민국 소셜미디어 대상 홍보대상 수상, 2014 한국평화언론대상 미디어강
사 부문 신지식인상 수상

저서   『함께 쓰는 SNS 이야기』,『SNS 마케팅의 비밀병기 카카오스토리』,『매출 200배 올
리는 모바일마케팅』,『TV광고보다 카카오스토리 Self 마케팅』,『NCS기반의 직업
기초 능력』등, 그 외 20여 권이 넘는 출판 감수

홍승정
전) 국제사이버대학교 이러닝센터소장
전) 국제사이버대학교 평생교육원장
현) 국제사이버대학교 평생교육학과장 / 전자도서관장
현) 창의실용교육학회 회장
현) (재)한국미디어교육협회 이사
현) 한국교육공학회 이사
현) 한국문화복지학회 이사
현) 한국직업능력개발원 평가위원

박신영
대학에서 디자인을 전공하고 아이들에게 밝고 순수한 행복을
주고 싶어 아이들을 위한 동화 그림을 그리고 있다.

SELF-BRANDING

CONTENTS

CONTENTS

Chapter 6 칭찬의 기술

CONTENTS

Self-Branding

Part
1

매력적인
강사의
셀프 브랜딩

Chapter 1

강사의
자격

01

나는 깡사!
시시하긴 싫다

국어사전에 '스승'은 '자기를 가르쳐서 인도하는 사람'으로, '선생(先生)'은 '학생을 가르치는 사람'으로 명시되어 있다. '강사(講師)'는 '학교나 학원 따위에서 위촉을 받아 강의를 하는 사람. 시간 강사와 전임 강사가 있다'로 기록되어 있다. 한문으로 '강(講)'은 '외우다, 배우다, 익히다, 연구하다'라는 의미로, '사(師)'는 '스승 사'의 의미로 설명된다.

확실히 국어사전은 고전적 사고방식에 치우쳐 강사를 스승이나 선생보다 수준을 낮춰 표현하고 있다. 하지만 분명한 사실은 강사는 한문으로 표현되는 것처럼 '강의를 하는 스승'이다. 사실 오늘날 '강사'라는 단어는 직업 이상의 의미로 외연이 확장되고 있다. 그 수준 또한 더 격상되고 있다. 그러다 보니 일부러 현직을 그만두고 프리랜서로 강사 활동을 하는 사람들이 점차 늘어나고 있다.

최근 '강사', '명강사', '스타강사', '인기강사', '국민강사' 등의 호칭은 선생, 교사, 교수의 수준을 뛰어넘는 수식어로 사용되고 있다. 강사는 말을 잘할뿐더러 살아 있는 메시지로 감동을 줄 수 있어야 한다. 이것이 잘 안 되면 강단에서 살아남기란 힘들다. 강사는 뜨겁고 신나는 열광과 열정의 주인공이다. 조언자, 제작자, 판매자, 비평가! 지식과 지혜가 넘쳐나는 냉철한 머리와 뜨거운 심장의 강사! 그런 강사가 장수한다.

강사는 참가자들의 행복과 성공 그리고 건강이 넘치도록 인도하는 인생 항로의 선장이 되어야 한다. 힐링(치유)도 필요하지만 힐링에서 다시 세일링(항해, 도전)하도록 자극과 동기부여를 하는 변화 매개자가 되어야 한다. 그렇기에 일방적인 전달식의 강연은 안 된다.

청중의 기억에 오래 남는 강연이 되기 위해서는 교훈적이고, 감동적이고, 체험적이고, 소통적이어야 한다. 그리고 다짐의 전쟁터가 되도록 해야 한다. 이렇게 하기 위해서는 강사가 먼저 비우고 즐기고 미쳐야 한다. 수강생들에게 모델링이 되어야 한다.

강사는 강단에서 카리스마, 포스, 기, 플라세보, 긍정의 힘이 넘치도록 최선을 다해야 한다. 강연은 살아서 꿈틀거려야 한다. 지식보다는 삶의 체험, 실패와 성공, 좌절과 희망, 고통과 행복을 깨닫게 하고 극적인 연출을 해야 한다. 강연에 연기를 입히면 훨씬 감동적이다. 그래서 강연은 종합예술이다. 인생은 짧지만 예술은 길다. 우리는 융합예술인이다. 희로애락의 체험이 없는 강사는 오래 못 간다.

누구나 굴곡진 삶이 있을 것이다. 단점이, 실패가, 핸디캡이 강연장에서 더 실감나고 역동적으로 전달될 수 있다. 즉, 살아 있는 경험담이 최고의 사례가 된다는 것이다. 비바람이 몰아칠수록 선장은 강해진다. 바람이 거셀수록 연은 더 높이 난다. 상처 없이는 진주도 없다. 인생의 모든 것이 강연 자료이다.

"나는 강사가 아니다. 스타강사다. 강사는 강사료만 받지만 스타강사는 참가자의 환호성과 기립 박수를 받는다."

강사들이여, 자신감을 가져라! 그리고 질러라, 피워라, 울어라, 웃어라, 나눠라, 주어라. 내 것이 아니니 다 가져가게 하라. 지치면 진다. 미치면 이긴다. 걱정하면 진다. 설레면 이긴다. 피하면 진다. 즐기면 이긴다. '필사즉생(必死則生)'으로 하자! 포기를 포기하라! 좌절을 좌절하라! 생긴 대로 사는 것은 체념이다. 열심히 사는 것은 집념이다. 희망을 피워라! 성공을 성공시켜라!

대한민국은 한강이, 독일은 라인강이, 프랑스는 센강이, 중국은 양쯔강이, 일본은 스끼다시강(유머)이, 러시아는 이노므세끼강(유머)이 오늘도 유유히 흐른다. 강물은 죽어라고 바다로 향한다. 진리의 바다이기에, 모든 걸 품어주는 바다이기에, 절대로 썩지 않는 저 바다로!
나는 죽어도 '깡사'다. 시시하긴 싫다.

2014년 8월 8일 한광일
인터넷 주소창에 웃음.tv, 강사.tv, 대한민국.tv로 검색해보라.

02

강사의
기도

이런 사람이 되게 하소서!

▶ 학벌을 탓하지 마라.
대학 졸업장이 없어도 몰입하고 즐겨서 성공한 스티브 잡스, 마크 저커버그, 빌 게이츠가 되게 하소서.

▶ 가난을 탓하지 마라.
들쥐를 잡아먹으며 세계를 정복한 칭기즈칸이 되게 하소서.

▶ 나라를 탓하지 마라.
배 13척으로 130척을 이긴 지략과 용맹의 이순신이 되게 하소서.

▶ 다락방을 탓하지 마라.
겸손함과 소탈함으로 늘 약자의 편에 서 있는 성 프란체스코가 되게 하소서.

▶ 종교를 탓하지 마라.

"이 세상 최고의 종교는 친절"이라고 하는 무소유의 법정이 되게 하소서.

▶ 허영에 사로잡히지 마라.

봉사가 중요해서 노벨상을 받을 시간도 없는 슈바이처가 되게 하소서.

▶ 원수를 탓하지 마라.

사랑을 실천하기 위해 십자가에 달린 예수가 되게 하소서.

▶ 용모를 탓하지 마라.

아이들의 이야기를 경청해서 '수염대통령'이 되고 노예를 해방시킨 링컨이 되게 하소서.

▶ 특권을 탓하지 마라.

자식을 전쟁터에 보내서 애국하는 엘리자베스 여왕이 되게 하소서.

▶ 능력을 탓하지 마라.

"이탈리아를 보았지만 알프스는 보지 못했다"라며 배수진을 친 나폴레옹이 되게 하소서.

▶ 조건을 탓하지 마라.

오늘도 말이 없고 발이 없어도 수만 리 온 누리를 누비는 빛과 바람이 되게 하소서.

2014년 8월 26일 옥천 아침 산길에서, 한광일

03

강사의
5격(格)

폼생폼사!

깡사여, 깡에서 깡으로!

- 5가 : 진가, 찬가, 상한가, 전문가, 예술가
- 5나 : 참나, 신나, 별나, 빛나, 언제나
- 5다 : 좋다, 신난다, 고맙다, 미안하다, 사랑한다
- 5라 : 웃어라, 비워라, 즐겨라, 미쳐라, 비춰라
- 5마 : 놀지 마, 지지 마, 울지 마, 아프지 마, 화내지 마
- 5봐 : 부딪쳐봐, 도전해봐, 최선 다해봐, 기다려봐, 용기내봐
- 5사 : 행사, 축사, 찬사, 밥사, 봉사
- 5아 : 무아, 자아, 청아, 단아, 우아
- 5자 : 웃자, 놀자, 걷자, 자자, 배우자
- 5차 : 쾌차, 박차, 영차, 으랏차, 어기여차
- 5카 : 유레카, 킹카, 퀸카, 스포츠카, 셀카
- 5타 : 스타, 수타, 안타, 난타, 기타
- 5파 : 격파, 연파, 돌파, 대파, 전파

- 5하 : 알로하, 축하, 아하, 하하, 천하
- 5기 : 총기, 화기, 양기, 향기, 정기
- 5고 : 최고, 맑고, 향기롭고, 자비롭고, 사랑스럽고
- 5구 : 친구, 선구, 연구, 탐구, 추구
- 5금 : 지금, 신금, 화금, 수금, 상금
- 5격 : 인격, 파격, 진격, 품격, 전격
- 5결 : 한결, 꿈결, 숨결, 순결, 청결
- 5감 : 자신감, 영감, 과감, 정감, 대감
- 5개 : 무지개, 만개, 활개, 베개, 회개
- 5경 : 존경, 구경, 풍경, 절경, 식후경
- 5남 : 만남, 쾌남, 훈남, 소남, 호남
- 5념 : 신념, 집념, 전념, 개념, 양념
- 버릴 5념 : 체념, 푸념, 상념, 관념, 잡념
- 5동 : 생동, 감동, 충동, 부동, 행동
- 5돌 : 부싯돌, 주춧돌, 디딤돌, 누름돌, 숫돌
- 5렴 : 청렴, 수렴, 해보렴, 웃어주렴, 거저주렴
- 5리 : 진리, 사리, 의리, 정리, 일사천리
- 5력 : 매력, 화력, 강력, 정력, 속력
- 5름 : 오름, 늠름, 해오름, 지름, 이름
- 5미 : 재미, 개미, 찬미, 장미, 자연미
- 5모 : 메모, 네모, 정모, 장모, 응모
- 5명 : 생명, 총명, 광명, 신명, 사명
- 5망 : 야망, 희망, 전망, 선망, 신망
- 5복 : 만복, 다복, 천복, 행복, 축복
- 5밤 : 별밤, 달밤, 꿀밤, 단밤, 뜨거운 밤
- 5정 : 열정, 진정, 긍정, 사필귀정, 사정
- 5수 : 폭포수, 생수, 정수, 장수, 팥빙수
- 8심 : 진심, 충심, 성심, 양심, 초심, 중심, 열심, 뒷심

- 버릴 5심 : 소심, 방심, 사심, 의심, 적개심
- 5사 : 찬사, 감사, 행사, 정사, 조사
- 5신 : 확신, 소신, 최신, 화신, 정신
- 5선 : 신선, 최선, 우선, 수선, 솔선
- 5살 : 살살, 햇살, 박살, 넉살, 삼겹살
- 5실 : 성실, 착실, 행실, 방실, 충실
- 5상 : 밥상, 감상, 상상, 정상, 위상
- 5십 : 리더십, 멤버십, 팔로우십, 릴레이션십, 스포츠맨십
- 5품 : 명품, 진품, 상품, 발품, 골동품
- 5짱 : 말짱, 얼짱, 몸짱, 꿈짱, 배짱
- 5장 : 지장, 덕장, 용장, 성장, 훈장
- 5직 : 정직, 매직, 듬직, 우직, 믿음직
- 5통 : 즉통, 소통, 대통, 화통, 형통
- 버릴 5통 : 치통, 변비통, 생리통, 꼴통, 쓰레기통
- 5판 : 철판, 나침판, 칠판, 발판, 평판
- 버릴 5판 : 이판사판, 오판, 개판, 쌍판, 놀음판
- 5쾌 : 상쾌, 유쾌, 통쾌, 명쾌, 흔쾌
- 5은 : 보은, 성은, 담은, 대은, 사은
- 5일 : 공휴일, 제일, 유일, 생일, 한광일
- 7음 : 마음, 처음, 화음, 이음, 신음, 득음, 다음
- 버릴 5음 : 소음, 졸음, 과음, 탁음, 간음
- 5의 : 창의, 신의, 경의, 성의, 정의
- 5욕 : 목욕, 반신욕, 해수욕, 일광욕, 삼림욕
- 5행 : 다행, 수행, 산행, 여행, 한국강사은행
- 5희 : 환희, 유희, 찬희, 전희, 감희
- 5해 : 송해, 사랑해, 좋아해, 존경해, 찬란해
- 5회 : 기회, 만회, 재회, 바자회, 동창회
- 5촉 : 위촉, 감촉, 판촉, 촉촉, 화촉

- 5진 : 청사진, 전진, 추진, 정진, 선진
- 5크 : 유니크, 스파이크, 초크, 쇼크, 조크
- 5트 : 스마트, 화이트, 이벤트, 포인트, 조인트
- 10기 : 향기, 생기, 발기, 슬기, 사기, 패기, 용기, 열기, 끈기, 극기
- 10금 : 소금, 지금, 신금, 황금, 천금, 상금, 축의금, 조의금, 선금, 수금
- 10ㄲ : 끼, 깡, 끈, 끌, 꾀, 꿈, 꽃, 끝, 꿀, 깔
- 10끈 : 신발끈, 머리끈, 허리끈, 불끈, 화끈, 후끈, 세끈, 가방끈, 매끈, 울끈
- 10게 : 크게, 길게, 높게, 깊게, 뜨겁게, 신나게, 멋지게, 폼 나게, 힘차게, 자신 있게
- 10물 : 우물, 샘물, 시냇물, 강물, 마중물, 보물, 선물, 견물, 인물, 성물
- 10스 : 릴렉스, 오아시스, 카타르시스, 유머러스, 로맨스, 찬스, 센스, 키스, 섹스, 카스
- 10원 : 시원, 소원, 축원, 영원, 초원, 후원, 차원, 구원, 공원, 지원
- 10감탄사 : 오예, 원더풀, 굿, 최고, 우와, 짱, 역시, 따봉, 킹왕짱, 대박

04

힘이
되어주는 말

성실한, 듬직한, 푸짐한, 포근한, 따뜻한, 날씬한, 친근한, 다정한, 총명한, 영리한, 똑똑한, 스마트한, 섹시한, 우아한, 잘난, 미친, 웃기는, 재미있는, 위트 넘치는, 유머러스한, 날쌘, 용맹스런, 믿음 가는, 바위 같은, 복스러운, 향기로운, 지혜로운, 청국장 같은, 된장 같은, 폭포수 같은, 귀여운, 상냥한, 열정적인, 야망의, 정의로운, 착실한, 순한, 착한, 싱싱한, 청순한, 매너 있는, 매력 있는, 그윽한, 감미로운, 감동적인, 매혹적인, 시적인, 음악 같은, 풋풋한, 향기로운, 자비로운, 사랑스러운, 아름다운, 샘물 같은, 샛별 같은, 달콤한, 사탕 같은, 신비로운, 지적인, 영롱한, 단아한, 바다 같은, 불꽃같은, 꽃보다 더 아름다운, 향기보다 더 향기로운….

05

말의
위력

이성계가 왕으로 등극한 후, 어느 날 무학대사와 환담을 하게 됐다. 이성계는 무학대사를 보고 꼭 멧돼지처럼 생겼다고 농담했다. 이 말을 들은 대사는 아무 말도 하지 않고 빙긋이 웃고만 있었다. 한참을 기다려도 아무 반응이 없자 이성계가 물었다.

"그래, 대사는 내가 무엇으로 보이는가?"

대사가 대답했다.

"부처님처럼 보입니다."

이성계는 의아한 듯 되물었다.

"'나는 대사를 멧돼지처럼 보인다'고 했는데, 그대는 어찌하여 나를 '부처님처럼 보인다'고 하는가?"

대사가 대답했다.

"멧돼지 눈에는 멧돼지만 보이고, 부처 눈에는 부처가 보입니다."

시장에서 일어난 일이다. 어느 아주머니가 김장을 담그기 위해 시장을 찾았다. 아저씨가 열심히 배추를 팔고 있었다. 아주머니가 아저씨에게 "이놈 얼마요? 저놈 얼마요? 요놈 얼마요?" 하고 연달아 물었다. 아저씨가 대답했다.

"이년 삼백 원, 저년 오백 원, 요년 천 원, 붙어 있는 이 쌍년 천 원, 이 모든 잡년 오천 원이요."

위 두 대화 속에는 모두 재치가 있지만 그 이면에는 날카로운 가시가 있다. 모든 만남과 소통의 이치가 거울이고 상대적이다. 내가 어떻게 하느냐에 따라 상대의 태도와 마음이 달라진다. 당신은 나의 거울이요, 나는 당신의 거울이다. 요컨대 인생은 거울이다.

황희 정승이 젊었을 때의 일이다. 그는 자신의 지혜만 믿고 의기양양하게 함부로 말했다가 후회한 적이 많았다고 한다. 그는 벼슬아치들의 시기와 미움을 받아 잠시 쉬기로 하고 전국 유람을 다녔다. 그 여정에서 잠시 남쪽 지방에 머무르게 되었다.

한창 바쁜 농번기 때 나이 지긋한 노인이 누렁소 한 마리와 검정소 한 마리를 부려 논을 갈고 있었다. 황희는 한참을 구경하다가 노인에게 물었다.

"이 두 소 중에서 어느 소가 일을 더 잘합니까?"

노인은 잠시 소를 놓고 일부러 황희가 있는 곳까지 오더니 황희의 귀에 대고 속삭였다.

"누렁소가 더 잘합니다."

황희는 노인의 태도에 어이가 없었다.

"하하하! 논 밖으로 나와서 귓속말까지 할 필요는 없지 않습니까?"

그러자 노인은 황희의 말에 얼굴을 붉히며 말했다.

"소도 귀가 있고요. 두 마리가 다 열심히 땀 흘려 일하고 있는데 어느 한쪽이 더 잘한다고 하면 그 옆의 소가 기분 나빠할 것 아니오. 아무리 동물이라지만 말은 함부로 하는 게 아닙니다."

황희는 노인의 말을 듣고 자신의 경거망동을 자책하며 실수를 인정했다.

"어르신, 감사합니다. 미천한 저에게 큰 깨우침을 주셨습니다."

황희는 노인에게 큰절을 하고 나왔다.

이 일을 계기로 황희는 죽을 때까지 다른 사람의 단점을 말하거나 판단하는 말을 꺼내지 않았다고 한다. 황희는 지금까지도 역사상 가장 지혜롭고 훌륭한 정승으로 이름나 있다.

강사는 입으로 메시지를 전달하는 메신저이다. 따라서 절제와 더불어 청자에 대한 배려가 말에 담기도록 해야 한다. 늘 신중하게, 다정하게, 따뜻하게, 칭찬과 덕담을 하는 습관을 키워야 한다. 무엇보다 후학들에게 희망과 도전, 자신감과 비전을 줄 수 있는 능력자가 되어야 한다. 그렇게 할 때 비로소 존경받고 인정받는 스승이 될 수 있다.

06
경청의
위력

입은 하나인데 귀는 두 개이다. 말은 적게 하고 들어주는 데 더 신경 쓰라는 하늘의 뜻이 아닐 수 없다. 좋은 강사가 되려면 말하고 지시하는 것보다 들어주는 것을 더 잘해야 한다. 성공한 역사의 인물 중에는 경청의 리더가 많다.

칭기즈칸은 의리를 중시하는 경청의 리더였다. 칭기즈칸(아명은 테무친)은 몽골제국의 제1대 왕(1167?~1227)으로 동서양에 걸친 대제국을 건설하였다. 당시 몽골의 기마병은 지구상에서 가장 용맹했는데 그런 만큼 유럽인들은 이들을 가리켜 '타르타투스(지옥을 의미한다)'라고 불렀다. 이런 용감무쌍한 군사력은 광활한 초원에서 세 살부터 익히는 탁월한 기마술과 궁술, 전 부족을 전사화하는 용맹한 조직력에서 나왔다.

칭기즈칸을 위시한 몽골족이 역사상 가장 넓은 영토를 지배한 원동력 중 하나는 말의 활용이다. 그들은 말을 이용하여 기동성을 높였고 이를 통해 압도적인 속도전을 벌였다. 그들은 말 위에서 자고 식사했다. 말먹이 풀은 현지에서 조달했다. 비상시 말을 식용으로도 썼는데 그 뼈는 화살촉으로 사용했다. 그들은 100명의 군사를 거느린 백호장과 1,000명의 군사를 거느린 천호장이 작전을 수행했고 전쟁을 할 때마다 새로운 전술과 무기 제조법을 개발했다.

칭기즈칸이 몽골 초원을 통일하고 세계를 정복할 수 있었던 것은 머리가 아닌 지혜와 리더십 때문이다. 그에게는 광활한 초원의 전쟁터에서 죽음을 각오한 채 곁에서 지켜주고 따르는 의리의 부하들이 많았다. 그는 부하들의 사소한 말 한 마디도 들어주는 경청의 리더, 그 약속을 지켜주는 의리의 리더였다.

오늘날 리더십이 부족한 리더가 참 많은 것 같다. 진정한 리더는 공약을 남발하지 않는다. 진정한 리더는 '작은 약속이라도 지켜주는 선량한 양심과 무엇보다 지덕체(智德體)가 겸비된 융합적 인격체를 가져야 한다.

칭기즈칸 '사막의 노래'

집안이 나쁘다고 탓하지 말라.
나는 아홉 살 때 아버지를 잃고, 마을에서 쫓겨났다.

가난하다고 탓하지 말라.
나는 들쥐를 잡아먹으며 연명했고
목숨을 건 전쟁이 내 직업이고 내 일이었다.

작은 나라에서 태어났다고 탓하지 말라.
그림자 말고는 친구도 없고, 병사로만 10만,
백성은 어린애, 노인까지 합쳐 200만도 되지 않았다.

배운 게 없다고, 힘이 없다고 말하지 말라.
나는 내 이름도 쓸 줄 몰랐으나,
남의 말에 귀 기울이면서 현명해지는 법을 배웠다.

너무 막막하다고, 그래서 포기해야겠다고 말하지 말라.
나는 목에 칼을 쓰고도 탈출했고

　　　　　뺨에 화살을 맞고 죽었다 살아나기도 했다.

　　　　　적은 밖에 있는 것이 아니라 내 안에 있었다.
　　　　　나는 내게 거추장스러운 것은 깡그리 쓸어버렸다.
　　　　　나를 극복하는 그 순간, 나는 칭기즈칸이 되었다.

또 다른 경청의 리더는 에이브러햄 링컨(1809~1865)이다. 미국 설문 조사를 할 때마다 그는 역사상 가장 위대한 대통령, 강력한 대통령 1위로 선정되었다. 그는 백악관에 기도처를 만들어 힘들 때마다 기도하는 대통령으로 알려져 있다. 신장이 193센티미터의 장신인 것에 걸맞게 그의 삶 또한 거인의 삶이었다. 그는 '노예해방선언'을 하고 남북전쟁을 승리로 이끌어 분열된 미국을 하나로 통일했다. 이러한 영광의 업적을 이룬 그이지만 그에게도 수십 번의 선거에서 낙선하고 심지어 두 아들을 잃는 슬픔이 있었다.

링컨은 켄터키주의 조용한 농가에서 목수의 아들로 태어났다. 인디애나와 일리노이를 거쳐 지난 1831년부터 뉴 세일럼에서 살았다. 잡화점 운영, 측량기사, 우체국장 등 여러 직업을 거치면서 법률 공부를 해 변호사가 되었고, 1937년 일리노이주의 스프링필드에서 법률사무소를 개업했다. 하원의원 선거에서 그는 두 번이나 낙선했다.

링컨은 1861년 3월부터 총격으로 사망한 1865년 4월까지 미국의 16번째 대통령으로 재직했다. 지금까지도 모든 미국 대통령 중 가장 위대한 대통령으로 꼽히고 있는데 그는 유머의 달인, 영웅, 성자, 순교자라는 칭호로 회자되며 인정받고 있다. 리더십이 높은 대통령 설문 조사 결과 그는 2위 레이건에 앞선 1위로 늘 국민들의 사랑을 독차지하고 있다.

본래 링컨은 대통령에 출마했을 당시 인기가 그리 많지 않았다. 그의 외모 때문이었다. 광대뼈는 튀어나오고 체구는 매우 말랐기에 특히 여자들에게 인기가 없었다.

어느 날 링컨은 선거 유세를 위해 기차를 타고 가다가 우연히 한 마을을 방문하게 되었다. 수많은 주민이 그를 보러 나왔다. 그때 한 어린 소녀가 어른들 사이를 헤치고 나와 그에게 다가갔다. 소녀는 그에게 귓속말로 속삭였다.

"링컨 아저씨! 턱수염을 기르면 더 멋있을 거예요."

링컨은 소녀의 말을 무시하지 않았다. 그는 턱수염을 기르겠다고 소녀와 약속을 했다.

링컨은 소녀와 약속한 대로 턱수염을 길렀다. 그 덕분에 '말라깽이'라는 소리를 듣지 않게 되었다. 결국 다정다감하고 인자한 인상을 앞세운 그는 마침내 대통령이 되었다. 그는 소녀의 말을 평생 간직하며 턱수염을 기른 채 살았다.

지나친 성형이 난무하는 용모지상주의 시대에서 턱수염 하나로 인생의 운명을 가른 링컨의 일화는 우리에게 큰 교훈이 되고 있다. 작은 소리에도 귀를 기울이는 경청의 리더십은 성공을 불러올 수밖에 없다.

에이브러햄 링컨의 기도

주님! 저에게 무엇을 말씀하려고 하십니까?

실패는 내가 패배자라는 말이 아닙니다.

단지 내가 아직 성공하지 않았다는 뜻입니다.

실패는 아무것도 이루지 못했다는 말이 아닙니다.

어떤 중요한 사실을 배웠다는 뜻입니다.

실패는 내가 어리석다는 말이 아닙니다.

시도할 충분한 믿음이 있었다는 뜻입니다.

실패는 내가 치욕을 받은 것이 아닙니다.

내가 감히 시도했었다는 뜻입니다.

실패는 내가 그것을 가지지 못했다는 말이 아닙니다.

다른 방법으로 무엇을 해야 한다는 뜻입니다.

실패는 내 인생이 하급품이 되었다는 말이 아닙니다.

내가 완전하지 않다는 뜻입니다.

실패는 내 시간을 탕진했다는 말이 아닙니다.

내가 다시 해야 한다는 뜻입니다.

실패는 이제 내가 포기해야 한다는 말이 아닙니다.

더 열심히 해야 한다는 뜻입니다.

실패는 내가 결코 이룰 수 없다는 말이 아닙니다.

나에게 좀 더 인내가 필요하다는 뜻입니다.

실패는 주께서 나를 버렸다는 말이 아닙니다.

주께서 더 좋은 아이디어를 갖고 계시다는 뜻입니다.

아멘.

Chapter 2

강연 기획과 평가

01

강연의
의의

강연의 궁극적 목적은 강연을 통한 학습으로 개인과 집단의 목표 및 목적 달성, 자기 인식, 자기계발, 구성원 간의 바람직한 상호작용(감정, 행동, 다짐, 소통)을 하도록 하는 데 있다. 이러한 개인과 집단의 목적을 달성하기 위해서는 치밀하게 계획된 프로그램이 있어야 한다. 프로그램은 계획하고 의도된 목적과 목표를 성취하도록 만드는 구체적 변화의 매개체라고 할 수 있다. 프로그램은 기획, 계획, 강사, 목적, 목표, 일정, 장소, 내용, 기자재, 평가 등의 개념을 내포하고 있으며 실천적인 의미를 갖는다.

02

강연
작성 지침

▶ 참가자의 욕구와 흥미에 대한 사전 정보 파악

▶ 집단 모임의 목적과 목표에 따라 작성

▶ 참가자의 연령, 지역사회의 문화적 배경, 경제적 수준

▶ 참가자의 자발적 선택의 기회 보장

▶ 장소, 시간, 대형 등의 환경 여건과 대상자의 수준에 따라 작성

▶ 상호 역동, 융통성의 보장

▶ 참가자의 단계적 적응 고려(개인적 → 사회적으로, 단순한 것 → 다양한 것)

03

강연 기획의
단계적 과정

1) 1단계 : 문제와 욕구의 파악

- 개인과 집단의 관심, 문제, 욕구 측정
- 문제와 욕구의 원인 조사, 분석
- 목적과 목표에 부합하는지와 달성 가능 여부 파악
- 현장 답사, 사실적 자료 수집, 이론적 배경 연구, 예전 자료 평가
- 참가자의 강연 경험에 대한 조사
- 이용 가능한 자원 조사(인적, 물적, 장소, 예산)

2) 2단계 : 활동 목표의 설정 및 프로그램 개발

- 개인과 집단의 목적에 알맞게
- 문제 해결과 욕구 충족을 위한 프로그램
- 강사와 참가자의 능력에 알맞게
- 강사와 참가자의 공동 개발도 가능
- 변화 목표에 대한 우선순위 결정
- 변화 결과에 대한 예측

• 원활한 상호 교류(강사와 참가자, 참가자와 참가자, 참가자와 프로그램)

3) 3단계 : 책임 분담
• 일정 계획의 확정, 조직 구성
• 책임 분담, 담당자 가부 확인

4) 4단계 : 준비 일정표 작성
• 여유롭게 계획, 장소 및 강사 사전 예약
• 프로그램 준비에 대한 우선순위 결정
• 사소한 일들도 열거
• 필요한 프로그램 재료 및 수량 결정
• 일시, 내용, 방법, 재료, 담당자 기록

5) 5단계 : 실행
• 예산 편성, 홍보
• 프로그램 재료 구입, 자원 동원
• 프로그램 사전 연습, 훈련
• 핸드북 편집, 각 신청서, 평가서 작성
• 종합 점검

04
프로그램
평가

프로그램 평가는 참가자에 대한 사후 지도와 차기 프로그램에 대한 개선 및 발전을 목표로 실시한다. 평가는 착상(Idea)에서 계획, 준비, 진행 과정, 결과 평가까지의 모든 과정이 종료된 후 그 효과를 지켜보고 평가하는 사후 평가까지 해야 한다. 그리고 차기에 유사한 프로그램을 하더라도 참고 자료가 될 만한 것이어야 한다. 문서, 사진, 동영상, 설문지, 현장 반응, 담당자 코멘트 등 종합적으로 수집해 평가해야 한다.

1) 계획 평가

- 목적 설정
- 프로그램 설정
- 준비 및 진행 시간
- 조직, 예산 편성, 책임 분담
- 장소, 시기, 참가자, 구성원수, 진행자, 강사 선정

2) 진행 평가

- 목적과 목표에 따라
- 프로그램 시간 편성
- 내용의 적절성, 예정대로 진행 여부
- 책임자 역할
- 시행착오, 당면한 문제, 돌발적 사고에 대한 대응
- 효과적인 진행, 진행자의 매너
- 참가자의 개인적·집단적 태도의 변화 평가
- 프로그램 관계(흥미, 적응, 판단, 이해, 집중, 창작, 도전, 동작, 협동, 능동, 융합)
- 대인관계(사교, 소통, 자제력, 배타, 편견, 이해, 수용)
- 언어, 행동 관계(고운 말, 어휘력, 정확, 의식·무의식적 표현, 전달력)
- 지도력 관계(리더십, 독선, 의존, 자유, 방임)
- 도덕성 관계(질서, 준법성, 규칙, 예절, 양보)
- 심신 건강(기분, 열정, 파워)

3) 결과 평가

- 목적과 목표 달성 여부
- 개인과 집단의 관심
- 욕구 충족 여부
- 문제 해결의 원인 분석
- 차기 개선해야 할 사항
- 적절한 역할 분담
- 홍보(신문, 인터넷, 포스터, 전단지, DM, SNS, 명함, 구전 방법, 접수 방법, 인원수, 주최 등)
- 에피소드 등

05
강연
작성 방법

구체적인 계획에 의해 기획 결정된 프로그램을 계획부터 평가 방법까지, 누가 보더라도 일사천리(一瀉千里)로 원활히 진행할 수 있도록 알기 쉽게 자세히 작성해야 한다. 프로그램을 구성하는 요소가 다양하지만, 여기서는 기본적이고 반드시 있어야 할 필수 요소들을 정리해보았다.

1) 프로그램명

프로그램명은 목적과 대상 수준에 걸맞은 것, 요약적이면서도 관심을 유발할 수 있는 것으로 한다. 특히 아동, 청소년, 여성, 노인 등을 대상으로 하는 행사의 경우에는 자극적이면서 특별한 프로그램명이 필요하다(예컨대 아동과 청소년은 꾸러기, 노인대학은 청춘교실 등).

2) 프로그램 개요·배경·이력·필요성

사전 욕구 조사를 통해 필요성을 제시해야 한다. 통계 자료의 제시는 과학적 프로그램의 근거가 될 수 있다.

3) 대상·주요 문제·표적집단

광범위하거나 중복되는 대상은 피하고, 대상자가 지니고 있는 주요 문제는 반드시 파악한다.

4) 목적

프로그램의 이념과 가치에 맞는 목적을 설정하되, 그것이 영리적이거나 추상적이어서는 안 된다.

5) 목표

프로그램을 통해 이루거나 도달하려는 수량, 수치, 무게, 지위, 대상이 되도록 구체적이어야 한다. 이것은 평가를 할 때 중요한 척도가 된다.

6) 기대효과

기대효과란 강사의 전문적 개입을 통해 참가자에게 이루어질 바람직한 변화를 뜻한다.

7) 인원

효과, 효율, 예산, 시설, 강사료를 고려한 인원 배정을 한다.

8) 유사 프로그램 비교

프로그램의 참신성과 직결되는 것으로, 필요한 정보를 수집한다.

9) 시기

충분한 일정을 정해 변동되지 않도록 한다. 대상자 위주로 시기를 정한다(학생은 수업 일정에 따라, 어르신은 오전에).

10) 프로그램 운영

- 종류와 내용 – 참가자의 과제 해결 능력을 고려한 것으로, 구체적이고 다양하고 사회적이어야 한다.
- 서비스 장소와 시설 – 대상의 성별, 연령, 인원 등을 고려해 공간을 배치한다.
- 준비 및 진행 일정표 – 도식화해서 보기 쉽게 짠다.
- 서비스 운영 과정 전반
- 전문적 개입 방법 – 혼합된 형태는 지양하며, 가능한 한 기대 효과와 연계하여 선정한다.
- 조직

11) 예산

예산과 동원 가능한 후원금을 고려하여 세부적으로 산정한다.

12) 홍보

다각적인 매체를 통해 이용 가능한 지역권에 집중적, 반복적, 효과적 홍보를 한다. 홍보 시점은 최소한 프로그램 개시일 40일 전으로 여유 있게 잡는다.

13) 홍보 유형

- SNS 활용(인터넷 검색, 카카오톡, 밴드, 카페, 블로그, 홈피, 페이스북, 트위터, 이메일, 구전, 명단 활용 등)

- 포스터, 전단지, 현수막, 명함, 신문지, 정보지, 지역신문, 지역정보지, 각종 소식지
- 대인 홍보, 전화 홍보, 서신 홍보
- 대상자가 많이 모이는 곳 집중 홍보(대상자가 학생일 경우 학교, 오락실, 독서실, 놀이터 등)
- 방송(TV, 케이블TV, 인터넷방송, 라디오 등)
- 편지함에 안내지 넣기
- 관련 기자와의 인터뷰 기사화

14) 지역사회 자원 동원(단, 재능기부나 자선 강연)

- 인적 자원 – 조직, 자원봉사자, 관련 기능 보유자, 매스컴 홍보 담당자
- 물적 자원 – 시설, 물품, 후원금, 도구, 자료 등 자원봉사자의 적합 여부를 신중히 선별한 뒤 참여토록 하고 사전에 프로그램에 관한 교육을 실시해야 한다. 또한 프로그램을 통해 자원봉사자들도 만족과 보람을 느낄 수 있도록 배려해야 한다.

15) 평가·피드백(Feedback)

반드시 문서로 하되, 객관적으로 평가되어야 한다. 대형 프로젝트는 기관 여건에 따라 전문가의 평가를 의뢰해야 한다. 또한 보이지 않는 무형적 부분에 대한 평가와 참가자의 평가가 반영되어야 한다. 즉, 기획 평가·진행 평가·결과 평가·사후 평가 등을 한다.

16) 기획인 성명

근무기관, 부서, 직책, 연월일을 기록한다.

06

프로그램 준비
일정표(예)

모든 프로그램과 준비물을 구체적으로 나열하고, 준비 기간을 날짜와 날짜 사이에 줄로 그어 되도록 한눈에 보이게끔 한 장에 표시한다.

프로그램	월	7월												
및 준비물	일	1	2	3	.	.	.	.	.	.	27	28	29	30
답사 재료 구입 강연														

07

월별
프로그램 진행표(예)

단기 과정은 일별·주별로, 장기 과정은 주별·월별·분기별로 계획한다.

월별	프로그램명	내용	기대 효과	일시	장소	프로그램 재료		담당자
						품목	금액	
1월	교양 강좌							
2월	현장 탐방							
3월	삼림욕							
4월	극기 훈련							
.	.							
.	.							
.	.							
12월	겨울캠프							

08

강사의
지도형

1) 독불장군형

참가자들에게 과제를 제시하고 지도할 때 강사가 지나친 권위를 내세우며 일방적으로 정책을 결정하고 진행하는 유형이다. 명령적이고 심판적인 언어를 사용하며 참가자들의 의견을 무시하는 경향이 있다. 이런 유형의 강사가 이끄는 집단은 짧은 시간 내에 많은 과제를 수행할 수 있지만, 참가자들 마음속에 불만과 의존심이 내재되어 자발성(自發性)과 창의력이 결여될 우려가 있다.

2) 방임형

참가자들의 자유에 맡겨 간섭하지 않는 우유부단한 스타일로 계획성이 결여된 유형이다. 이런 유형의 강사가 이끄는 집단에게는 과제를 수행하는 데에서 상호 의견 조율에 많은 시간이 낭비될 소지가 있다. 그럼에도 이런 집단은 각자의 개성을 뚜렷하게 파악할 수 있을뿐더러 스스로의 길을 탐구·개척하는 정신을 기를 수 있다.

3) 합리주의형

참가자들이 스스로 과제를 수행하도록 강사는 때론 앞에서, 때론 뒤에서, 때론 중간의 입장에 서서 활동을 도와줄 뿐 분위기를 리드하거나 간섭 내지 참여는 하지 않는다. 이런 강사는 집단이 어느 정도 성숙됐다고 판단될 때 스스로 결정하도록 지지해주는 유형이다.

이런 강사가 이끄는 집단의 과제 수행 속도는 초기에는 느리지만 시간이 갈수록 빨라진다. 진행 과정이 합리적이어서 팀워크가 좋을뿐더러 서로 인정하고 공감하는 폭이 넓어 결과를 이끌어내는 결정에 부담 없이 따르는 장점이 있다. 합리주의형 강사는 목표보다는 과정을 중요시한다.

요컨대 독불장군형은 과제 달성 속도를 빠르게 유도할 수 있지만 참가자들의 불만을 키우고 자발성을 결여시킬 수 있다. 방임형은 창의력과 잠재 능력을 개발시킬 수 있지만 상대적으로 참가자들의 과제 달성 속도가 느리다. 합리주의형은 서로의 개성을 존중하고 이해하면서 개개인의 의견을 맞춰가는 가장 합리적인 분위기를 조성하므로 참가자들에게 집단의 친밀감과 성취감을 맛보게 한다.

강사의 지도력과 참여자들의 열정, 팀워크, 수준에 맞는 과제, 도구, 장소, 시간에 따라 과제 달성의 성취도가 달라질 수 있다. 문제 해결을 하는 데 무엇보다 중요한 것은 강사와 구성원 간의 소통, 성실, 진지함, 합리적인 태도다.

09

강연 섭외 전화
상담 사례

"여보세요? 거기 한국강사센터죠?"

"네. 안녕하세요? 한국강사센터입니다."

"강연 요청을 하려고요."

"네. 감사합니다."

"요즈음 어떤 강연을 많이 하시는지요?"

"최근 트렌드는요. 웃음, 힐링, 소통, 주인의식, 즐거운 직장, 스트레스관리 등 인데요. 융합적으로 가능하며 주문식 맞춤으로도 다 가능합니다."

"강사와 강연료를 알아볼 수 있는지요?"

"네. 가능합니다. 강사의 인지도와 실력에 따라 차이가 있고요. 강연료는 삼만 원부터 오백만 원까지 다양해요. 강연료를 알려주시면 거기에 알맞은 강사님 의 프로필과 강연 평가, 강연 개요, 강연 동영상을 바로 보내드릴게요."

유의 사항

장소가 멀고, 대상이 까다롭고, 강연 주제가 어렵고, 강사료가 적다고 거부하 면 강연기관과 강사 이미지가 나빠지거나 다음부터 연락이 안 올 수 있다. 그러니 가능한 한 다른 강사라도 연결해주어야 한다. 강사료에 알맞은 강사 프로필을 보내주면 된다.

강사료는 적으면서 유명한 강사를 요청할 때는 "우리 ○ ○ ○ 강사님은 재능기부도 많이 하시는데요, 당일 선약이 있어서 어렵습니다. 저희가 더 훌륭한 강사를 추천해드리면 어떨까요?"라고 정중히 제안하는 게 바람직하다.

특정 강사를 요청할 때는 통화 시간을 끌어 "스케줄 보면서 말씀드릴게요" 하며 일정이 많은 척하는 게 좋다. 그러면서 당일에 문의받은 강연이 두 개가 있지만, 가능한 한 전화주신 기관에 강연을 해주고 싶다고 하는 것이 성사시키는 데 효과적이다.

그리고 전화 통화 말미에서 반드시 확인해야 할 사항은 '우리 기관과 우리 강사를 어떻게 알게 되었는가?'이다. 이는 차후 영업에 도움이 된다. 강사 섭외 루트는 네이버 · 다음 · 구글의 광고, 블로그 · 카페 · 트위터 · 페이스북 · 뉴스 · 회사 강사 명단 검색, 앙코르 요청, 지인 소개 등 다양하다. 따라서 홍보하는 방법도 연구해야 한다.

10
강연 후
담당자의 피드백(눈, 입, 표정, 차후 평가지)
분석

지난 2014년 4월 4일 13시, 한광일 강사는 경기도 양평 한화콘도에서 농수산식품공사 상무급 45명에게 '웃음으로 힐링하고 소통하라'라는 특강을 했다. 강연 후 악수 세례와 더불어 "평생 이십 년, 삼십 년 만에 화끈하고 재미있는 강연은 처음이다"라는 이구동성 립서비스를 받았다. 그 자리에서 4월 강연 다섯 개를 앙코르 받았다.

다음은 수강생들의 강의 후 반응에 따른 분석이다.

- 말이 없으면 → 강연을 망쳤다는 의미
- "수고했어요" 하면 → 강연이 마음에 안 들 때 하는 평가
- "정말 최고예요" 하며 엄지를 올리거나 손을 잡아주면 → 정말 잘했다는 평가
- 갈 때 감사 문자메시지를 보내주면 → 정말 잘했다는 평가
- 일정을 잡고 "또 요청할게요" 하면 → 매우 잘했다는 가장 좋은 평가
- 청중이 악수를 많이 요청할 때 → 최고의 강연
- 청중이 사인을 많이 요청할 때 → 최고의 강연
- 청중이 사진 촬영을 많이 요청할 때 → 최고의 강연
- 명함 5~10장 이상 달라고 할 때 → 완전한 최고의 강연

• 강연 후 환호성과 기립 박수가 터지면 → 완벽한 최고의 강연

웃음이 필요하신 분!
지금 다 같이 오른손 주먹으로 왼쪽 머리 부분을 살짝 두드려보세요.
그리고… 따라해보세요.
"골 때리네!"

Chapter 3

매력적인 강사의 조건

01

강사의
태도

▶ 뚜렷한 교육의 목적의식

▶ 탁월한 감각과 순발력

▶ 긍정적인 사고와 미래관

▶ 원만한 성격

▶ 합리적이고 객관적인 사고

▶ 시사 상식의 응용력

▶ 소수의 의견도 경청

▶ 심신의 건전함과 건강함

▶ 지도력을 분산시키려는 노력

▶ 참가자들의 흥미와 욕구 측정

▶ 책임감과 성실

▶ 겸손과 예절

▶ 통찰력과 결단력

▶ 조직력, 자원 동원력, 섭외력

▶ 세밀한 기획 및 연출력

▶ 광고 준비와 효과적 홍보전략

▶ 응급 처치 방법 숙지

▶ 응용력과 융통성

▶ 창의력

▶ 결과에 대한 분석 및 평가

▶ 자료 수집 연구

▶ 각 연령기와 대상의 인간 발달과 심리 이해

▶ 위기 상황에 흔들리지 않음

▶ 관련 프로그램에 대한 지식과 기능 숙지

▶ 유머, 퀴즈, 스팟 게임, 유행어, 트렌드, SNS 활용

▶ 담당자와 직접 연락하여 모임의 목적과 강연 방향을 재차 확인

▶ 강연할 기관 사전 조사(신문 기사, 인터넷, 홈페이지, 담당자 전화 등)

▶ 두발 단정, 복장 단정, 멋지게, 세련되게

▶ 에티켓 준수

▶ 스피치의 기술

• 분위기에 맞는 멘트, 유머, 고사성어, 속담, 예화, 경험, 뉴스, 트렌드, 위인

• 표준말과 고운 말

• 부드럽고 겸손하게, 공손하고 확신에 찬 멘트

• 반말 금지

• 이름이나 직책을 외워 자주 불러주기

• 상처를 주는 말 금지(신체, 경제, 지역, 정치, 종교, 학벌, 지능, 성, 나이 등)

• 편견과 비판, 저속어 금지

• 합리적이고 객관적인 말

• 소수의 의견도 경청

• 듣는 사람들의 표정과 반응 살피기

• 추상적인 말이나 영어 반복 금지

• 장점은 즉시 칭찬하기

• 자신 있게, 의미 있게, 매력 있게, 힘 있게, 열정적으로, 진정성 있게, 긍정적
  으로 말하기

02

강사의
강연 전 준비

1) 스케줄 표 작성

강연 요청이 오면 반드시 스케줄 표에 일시, 주소, 장소, 교통편, 행사명, 대상, 인원, 연락처(휴대전화, 일반전화), 강연료, 대형, 강연 시간, 기자재(칠판, 음향, 마이크, 빔프로젝터, 노트북 등) 등의 항목을 기록한다.

2) 강연 내용

화합, 역량 강화, 주인의식, 편 경영, 친절, 프로 정신, 힐링, 소통, 스트레스관리, 영업 스킬, 경영마인드, 동기부여, 리더십, 융합리더십 등의 내용 중 반드시 원하는 방향으로 점검한다.

3) 장소의 사전 답사 및 각종 시설의 유무 확인

주소, 장소, 교통편, 전기, 음향, 운동장, 강당, 그늘, 화장실, 식수대, 빔프로젝터, 포인터, 칠판, 보드마카, 물 등을 확인한다.

4) 참가자에 대한 사전 정보 파악

- 집단 모임, 목적, 욕구, 인원수, 교육 수준, 성비, 나이, 과거 강연 강사와 강연 내용, 지역문화, 환경, 임원 참여 여부 등을 파악한다.
- 참가자의 연령과 적응 능력에 맞도록 강의 내용을 설정한다.
- 참가자 전원이 참여해 즐길 수 있는 보편적 내용의 프로그램을 활용한다.

5) 소통과 접촉(Skinship)을 많이 할 수 있는 프로그램

- 참가자와 소통을 잘하기 위한 방법으로, 접촉을 많이 할 기회를 제공하는 프로그램을 활용한다.
- 프로그램을 여유 있게 준비 – 시간에 쫓기거나 상황에 몰리지 말고 콘셉트가 정해졌으면 미리 프로그램을 준비한다.
- 새롭고 창조적인 프로그램 개발 – 늘 같은 프로그램으로 순회하지 말고 강사는 언제나 새롭고 창조적인 프로그램 개발을 해야 한다.
- 명찰 준비 – 참가자들 각각의 이름을 강사가 모두 외울 수 없을뿐더러 참가자들 역시 서로에 대해 알지 못한다. 따라서 상호 통성(通姓)을 위한 명찰을 준비한다.

6) 진행 과정을 중시하는 치밀한 기획

계획 못지않게 진행 과정도 중요하므로 치밀한 기획을 통해 빠진 것이 없는지 확인한다.

7) 진행 시 협조자 및 보조 진행자와의 원만한 협력

- 매끄러운 진행을 위해서는 협조자 혹은 보조 진행자와 원만하게 협력해야 한다. 그러므로 사전에 서로 호흡을 맞춰본다.
- 강연에 필요한 게임 도구 준비, 음향, 조명, 무대 장치 – 강연에 필요한 게임

도구, 음향, 조명, 무대 장치 등은 미리 사전 답사를 통해 확인해두거나 미리 장소에 도착해서 준비해둔다.

8) 잘 보이고 전달하기 쉬운 위치를 파악

강사는 항상 잘 보이는 곳, 강의 내용이 잘 전달될 수 있는 위치에서 강의해야 한다.

9) 준비 완료 시간

한 시간 전 도착, 30분 전에 강연에 필요한 모든 준비를 마친다. 스크린, PPT, 음향, 마이크, 배터리 등 모든 장비를 점검한다. 가능한 한 개인 음향 장비를 차에 싣고 다닌다.

10) 음향 점검

- 음향 점검은 직접 한다. 스피커가 작을 때는 강의실 양쪽 끝 모서리에서 방향을 45도(대각선)로 돌린다. 그래야 골고루 뒤편까지 잘 들린다. 높이가 낮으면 안 들릴 수 있으니, 참가자의 머리와 귀 높이쯤으로 설치한다.
- 마이크는 무선과 유선 둘 다 준비하고 두 개 다 이용한다. 동선이 클 때는 무선으로 하고 동선이 고정될 때는 유선으로 한다. 마이크에 입김이 많이 들어가면 소리가 작아진다. 또한 배터리가 소모되면 잡음이 난다. 이럴 때는 당황하지 말고 교체하면 된다.
- 볼륨은 본인 목소리에 맞게 BASE, TREBLE을 조절한다. 남자를 예로 든다면 목소리가 두꺼운 사람은 TREBLE을 올려주고, 가는 사람은 BASE를 올려주면 소리가 맑아진다. 댄스음악을 틀 때는 BASE를 올려주면 더 멋진 소리가 난다.
- 앰프나 스피커에 내장된 CD플레이어를 사용할 때 음악 소리에 스피커가 진

동해 CD 역시 진동해 에러가 날 수 있다. 그러므로 쿠션이나 쿠션 있는 의자 위에 올려놓아야 한다.

11) 적절한 긴장감

아무리 강연이 익숙할지라도 항상 긴장감을 갖고 진심으로 기도한다. 꼭 해야 할 멘트나 중요 사항은 준비하고 메모하라.

12) 강사료 및 지급 방법 확인

- 전화가 올 때 강연료를 자연스럽게 미리 물어보고 일정 또한 물어본다. 만약 강연료가 적으면 취소하지 말고 본인이 꼭 하고 싶지만 당일 예약된 강연이 있다고 말한다. 그러고는 대신 다른 강사를 소개해준다.
- 강연료 지급 방법이 현금, 세금영수증, 원천징수 중 무엇인지 확인한다.

13) 의상 및 스타일 연출

- 의상 컬러, 의상 무늬, 의상 디자인, 액세서리, 구두 등 각 스타일을 잘 조합하여 자신 있는 연출을 해야 한다.
- 결혼식에 주인공으로 입장한다고 생각한다. 머리끝부터 발끝까지 최대한 멋을 내라. 헤어스타일, 안경, 구두, 와이셔츠, 재킷, 나비넥타이 등 멋을 낸 만큼 자신감이 생긴다. 만났을 때 명함을 주고받아야 하고 받은 명함은 되도록 스마트폰 주소록에 저장해둔다.

03

강사의
강연 중 태도

1) 첫인사

등단 후 3초 정도 길게 허리를 숙여 정중히 인사를 한다. 인사를 짧게 하고 바로 강연에 들어가면 안 된다. 인사를 하고 나서는 잠시라도 서로 인사를 정중히 주고받는 느낌으로 말을 주고받아야 한다. 강연도 일방적 전달보다는 서로 생각을 주거니 받거니 하면서 가야 한다. 소통하며 핑퐁 같은 대화법으로 강연을 해야 즐겁다.

2) 자신감 보이기

시작 전에 자신감을 보여준다. 오른손 주먹을 쥐고 함께 "파이팅!"을 복창하게 한다. 이때 참가자들의 의지나 패기가 부족하면 소리가 작게 나오는데, 그러면 당일 강연이 힘들 수 있다. 반면, 소리가 크면 협조적인 리액션 속에서 좋은 강연이 될 수 있다. 소리가 작을 때는 웃으면서 이렇게 말한다.

"통계에 의하면 소리가 작으면 나이가 많거나, 어디가 아프거나, 배가 나오거나, 밥을 많이 드신다고 합니다. 옛날에 장수들이 벌판에서 싸울 때 칼과 창으로 싸우지 않았죠. 배에 있는 소리로 우하하하 웃음으로 기 싸움을 하면서 싸웠죠. 소리가 커야 장군입니다. 자, 다시 기대해볼게요. 파이팅!"

3) 동기부여

강연을 시작할 때 동기부여를 많이 해야 한다. 예로 '웃음강의'를 한다면 "웃음 소리가 클수록 건강해진다"고, 손뼉을 크게 쳐야 한다면 "손뼉을 치면 혈액순 환이 잘된다"고 말한다. 그리고 가장 크게 웃거나 손뼉을 치는 청자에게 선물 을 주고, 강연 중간에 퀴즈를 내고, 칭찬을 공개적으로 진심을 담아 많이 한다. 동기부여가 크면 클수록 참여도는 높아진다.

4) 첫인상에서 친밀감을 준다

• 등단 첫 모습이나 인상에서 신비감과 친밀감을 보여준다. 첫인상에서 친밀 감 혹은 신비감 형성이 되지 않으면 청중과의 거리는 멀어진다. 이런 분위기 는 바로 이어지는 강의에 지장을 줄 수밖에 없다. 친밀감이 형성될수록, 신 비감이 샘길수록 상호 교감이 형성된다. 교감 형성은 강의 분위기를 부드럽 게 해준다.

5) 기선 잡기

5초 내에 기선을 잡는다. 등장할 때 모습, 인상, 느낌, 멘트, 의상, 스폿 게임, 악 수, 가위바위보, 칭찬, 인사말, 매직, 가장 잘하는 특기 등을 보여준다.

6) 아이 콘택트

진행하면서 참가자 모두와 눈을 마주치고, 되도록 모든 사람의 이름을 불러주 며 성의 있는 칭찬과 자연스러운 스킨십이 이뤄지도록 노력한다. 진행자와 이 런 관계가 맞어지면 참가자들은 지도자에게 일종의 최면상태에 빠진다. 그렇

게 되면 진행이 훨씬 수월해진다

7) 자신감 넘치는 첫인사

첫인사를 할 때 표정, 몸짓, 시선, 목소리, 의상 등에서부터 자신감을 드러낸다.

8) 진행표, 메모지 활용

진행표나 메모지를 미리 만들어 참고한다. 진행 중간에 순서를 잊거나 중요한 부분을 빠뜨리지 않고 진행하기 위해 미리 진행표나 메모지를 준비해놓는다. 가능한 한 진행에 관련해서는 강사의 머리에서 거침없이 나와 활용이 되어야 하지만 부득이할 경우 진행표나 메모지를 준비한다. 다만, 진행표나 메모지에 너무 의존하는 모습을 보이는 것은 좋지 않다.

9) 시선 처리

강연 중 시선 처리는 골고루 한다. 앞서 아이 콘택트를 설명했는데 너무 한곳에만 집중하면 시선을 받지 못한 다른 청자들에게 소외감을 줄 수 있다. 반대로 시선을 너무 집중적으로 받은 청자에게는 부담감을 줄 수 있다.

10) 적절한 몸짓

적절한 몸짓은 강사의 강의 스킬을 보일 수 있는 방법 중 하나이다. 강단에서 몸이 부자연스럽게 굳어 있거나 너무 산만하게 왔다 갔다 하는 행위는 바람직하지 않다. 따라서 등단 전에 반드시 행동 수정을 해야 한다.

11) 온화한 인상(표정관리)

'웃는 얼굴에 침 못 뱉는다'는 말이 있듯, 사람을 대하는 내 표정이 온화하고 항상 미소 짓는 얼굴이면 누구든 편하게 쉬이 다가올 수 있다. 쉽게 친근감을 형성할 수 있는 것은 물론이다.

12) 몸의 방향과 서 있는 자리의 적절한 위치 선정

강의를 할 때 몸의 방향과 서 있는 자리의 적절한 위치 선정은 강의 내용을 전달하는 데 영향을 미칠 수 있다. 따라서 몸의 방향은 항상 청중을 향해 바로 서 있어야 한다. 위치는 산만하게 움직이지 않는다면 어느 한곳에 머물지 말고 적절히 강단을 넓게 사용하는 것도 한 방법이다.

13) 대처 능력

어떠한 돌발 상황에서도 여유롭게, 온화하게 대처해야 한다. 당연히 화를 내는 것은 무조건 금해야 할 행동이다. 때때로 강의를 하다 보면 돌발적 질문이나 강의에 불만을 품은 일부 청자의 도발로 분위기가 나빠지는 상황이 초래될 수 있다. 이때 프로다운 강사는 같이 언성을 높이거나 화를 내지 않는다. 그 어떤 돌발적 상황에서든 여유를 잃지 말고 온화한 태도로 위기 상황을 넘겨야 한다. 이런 불편한 분위기는 되도록 빨리 전환시키는 게 좋다.

14) 몸의 자세

허리는 펴고, 배는 살짝 집어넣고, 턱은 살짝 당긴다. 강사의 반듯한 자세를 볼 때 청중의 ス-세도 흐트러지지 않는다.

15) 휴대전화의 관리

본인의 스마트폰은 강의 전 반드시 무음으로 해놓는다. 청중의 스마트폰 역시 무음으로 해놓을 것을 미리 부탁한다.

16) 강의 내용 요약 설명

모임의 목적과 프로그램의 가치를 짧은 시간 내에 설명한다. 모임의 목적이 바로 프로그램의 가치를 높이기 위한 것임을 먼저 간략히 알려줄 때, 청중은 그 모임과 프로그램에 대한 기대감을 갖는다.

17) 분위기 조성

• 맨 처음 무대에 등단하면 분위기 조성 게임으로 관심을 집중시켜라. 강사에게 관심을 집중시키는 데 가장 효과적인 것은 간단한 게임이다. 이렇게 게임으로 분위기를 띄워놓고 강의를 시작하면 청중의 강의에 대한 호응도와 강사에 대한 관심은 배가된다.

• 간단한 접촉 게임으로 단합 유도 – 맨 처음 시작하는 게임은 자연스럽게 서로 접촉할 수 있는 손가락 안마 게임으로 한다. 강의를 들으러 온 사람들은 피차 모르는 타인들이다. 간단한 유머를 곁들인 접촉은 서먹하고 어색한 분위기를 편안하고 즐겁게 만들어준다. 이런 접촉 게임은 강의 후에라도 청중의 단합은 물론 서먹한 분위기를 없애는 데 좋다.

18) 지루한 분위기 반전시키기

강연 중간에 조는 사람이 있을 때 화를 내거나 지적하면 평생 적이 된다. 이때는 이렇게 말한다. "오늘 강연을 대하는 여러분의 수준은 최고입니다. 단 한 분도 조는 분이 없네요. 정말 감동입니다. 단 한 분도 없어요. 몸이 아픈 분들은 이해를 합니다만, 오늘은 그런 분이 안 계십니다. 너무나 훌륭한 여러분, 서로를 위해 뜨거운 함성과 박수를 보냅시다. 이래도 존다면 인간이 아닐 것입니다. 하하하하." 이 같은 멘트에 화를 낼 청중도, 계속 졸고 있을 사람도 없을 것이다.

19) 산만한 분위기 휘어잡기

- 스마트폰으로 카카오톡, 밴드, 인터넷 검색 등을 하는 경우에도 18) 항목 같은 내용의 조크를 날려보라. 주변 사람들의 집중력을 떨어뜨리며 분위기를 산만하게 하는 사람일지라도 역시 지적을 한다거나 화를 내거나 민망함을 주어서는 안 된다.

- 떠들 때 – 떠들 때도 마찬가지이다. "얼마나 중요하고 급하면 대화를 할까요? 우리는 이해합니다." 이렇게 능청스러운 멘트를 하면 강사 입장에서는 치밀어 오르는 화가 누그러질 것이고, 잡담으로 분위기를 흩뜨린 사람 입장에서는 미안한 마음이 생길 것이다.

- 강의 도중 나갈 때 – 강의가 다 끝나기도 전에 먼저 일어나 나가는 사람이 있을 때도 마찬가지이다. "얼마나 급하시면 나갈까요? 우리는 평생 기다릴 겁니다." 이렇게 해보라. 남아 있는 사람도, 나가는 사람도 모두 편한 분위기 속에서 강의에 지장을 초래하지 않을 것이다.

- 항의를 받을 때 – 이때는 되도록 웃으면서 피하는 게 좋다. "끝나고 나서 더 진지하게 대답하겠다"라고 말하며 분위기를 바꾸라. 잘 모르는 부분에 대한 질문을 받았을 때도 솔직하게 "잘 모른다"고 하고 "알아보고 알려주겠다"고 웃으면서 말하라. 모르면서도 그 자리만 모면하기 위해 거짓 정보를 제공하면 나중에 일이 더 커진다. 솔직한 태도가 오히려 설득력이 크다.

20) 감성적 내용 첨가

강연에 감성적인 내용을 첨가하라. 가능한 한 본인의 힘들고, 아프고, 어려웠던 일을 실감나게 극적으로 연기하라. 이런 강사의 에피소드를 통해 청중은 자신들의 삶과 별반 다르지 않다는 동질감 혹은 친밀감 느끼는데, 그럴 때 강사를 더 신뢰하게 된다.

21) 울리고 웃겨라

앞서 거론했듯이 감성적 이야기를 소재로 청중을 울려라. 그다음은 실컷 웃겨라. 강의를 통해 청중은 카타르시스를 느끼고 강사에게 감사한 마음을 갖게 된다. 그럴 때 제2, 제3의 강의 요청도 받게 될 것이다. 감동만큼 바이럴 마케팅 (Viral Marketing)의 효과가 큰 것도 없다.

22) 겸손한 태도

물 마시는 것도 겸손하게 하라. 무엇을 하든지 겸손하고 튀지 않는 언행을 하는 게 좋다.

23) 칭찬은 고래도 춤추게 한다

- '칭찬은 고래도 춤추게 한다'는 말을 기억하라. 사소한 것이라도 청중의 반응과 참여에 칭찬을 아끼지 말고 많이 하라. 특별히 잘하는 참여자는 더 띄워주고 지지해주라.
- 적절하고 의도적인 칭찬 – 진행 도중 청중에게 적절하고 의도적인 칭찬은 반드시 필요하다. 특별히 무엇을 잘해서 칭찬을 줄 수도 있겠지만, 특별히 잘한 것이 없더라도 의도된 각본으로 칭찬을 해주는 것이 적극적인 수업 참여의 동기부여에 좋은 계기가 될 수 있다.

24) 프로다운 모습을 보여라

어느 정도 세밀하게 준비한 자료를 보면서 하되 가능한 한 참가자들의 눈을 보며 강연하라. 앞서 아이 콘택트를 강조했다. 프로 강사로서 되도록 강의 내용을 머릿속에 몽땅 넣고 술술 끄집어낼 정도로 연습하고 또 훈련하라.

25) 자리 이동을 시킬 때

자리가 군데 군데 비어 있거나 띄엄띄엄 앉아 있을 때는 양쪽 한 사람씩 선정해 가위바위보를 하게 해 한쪽으로 자리 이동을 시켜라. 이때 보편적으로 진 쪽이 이동해야 하지만 만약 이동하기를 원했던 쪽이 이겼을 경우 "오늘은 이긴 쪽이 자리를 이동하도록 할게요"라고 웃으면서 말하면 자연스럽게 강사가 원하는 대로 자리 이동을 시킬 수 있다.

26) 단단한 각오

필사즉생, 오늘이 마지막 강연이라는 마음가짐으로 임하라. 그러면 아무리 사소한 강의일지라도 최선을 다하는 태도를 가질 수 있을 것이다.

27) 자기 자랑

자기 자랑은 유머 있게, 진지하게 하라. 너무 재미만 추구하면 진실성이 결여되어 보일 것이다. 적절한 유머는 강사에 대한 가치를 높여줄 것이다. 물론 유머러스하더라도 진지하게 해야 한다.

28) 반말 금지

반말하지 마라. 청소년은 친구, 노인은 어르신, 직장인은 선생님이나 가족 여러분, 학생은 학우님, 대학원생은 원우님 등으로 호칭해야 한다. 아줌마, 아저씨, 환자, 장애자 등의 언어는 절대로 사용하지 마라.

29) 차별·비교하지 마라

성, 신체, 지역, 학력, 종교, 경제적 수준을 갖고 농담하거나 비교하지 마라. 민감한 내용은 아예 언급하지 않는 게 좋다. 강사는 강의 내용에 충실해야 한다. 어설프게 분위기를 바꿔보려거나 혹은 튀어 보이려고 민감한 내용을 거론해서 일을 크게 만들지 마라.

30) 사례 들기

사례와 숫자를 예로 들어라. 사례는 강의 내용의 진실성을 입증하는 자료로 청중에게 간접 경험을 시켜주는 좋은 방법이다.

31) 질문을 하라

유머러스하게 질문을 자주 하라.

- "여러분, 머리가 중요합니까? 마음이 중요합니까?"라고 물으면 대부분 "마음이요"라고 답할 것이다. 이때 이렇게 말한다. "머리가 안 좋으신가 봐요? 하하하."
- "여러분, 지식이 중요합니까? 지혜가 중요합니까?"라고 질문하면 대부분 "지혜요"라고 할 것이다. 이때 이렇게 말한다. "지식이 부족하신가 봐요? 하하하."
- "여러분 학벌이 중요합니까? 평생학습이 중요합니까?"라고 질문하면 대부분 "평생학습이요"라고 말할 것이다. 이때 이런 식으로 말한다. "학벌이 없으신가 봐요? 하하하. 나처럼 서울대학교 나올 필요 없어요. 내 친구 두 명은 서울대 옆에 낙성대 나오고요. 십이 연대 나왔어요."
- "여러분, 시스템이 중요합니까? 콘텐츠가 중요합니까?"라고 질문하면 대개 청중의 반응은 잠잠할 것이다. 이때 이렇게 말한다. "영어라고 조용하시네요. 둘 다 중요하지요."

32) 마이크, 파워포인트에 문제가 발생했을 때

무선마이크는 건전지가 부족하면 잡음이 들리다가 꺼진다. 유선마이크는 마이크 손잡이 아래에 있는 연결 잭이 빨리 닳아서 소리가 나오지 않을 때가 많다. 이때 당황하지 말고 "오늘 이 강사가 기가 세서 마이크와 음향이 반응한다"고 위트 있게 넘긴다.

파워포인트도 마찬가지이다. 연결이 안 될 때는 "연습할 때는 잘되었는데 가끔 강의실에 전기가 과부하 걸려서 그러는 것이니 이해해달라"고 말한다. 그러고는 "저는 본래 프로니까 PPT 안 보고 할 수 있다"고 말한다.

33) 명찰을 단다

명찰이 있으면 강사가 이름을 불러주기 쉬우므로 모두 명찰을 달게 한다. 질문이나 게임 등을 할 때 자주 이름을 불러주어 참여도를 높여라.

34) 임원 및 참가자 소개

강의를 할 때 그 모임의 임원을 소개하라. 그리고 전체 참가자 소개도 하라. 강의를 들으러 왔으나 임원이나 전체 참가자를 소개하면 그만큼 서로 친숙한 분위기가 조성될 것이고, 참여도 또한 높아질 수 있다.

35) 시간 엄수

어느 것이든 마찬가지겠지만 시간 엄수는 기본이다. 특히 어떤 경우에도 지각은 치명적인 실수로 남게 된다. 단, 천재지변이나 공공시설의 사고나 고장으로 인한 교통수단의 결함이 있을 경우, 관계시설로부터 확인서를 제출하면 책임은 면할 수 있다.

시작 시간 못지않게 마무리 시간 역시 중요하다. 강사의 지나친 열정 혹은 강의 속도 조절 실패로 강의 시간을 연장하는 것은 실례이다.

36) 분위기에 맞는 액세서리 착용

장소나 대상과 분위기에 맞는 의상 혹은 액세서리 착용도 가능하면 지키도록 하라.

37) 남녀노소 구별하지 마라

가능한 한 남녀노소 구별을 하지 마라. 구별한다는 것은 차별한다는 것과도 같은 의미이다. 구별되고 차별받아 좋을 사람은 없다.

38) 게임 방법과 규칙 안내

• 게임은 모두 참여해서 즐거운 시간을 갖기 위함이다. 서로 어색한 분위기를 풀고 융합을 위한 시간이니만큼 서로 쉽게 참여할 수 있도록 게임 방법과 규칙(Rule)을 친절히 설명하고 시범을 보여라.

• 공정한 판정 – 게임을 했으면 그 결과에 대해서는 공정한 판정이 뒤따라야 오해의 소지가 없다. 분위기를 풀려고 했던 게임이 오히려 분위기를 망치는 결과를 가져오지 않도록 공정히 판정하라.

• 진행할 때의 확신, 열정, 자신감 – 게임 진행자가 확신, 열정, 자신감 넘치는 태도로 리드를 해야 청중이 쉽게 분위기에 휩쓸려 따라온다.

• 벌칙은 금지 – 게임에서든 프로그램 진행 중간에서든, 어떤 이유로도 특정인을 내세워 벌칙을 주는 것은 금물이다.

39) 융통성 있는 프로그램으로 공백 없는 진행

• 융통성 있게 프로그램을 진행한다. 프로그램 중간중간에 어색한 공백이 없도록 탄탄한 구성으로 프로그램을 설정한다. 중간에 빈 공백이 생기면 어색한 분위기에 휩싸일뿐더러 자칫 산만해지기 십상이다.

• 재치 있는 유머 감각과 매끈한 전달력 – 강사의 전달력은 강의 스킬과도 같

다. 아무리 좋은 내용이라도 강의 스킬이 부족하면 전달하고자 하는 내용의 완성도가 떨어지게 마련이다. 재치 있는 유머 감각과 매끄한 전달력은 바로 청중을 강의 내용 속으로 흡입할 수 있는 능력이다.

- 적절하고 의도적인 칭찬 – 진행 도중 청중에게 적절하고 의도적인 칭찬은 반드시 필요하다. 특별히 무엇을 잘해서 칭찬할 수도 있지만 그렇지 않더라도 의도된 각본으로 칭찬해주면 수업 참여도를 높이는 동기부여에 좋은 기회가 될 수 있다.

- 대화가 정체될 때는 활달한 사람부터 시작 – 서로 대화를 주고받다가 대화가 어느 한 지점에서 맴돌거나 계속 이어지지 않고 끊길 때, 분위기상 활달한 사람부터 다시 시작하도록 격려하는 것이 좋다.

- 구령은 부드럽고 힘차게 – 구령을 부드러우면서도 힘차게 하면 집중력을 높일뿐더러 활력 요소가 될 수 있다.

- 소외되는 사람과 하위집단을 파악해 참여를 유도 – 프로그램을 진행하다 보면 뒤처지거나 소외되는 하위집단(Sub Group)이 반드시 존재하게 마련이다. 이럴 때 전체 진행에 차질이 없도록 이들을 파악하여 격려하고 참여를 유도해야 한다.

- 흥미진진하게 하기 위해 짝수로 조를 나누어 선의의 경쟁을 유발 –게임을 하든 무엇을 하든 흥미와 참여도를 높이기 위한 가장 좋은 방법은 짝수로 조를 나눠 선의의 경쟁을 유발하는 것이다.

- 장시간 진행될 때에는 지도자의 서 있는 위치를 바꿔준다 – 장시간 진행될 때에는 지도자의 서 있는 위치를 변경해준다. 지도자가 한 곳에만 위치한 채 장시간 진행을 하면 보는 사람, 즉 청중도 체력적으로 부담이 될 수 있기 때문이다.

- 프로그램의 순서와 대형을 바꿀 때는 다음 순서와의 연결이 끊어지지 않게 – 진행하다 보면 프로그램의 순서나 대형을 바꿔야 할 때가 발생하게 마련이다. 이럴 때 다음 순서와 연결하는 데 어색한 공백이 생기지 않도록 한다.

- 간단한 상품을 준비해 분위기를 고조 – 게임에서 상품은 필수이다. 공짜 싫어할 사람은 없다. 크고 작고를 떠나 상품 그 자체가 선물인 것이다. 참여도

를 높이고 행복한 마음이 들도록 하는 차원에서 게임 전, 작은 것이라도 상품을 꼭 준비한다.

- 클라이맥스를 잘 포착 – 마지막 클라이맥스를 잘 포착하라. 템포가 너무 느리면 지루하고, 너무 빠르면 아쉬움과 정보 전달에 미흡하다는 지적을 받을 수 있다. 전체 진행에서 분위기상 클라이맥스의 순간 포착은 그래서 중요하다. 다소 아쉬움이 살짝 남을 때 마치는 것이 긴 여운을 남긴다.

40) 대동단결

- 마무리 – 모두 일어서서 원을 만들어 양손을 잡게 하거나 어깨동무를 하게 해 의미 있는 노래를 부르도록 유도한다. 마지막 분위기로 이만큼 좋은 동기부여도 없다. 숙연하고 뭔가 이룬 듯한 뿌듯함, 감동이 일어나도록 그리고 이 모임에 참여하길 잘했다는 성취감과 만족감을 유도하라.

- 엔딩송 준비 – 마지막 전체 작별 인사는 '석별의 정', '만남' 등의 노래를 같이 부르거나 CD플레이어로 배경음악을 틀어놓고 진행한다. 지도자는 임의의 한 사람을 불러 안쪽 원으로 돌아서게 해 왼쪽 방향으로 계속 악수 및 행운을 빌어주는 인사를 나누며 원점까지 돌게 하는데, 이때 옆 사람도 차례대로 줄줄이 따라 돌게 한다.

- 지도자의 마무리 멘트 – 지도자의 마무리 인사와 뜻 깊은 코멘트는 참가자들이 의미 있는 노래를 부르는 타이밍에 한다. 노래는 참가자들에게 1절은 가사로, 2절은 허밍으로 부르도록 유도하는데 특히 허밍을 할 때 멘트를 실행하면 효과적일뿐더러 멋도 더 있다.

41) 프로그램의 시작과 마무리를 할 때 적절한 멘트 활용

- 시작 – 프로그램의 목적, 기능, 중요성 등 설명, 노래 시작
  "덴마크 속담에 '혼자 있을 땐 책을 읽고, 둘이 있을 땐 대화하고, 셋이 있을 땐 즐겁게 노래하자'라고 했습니다. 이 시간 다 함께 한마음 한목소리로 '사

랑해'노래를 불러봅시다."

• 마무리 – 새로운 인생의 설계, 다짐, 출발 등의 조언

"20세기의 최고의 성자 슈바이처 박사는 '이 세상 최대의 이단은 교리상의 문제가 아니라 바로 사랑하지 않는 것이다'라고 했습니다. 플라톤은 '사랑을 하고 있을 때는 누구나 시인이 된다'고 말했습니다. 믿음, 소망, 사랑 중에 '사랑'이 최고입니다. 이제 이러한 사랑으로 새롭게 출발합시다."

42) 지도자는 조력자 역할만 한다

집단 지도에서 프로그램의 목적은 참가자들의 바람직한 변화를 꾀하는 것이기 때문에 유능한 지도자는 그 집단의 주연배우가 되는 것이 아니라 중간에 서서 조력자 역할을 할 뿐이다. 그러므로 참가자들 모두가 주연배우가 될 수 있도록 '보이지 않는 힘'으로 지도해야 한다.

43) 반드시 점수로 평가받는다

강사의 실력은 반드시 점수로 평가받아야 한다. 흘러 지나가는 말로 후대하는 평가는 오히려 강사에게 독이 될 수 있다. 냉철하고 단호한 평가는 점수로 수치화할 때 가능하다.

44) 강연 종료의 예고 및 마지막 멘트 준비

10분 전에 강연이 끝날 것을 예고해주고, 마지막 멘트는 제일 멋진 말로 준비하라. 담당자나 대표자를 추어올려주는 것이 좋다. 마지막 멘트를 할 때 구호 제창을 하고 기립 박수가 나오게 유도하라.

45) 마지막 인사

마지막 인사는 더욱 머리 숙여 길게 하라. 그리고 박수와 기립을 자연스럽게 유도하라.

46) 퇴장 인사 음악 준비

보조자나 협조자가 있다면, 그를 통해 퇴장 인사 음악을 틀면 장내 분위기가 한층 북돋아지기 때문에 피드백이 더 좋아진다.

04

강사의
강연 후 태도

1) 초청에 대한 감사 인사

강의가 끝난 후에 아무런 연락도 없이 지나치지 말고 반드시 강의 초청자에게 감사의 인사말을 전하라.

2) 앙코르가 없는 강연은 끝이다

앙코르가 쏟아질 수 있는 강연이 될 수 있도록 하라. 앙코르가 없다는 것은 강연이 성공적이지 못했다는 증거이다.

3) 강연료 및 강연료 지급 방법 확인

- 강연료는 재촉하지 말고 기다려라. 너무 재촉하는 인상을 주는 것은 바람직하지 못하다. 정히 일정 기간이 지나도 강의료 지불이 안 됐다면 그때 정중히 물어보라.
- 강연료 지급 방법이 현금, 세금영수증, 원천징수인지 물어보고 미리 준비할 사항을 점검하라.

4) 선물 준비

강의 초청자에게 선물을 보내는 것도 좋다. 책이나 기타 취향을 알아보고 선물하라.

5) 기자재 철수 및 주변 정리

- 사전에 준비해 간 기자재는 재차 확인해서 수거하라. 다음 강의를 위해 철저히 준비하고 마이크나 빔프로젝터 등 기자재 작동 현황도 파악하라.
- 사용했던 칠판을 지우고 물병을 치우는 등 강연장을 청소해주고 떠나라. 겸손한 태도는 담당자들에게 좋은 인상을 남길 수 있다.

6) 자신을 피드백하라

자신의 강연을 놓고 잘했던 점, 못했던 점, 아쉬운 점을 평가하라. 피드백 없이는 부족한 것이 무엇인지, 더 개발해야 할 사항은 무엇인지, 더 키워야 할 장점은 무엇인지 알 수 없기 때문에 발전할 수 없다.

7) 담당자 피드백 필요

강연 초청 시 담당자가 항상 수업 시간에 동석을 할 텐데 담당자의 객관적인 피드백도 중요하다.

8) 명함 저장

강의 시작이나 끝난 후 청중이나 담당자들의 명함을 받았으면 바로 스마트폰에 저장하라. 차일피일 미루다 보면 명함을 잃어버리기 십상이다.

05

등단 인사 멘트
사례

여러분! 안녕하세요? 반갑습니다(음악을 튼 가운데 등장한다)!

이렇게 열렬히 환영해주는 회사는 개천절 이후로, 임진왜란 이후로, 8·15광복 이후로, 6·25사변 이후로 처음입니다. 역시 유명한 회사, 브랜드가 있는 회사 는 뭔가 달라도 확 다릅니다. 다시 한 번 인사드립니다.

안녕하세요? 한광일 강사 인사드립니다(이때 쇼맨십으로 오른손 바닥을 귀 뒤에 세우고 "와와~" 하는 청중의 함성을 유도한다)!

반갑습니다.

여러분 저 인물 잘났죠? 네~ 얼굴 좀 봐주시고 대답하세요.

인물 되지, 용모 되지, 강연 되지, 유머 되지, 몸매 돼~지~.

여러분! 오늘 처음 고백하는 건데요, 해도 되지요?

나는 강사가 아닙니다. 그럼 뭘까요? 나는 '스~타강사'입니다.

강사는 강연료로 살지만 스타강사는 여러분의 환호성과 박수와 응원으로 삽니 다(환호성을 유도한다).

오늘 강연 후 기립 박수를 못 받으면 나는 스타강사가 아닙니다.

오늘 강연 시간에 단 한 명이라도 졸거나 스마트폰을 한다면 저는 강연료를 안 받을 겁니다.

그래도 졸고 스마트폰을 한다면 사람이 아닙니다. 하하하하!

오늘 제가 기분 좋아서 강연료를 안 받고 다 여러분에게 치킨과 생맥주로 후원하겠습니다(환호성을 유도한다). 저랑 게임을 해서 안 틀리면 사는 겁니다. 초등학생도 할 수 있는 게임입니다.

자! 손뼉 한 번 시작, 짝! 두 번 시작, 짝짝!

지금부터는 웃음으로 하하 하면서 손뼉을 치세요. 손뼉 두 번 시작. 그러면 손뼉 두 번과 함께 하하! 좋아요. 세 번, 네 번, 다섯 번 연습한 다음에 지금부터 하나씩 빼기해서 안 틀리면 다 쏩니다(예컨대 다 같이 손뼉 세 번 시작하면 두 번 치면서 하하, 해야 하는데 몇 사람이 세 번을 치면서 "하하하" 한다. 이러면 틀리게 되는 것이다. 스폿 게임으로 강연 내내 할 수 있는데 거의 틀리게 되어 있다).

06

강연 사례 1 -
위인들의 바보리더십,
재미있는 인문학, 통섭학 강좌

힐링에서 다시 세일링하자!
걱정하면 진다. 설레면 이긴다.
걱정하면 지고, 설레면 이긴다.
포기를 포기하라. 성공을 성공하라.
이겨서 웃는 것이 아니라 웃어서 이긴 것이다.

1912년 4월 10일 부의 상징이며 최고로 호화로운 타이타닉호(號)는 잉글랜드 남해안의 사우스샘프턴에서 출항해 뉴욕으로 첫 항해에 나섰다. 그러나 1912년 4월 14일 23시 40분에 타이타닉호는 북대서양 빙산에 부딪혀 15일 새벽 2시 20분에 승객과 승무원을 포함해 2,200명 중 1,517명과 함께 차가운 심해에 가라앉았다. 사망자 대부분은 최저 요금 객실인 3등실의 승객이었다.

이 영화를 보았을 것이다. 참 감동적인 영화라고 할 수 있다. 최근 100주년을 기념해 배를 다시 건조해 똑같은 코스로 취항한다고 한다. 역발상이라고 할까?

여러분! 여자가 남자보다 7년 더 장수하는 이유를 아시나요?

그건~~

독해서~입니다(유머).

영화 <타이타닉>을 볼 때마다 느끼는 점인데 여자는 죽지 않는다. 불사조다.

모든 과학이나 리더십, 마케팅은 '엉뚱함'에서 시작됐다. 사실, 나는 강사가 아니다. 그럼 뭐냐? 스타강사다. 하하하하! 강사는 강사료만 받지만 스타강사는 여러분의 박수와 환호성을 받는다! 여러분~!

나는 예전에 양복을 맞춰 입고 반드시 넥타이를 매고 강의했다. 그런데 몸이 서양 체구라서 신발도 맞는 게 없고 와이셔츠, 넥타이, 양복, 심지어 삼각 속옷은 맞는 게 없었다(182센티미터, 95킬로그램 근육질, 내 생각으로 절대로 뚱뚱하지 않음). 그래서 억지로 입곤 했는데 너무나 불편했다. 특히 군생활 3년간 복무할 때는 군화가 맞는 게 없어서 엄청나게 고생했었다.

그래서 지금은 과감하게 넥타이를 안 매고 와이셔츠도 안 입고 그냥 화려한 색이 있는 남방만 입고 강연을 한다. 그런데 정말 편하고 강연도 잘된다. 강연을 재미있게 해서인지 그 누구도 옷 입은 것에 대해서 시비를 거는 사람은 없었다. 그렇게 강연을 6,100회를 했다. 대검찰청 검사장들 앞에서도, 전경련 최고경영자들 앞에서도 전혀 주눅 들지 않고 했다.

딱 한 번 군 장성이 강연 시작 전에 내 스타일을 보고 놀라며 "넥타이를 안 매고 오셨나요?"라고 물었을 때 "이게 정복이고 내 스타일입니다"라고 말한 적은 있다. 오히려 강연 콘셉트에 더 잘 어울린다고 칭찬을 받는다.

요즈음 인문학 강좌가 유행이다. 남자들의 전유물이었던 육사 졸업 수석을 여자가 차지하는 시대이다. 이제 서울대도 이과와 문과 구분을 없앤다고 발표했고, 예문사철을 통섭하고 융합하는 지덕체를 겸비한 엔터테이너, 멀티테이너가 필요한 시대에 살고 있다.

우리는 그동안 주입식으로 1+1은 2라고 배워왔다. 물론 맞는 말이다. 그런데

이 논리는 수리적, 수학적인 산술에 불과하다. 과학적, 화학적, 철학적으로 볼 때는 상황이 달라질 수 있다. 1도 되고, 2도 되고, 100도 된다는 것이다.

우리나라 인구의 7분의 1도 안 되는 유대인들은 사고방식이 우리와 전혀 다르다. 인구학적으로도 0.3퍼센트인 유대인들은 노벨상을 200명 이상 받았다. 우리는 인구가 7배가 더 많으니 노벨상도 7배인 1,400명이 받아야 하는데 겨우 한 명인 이유는 무엇일까?

세계에서 홍콩 다음으로 지능지수가 높다는 한국은 노벨상이 왜 한 명일까? 왜 탁월한 경영자나 과학자 그리고 존경받는 철학자가 별로 없을까? 불멸의 바보! 영원한 바보! 지금도 살아 있는 법정 같은 명승은 더 없을까?

어릴 적 교육의 첫 단추부터 중요하다. 유대인들은 조기교육부터 1+1에 100가지 대답이 나오도록 유도하고 교육한다. 우리는 역사 속에서 아니 지금까지도 흑 아니면 백, 민주주의 아니면 사회주의, 천주교나 기독교 아니면 불교, 여당 아니면 야당, 서울대 아니면 지방대 등 이쪽이 아니면 저쪽, 반대라는 개념을 갖고 무조건 '틀리다'라는 프레임에 갇혀 살아왔다.

올림픽 메달 수상식을 할 때 외국인들은 동메달만 따도 어쩔 줄 몰라 하며 우는 광경을 많이 보았을 것이다. 우리는 동메달을 따면 초상집이 되고 얼굴이 어두워진다. 오직 엘리트, 오직 1등만을 기억하는 사회에 살고 있어서 그렇다! 목표보다는 과정을 중요시하고 개성과 다양성을 인정하는 세상 그런 세상이 바람직한 세상이고 참세상이다.

조직이나 이념 그리고 본인과 조금이라도 다르면 "틀리다"라고 바로 규정해버리면 우리에게는 더 이상 미래가 없다. 최고보다는 독창성이 인정받는 세상이 필요하다. 스티브 잡스, 마크 저커버그, 빌 게이츠 모두가 대학을 중퇴했어도 글로벌 SNS의 대가, 최고의 부자, 존경받는 리더가 됐다. 또한 공자, 예수, 석가모니도 대학을 나오지 않았어도 역사상 최고의 스승이 됐다.

이제 글로벌 시대에서 학벌, 종교, 이념, 지역, 문화적인 배경을 떠나 서로 존중하며 눈높이를 맞추고 다양성을 인정해야 한다. 지금은 전 세계가 다문화가족 시대에 살고 있다. 44·45대 미국 대통령도 흑인이고 가톨릭교회 2,000년 역사 중 미주 대륙에서는 처음으로 아르헨티나 출신의 프란치스코가 교황이 되었다. 비유럽인으로서는 시리아 출신이었던 그레고리오 3세(731년) 이후 1,282년 만에 처음이다.

상상 공간과 상상 경쟁에서 이길 수 있는 지혜는 통섭과 융합적인 사고에서 비롯된다. 사물을 볼 때 이것이다 규정하지 말고, 일반화하지 말고, 가능한 한 다양한 생각을 할 수 있도록 둥글게 살아가는 긍정의 힘을 키워야 한다.

그 긍정은 웃음을 낳게 한다. 웃음은 경쟁력이다. 웃음은 고정관념을 깨주기 때문이다. 유대인들은 최고의 코미디언으로 아인슈타인(Albert Einstein)이나 프로이트를 꼽는다. 이유는 고정관념을 잘 깨뜨렸기 때문이다. 이기는 스타일은 경직이 아닌 능동적인 사고에서 출발한다. 모난 돌은 구를 수 없고 둥근 돌은 시공간을 초월할 수 있다.

어디서든 이기는 스타일이 있고 무엇을 해도 실패하고 지는 스타일이 있다. 두 가지 스타일을 가만히 들여다보고 분석해보자. 무엇 때문인가? 그 이유는 여러 가지가 있겠지만 내가 본 가장 큰 요인 중 하나는 바로 '웃음'이다.

웃고 있다는 것! 그것은 사람을 조급하게 만들지 않는다. 이 조급함은 결국 서두르게 만들고 판단을 흐려 좋지 않은 쪽으로 수를 두게 한다. 힘든 상황에 부딪혔을 때 '씨익' 하고 웃는(비웃음이어도 좋다) 사람과 신경질을 부리고 소리를 지르며 즉각적인 반응을 보이는 사람과는 엄청난 차이가 있다. 이기는 길로 들어서느냐, 지는 길로 들어서느냐는 거기서 결정되기 때문이다.

그렇다면 진정 이긴다는 것은 도대체 무엇을 이긴다는 것일까? 진 사람들이 불행해지고 아픈 것이 아니라 진 사람도 웃고 이긴 사람도 웃는 것, 진 사람도 행복하고 이긴 사람도 행복한 것, 이것이 진정한 이김 아닐까?

이기는 스타일은 어떤 일을 할 때 늘 흥얼거린다. 억지로라도 기분을 좋게 만드는 것이다. 그것은 자신의 마음을 여유롭게 만들뿐더러 함께 일하는 동료에게도 기분 좋은 에너지를 전달해 일의 능률을 높이는 시너지가 된다.

공부하기 힘들어도 취직하기 어려워도 흥얼거려라. 흥얼거리며 공부하고 취직 시험을 준비하라. 웃음은 결코 돈이 드는 일이 아니다. 원하는 대학에 들어간 사람과 취업에 성공한 사람들을 보면 그렇지 못한 사람들에 비해 표정이 밝다. 잘돼서 밝은 것이 아니라 밝아서 잘된 것이다. 이것이 바로 인생의 성공 비밀이다. 아주 간단하다.

인간의 최대 욕구는 건강하고 행복하길 바라는 것이다. 그리고 성공하기를 바라는 데 그 방법을 찾기란 쉽지 않다. 그러나 동서고금의 지혜와 경험을 통해 우리가 알 수 있듯 비워야 건강하고, 즐겨야 행복하고, 미쳐야 성공할 수 있다. 그렇다면 티우고, 즐기고, 미치는 방법에는 무엇이 있을까? 바로 웃음을 잃지 않는 것이다. 진정 자신의 인생에서 이기는 스타일이 되는 것이다. 웃는 사람은 자신감이 넘치고 긍정적이며 소통과 몰입을 잘한다. 그리고 모든 일에 창의적이고 고정관념을 잘 깨 혁신적인 사람으로 거듭난다.

고등학교 시절 퇴학생이었던 나는 대학 교수가 되는 인생 역전을 경험했다. 그러나 그 또한 삶에 만족을 주지 않아 고민했다. 헛헛한 마음을 채울 나만의 삶을 계속 찾아 헤맸던 것이다. 나는 과감히 대학 교수직을 그만두고 서울역, 숭례문 광장, 남산 공원 등지로 나갔다. 그때 문득 나처럼 그곳을 배회하는 사람들의 표정과 말투를 보며 깨닫게 됐다.

'아! 실패와 성공의 열쇠는 바로 웃음이구나! 미소구나!'

이후 나는 내가 할 일을 찾게 됐다. 그리고 이 사회에 진정 필요한 웃음 강연을 시작했다.

우리 사회는 긍정을 종용하지만 실제 긍정의 바탕이 되는 웃음을 강조하지는 않는다. 웃음이 건강에 좋고 복이 온다는 이야기들은 많이 듣고 살아왔지만 실제 사람들은 현실 앞에서 웃지 못한다. 그래서 늘 지는 것이다. 후회하고 힘들어하고 인상 쓰며 또 도전해보지만 여전히 질 수밖에 없다. 나는 사람들에게 이기는 법을 가르쳐주고 싶었다. 그래서 길거리 웃음 강연을 통해 많은 사람에게 긍정의 힘을 전파하는 '웃음전도사'가 됐다. 일약 '국민 스타강사'가 된 것이다.

달콤한 장미꽃 향기, 감미로운 음악 소리, 시원한 바람, 따뜻한 말, 뜨거운 사랑, 긍정적인 상상, 행복한 기분 등 생활에 필요한 모든 긍정의 에너지는 눈에 보이지 않고, 먹을 수도, 잡을 수도, 가둘 수도 없다. 그러나 우리는 이러한 것들이 반드시 존재한다는 사실을 믿어야 한다. 믿는 만큼, 기대한 만큼, 간절한 만큼 이뤄지는 것이 로젠탈 효과, 피그말리온(피가 마르는, 유머) 효과, 플라세보 효과다.

오른손 주먹을 쥐고 레몬이라고 상상해보자. 그리고 한입 베어 먹어보자. 입에 대자마자 바로 침이 나올 것이다. 자기 주먹으로 머리를 때려보자. 골 때린다 (유머). 긍정은 현실의 상상이고, 실천의 기술, 동력의 연료다.

포기를 포기하라! 좌절을 좌절하라! 그리고 성공을 성공하라! 생긴 대로 사는 것은 체념이고 사는 대로 생기는 것이 집념이다. 오늘 비록 새우잠을 잔다 해도 내일은 고래를 잡으리라!

나는 사회생활을 하는 모든 사람, 창의적인 삶을 살고자 하는 사람, 성공하고 행복하고 건강하기를 바라는 모든 이에게 진정 이기는 스타일이 무엇인지를 알려주고 싶다. 그리고 나 자신을 과감히 비우고, 버리고, 미치고, 깨뜨리면 새로 만들어진다는 실제 경험을 가슴으로 느끼도록 해주고 싶다. 또한 나의 파워풀한 열정과 역전의 경험담을 통해 평생 잊히지 않는 감동의 특강을 들려주고 싶다.

어느덧 나는 강단에 등장해 2초 내에 좌중을 흥분시키고 몰입시키는 능력이 생겼다. 웃음의 힘이다. 이 책을 읽으면서 여러분이 학교에서, 회사에서 그리고 친구들과 나 자신에게 어떻게 하는 것이 이기는 것인가를 배웠으면 한다. 그래서 궁극에는 어떤 상황에서든 이기는 스타일로 거듭나기를 바란다. 언제나 어디에서나 박장대소로 웃고 있는 사람이 되었으면 좋겠다.

1) 바보가 되어라

2,500년 전 공자에게 제자들이 물었다.

"스승님, 행복해지려면 어떻게 해야 합니까?"

공자가 말했다.

"너희가 행복해지고 싶은 만큼만 바보가 되어라."

공자도 스승이 있다고 한다. 그 스승의 이름은 '웃자'이다. 농담이다.

스티브 잡스가 죽어서 공자를 만났다.

"공자님, 저 잡습니다."

"뭐고? 잡수? 하하하하! 이름이 참 재미있구나. 전생에서 뭐하다 왔는고?"

"저는 스마트폰 팔다 왔죠."

"그래, 돈 많이 벌었냐?"

"네, 몇 백조 벌었죠."

"그럼 그 돈은 어디 있냐?"

"다 놔두고 왔어요. 저는 벌어놓고 쓰지도 못했어요."

"하하하하 이런 바보 같은 놈, 그래도 잘했다."

공자가 잡스에게 물었다.

"잡스야 행복이 뭔지 아느냐?"

"하하하! 행복이요. 내 전공인데요. 제가 2005년도 미국 스탠퍼드대학교 졸업식 날에 한 연설이 있지요."

> 학생들이여, 오늘 졸업식을 진심으로 축하한다.
> 너희가 성공하고 행복하려면
> '스테이 헝그리 스테이 푸울리쉬' 이 말을 꼭 기억해주길 바란다.
> 초심을 잃지 말고 배고픔으로 우직하게 전진하라!

김수환 추기경도 "나는 바보다"라는 말을 남겼고, 반기문 총장도 "바보같이 공부하고 천재같이 꿈을 꾸라"고 했다. 비주얼이 전혀 아닌 가수 싸이가 성공한 비결은 '우스꽝스러움'이었다. 법정스님은 바보의 스님이었다. "세상에서 가장 귀한 종교는 기독교, 불교, 천주교가 아니다. 바로 친절이다"라고 했는데 이 말은 산에 있는 절이 아니라 친절하게 살라는 말이다. 반기문 총장도 최고의 지혜는 친절이라고 했다.

법정스님은 본래 '천화'를 하고 싶었다. 천화란 임종을 앞둔 고승이 홀로 깊은 산속을 걷다가 힘이 없어 어느 지점에서 쓰러지면 주변의 나뭇잎을 주워 모아 그것으로 자신을 덮은 채 생을 마감하는 것이다. 즉, 깊은 산속에서 아무도 몰래 남에게 부담을 주지 않고 생을 마감하기에 그 흔적을 찾을 수 없다고 한다. 참으로 맑고 향기로운 바보이다. 법정스님은 이렇게 유언했다.

"내가 죽거든 관 짜지 말고 수의 입히지 말고 다비식 열지 말고 내가 쓴 책은 다 절판하고 절대로 사리를 찾지 말라. 그리고 타고 남은 재도 오솔길에 나눠 주거라."

진정 그는 영원한 바보, 불멸의 바보이다.

누구나 암에 걸릴 수 있다. 그런데 우리 몸속에서 한 군데가 암에 안 걸린다. 바로 심장이다. 바보같이 평생을 희생하고 격려하고 도움을 주는 조직이기 때문이다. 심장의 샘물은 아무리 퍼내도 고갈되지 않는다. 아무리 먹어도 질림이 없다. 아무리 나눠줘도 모자람이 없는 것이 심장이다. 가장 부지런하다, 바보처럼 우직하게….

동서고금의 진리가 '바보같이 사는 것'이다. 우리가 이기려면 바보같이 포기를 포기하고, 좌절을 좌절하고, 바보처럼 성공을 성공시키는 스타일이 되어야 한다. 바보같이 묵묵히 전진할 때 성공, 행복, 건강은 나에게 올 것이다.

2) 건강하려면 비워야 한다

우리는 욕심과 부정으로 가득한 몸과 마음의 독소를 비워야 한다. 유명한 시인, 소설가 들이 도시에서 글을 써보니 시상이 안 떠올라 시골 풍경이 넘치는 자연 속으로 안착하니 시상이 자연스럽게 떠오르더라는 것이다. 비우면 채워지는 철학을 알면서도 실행하기 힘든 우리의 나태함을 반성해야 한다. 병원에 가면 의사와 환자가 있는데 '환자(患者)'의 '환(患)' 자가 '근심 환' 자이다. 근심을 비워야 건강해진다.

3) 행복하려면 즐겨야 한다

나는 9년간 서울과 성남의 빈민촌에서 '사회복지사'로 국내 최초의 '사랑의 빵 나누기' 활동을 했었고, 주경야독으로 대학 교수가 됐다. 5년간 교수를 하다가 더 크고 보람 있는 일을 하고자 대학 교수직을 박차고 나와 국민들에게 '캔 (Can)'의 시대(時代)에서 '펀(Fun)'의 시대를 강조하기 위해 『웃음 치료법』, 『펀 경영 리더십』, 『이기는 펀 리더십』 등의 책을 내고 국내 최초로 웃음 치료사, 스트레스 치료사, 펀 리더십 지도사, 숲 치료사 등 24종의 신종 자격증을 창시했다.

그리하여 서울역 광장, 남산 꼭대기, 숭례문 광장에서 매주 길거리 특강을 통해 유명인사가 됐다. 고등학교 생활기록부에 '이 학생은 친우관계가 좋지 않으며, 수업 시간에 매우 못마땅한 표정을 짓고 있음'이라고 적혀 있던 불량 학생, 고등학교 재수생, 퇴학생, 무기정학생, 대학 재수생, 학사경고생 등의 타이틀과 정반대르 한국웃음센터의 원장이 되어 직접 3만 명의 웃음 치료사를 양성했고 전국을 순회하면서 700만 명의 국민들에게 '웃음 특강'을 하고 있다는 사실이 아이러니하지 않은가.

그 덕분인지 각 언론사에서 주최한 '2008년 올해를 빛낸 인물 20인'에 선정됐고, 지난 2009년도에는 '대한민국 명강사 대상'에도 선정됐으며, 2012년에는 '대한민국 성공대상'을 받았다. 나는 특강을 할 때마다 새삼 느끼고 있다. 수많은 사람이 스트레스를 해소하고자 하며 최근 트렌드에 발맞춰 성공과 행복을 위한 매력적인 인물이 되고자 갈망하고 있다는 사실을 말이다.

나의 '웃음 특강'이 왜 그토록 인기를 끄는지, 청강생들의 박장대소와 노래와 춤이 넘치는 즐거움이 가득한지는 참가해본 사람만 누릴 수 있는 특권이 됐다. 나는 너무도 행복하고 즐겁다. 웃음 때문에 교수님이 아닌 교주님으로 인정해주니 이 얼마나 재미있는 인생인가! 그 덕분에 하루 평균 300킬로미터를 이동하는 유명강사가 되었다. 과거의 스트레스가 웃음을 통해 현재의 영광으로 바뀐 셈이다.

최고의 부자로 선정된 미국의 투자그룹 버크셔 해서웨이의 워런 버핏은 주식 한 주가 2억 원이다. 함께 점심을 먹으려면 30억을 기부해야 한다는 그는 빌 게이츠가 설립한 '빌 앤 멜린다 재단'에 전 재산의 85퍼센트인 38조를 기부했다고 한다. 그는 자신이 피땀 흘려 번 돈을 자신의 재단도 아닌 다른 재단에 기부했으며 54년째 같은 집에서 살면서 오래된 자가용을 기사 없이 직접 운전하며 열정적으로 일하고 있다.

천문학적인 수익을 내는 회사의 CEO이지만 워런 버핏은 29년 이상 연봉 10만 달러만 고집하고 있으며 탭댄스를 즐기며 출근하고 있다. 간혹 부자들의 성공 가운데 결코 행복해 보이지 않는 경우가 있는데, 그는 행복하게 성공한 매력적인 인물로 꼽히기에 손색이 없다.

4) 성공하려면 다르게 미쳐야 한다

최고의 경영자로 선정된 애플의 스티브 잡스는 성공의 비결로 '다르게 생각하기'를 강조한다. 즉, 그는 남과 다르게 창조적인 사고를 하며 고정관념을 깼다. 창조적인 사고를 위해서는 기존의 틀과 사고를 깰 용기가 필요하다. 스트레스도 고정관념이기 때문에 이것을 깨는 용기가 필요하다.

게임 '스타크래프트'를 창안한 빌 로퍼는 "창조는 미침이다"라고 했다. 자기가 하는 일에 즐겁게 몰입하는 사람들, 고정관념을 잘 깨고 자기 일에 철저히 미친 사람들은 스트레스에 빠질 시간도 없을뿐더러 설령 스트레스가 온다 해도 잘 극복해낸다.

즐겁게 일에 몰입하면 스트레스를 잊고 산다. 워런 버핏은 "열정에 따르라"고 한다. 즉, 열심히 정성을 다해 자기가 하는 일에 미치고 몰입하라는 것이다. 대부분의 스트레스는 마음에서 비롯된다. 남보다 앞서야 하고 인정받아야 한다는 욕심이 최대 원인이다.

장편소설 『개미』, 『뇌』의 작가 베르나르 베르베르는 '가장 똑똑한 뇌는 현재 만족하고 있는 뇌'라고 말한다. 과욕보다는 현실을 직시하고 최선을 다하는 자세로 사는 것이 스트레스를 관리하는 최선의 방법이다.

5) 인문학 강연 후 받은 편지

한광일 박사님, 안녕하십니까?

문경대학고 평생교육원의 이효행입니다.

문경까지 걸음하시기가 쉽지 않으셨을 텐데 이곳까지 방문하시어 해주신 강의에 감사의 인사를 올리고자 이렇게 메일을 쓰게 되었습니다. 박사님의 강의를 통해 많은 분이 웃음을 통한 힐링의 시간을 갖게 되어 무척 좋았다는 말씀을 하셨습니다.

수강생 분들이 참석 중에 강의 의견을 작성하지는 않으셨지만 저에게 오셔서 "지난 삼십 년간 장사를 하면서 삭히고 묵혔던 마음, 내리눌렀던 마음을 속 시원하게 풀어놓은 기분이었다"고 하시며 "정말 눈물 날 정도로 재미있었고 즐거운 강의였다"라고 말씀하신 분도 계셨습니다.

박사님의 강의와 40~60대의 수강생 분들께서 쓰신 글과 하신 말씀을 통해 저도 많이 배웠습니다. 지금까지 인문학 강의를 통해 수강생 분들께 질 높은 지식의 전달만을 생각했지, 박사님의 강의처럼 공감하고 소통하지 못했던 점을 반성하게 되었습니다.

비록 117명 전체가 강의를 수강하지 못해 매우 안타깝지만 박사님의 강의는 문경시 여성들의 뇌리에, 가슴에 깊게 아로새겨질 것이라 생각합니다. 박사님의 의미 있는 강의에 문경여성대학원이 비로소 꽃을 틔우는 것 같습니다.

다시 한 번 의미 있는 강의, 감사드립니다.

이에 강의 사진 몇 점과 몇몇 분들의 강의 의견서를 첨부합니다.

항상 건승하시길 기원합니다.

존경과 경의를 담아 이효행 올림

2014년 8월 12일

07

강연 사례 2 - 웃어라, 즐겨라, 미쳐라

펀 경영, 펀 리더십의 10계명은 다음과 같다.

- 긍정적으로 일하라.
- 열정적으로 일하라.
- 독보적 존재가 되라.
- 팀워크를 중시하라.
- 고정관념을 깨라.
- 실수는 바로 인정하라.
- 어려운 일은 내가 하라.
- 자신 있는 일은 바로 하라.
- 상대의 입장에서 행동하라.
- 유머를 사용하며 크게 웃어라.

1) 자신의 가치를 늪여라

28년 전에 내가 한국에서 최초로 만든 웃음 치료는 돈 안 들이고 장소·대상·도구 등의 굴리적 제한을 받지 않고 실천할 수 있는 방법, 즉 남녀노소 누구나 좋아하고 병도 치료되는 방법이 없을까 하는 고민에서 비롯되었다.

지금 대한민국은 웃음, 웃음 치료, 펀 리더십, 펀 경영 열풍에 빠져 있다. 그야 말로 웃음과 펀(Fun)이 경영과 리더십에서 메가트렌드가 된 것이다. 웃음은 예 산, 도구, 장소 등의 물리적 조건과 관계없이 그 파급 효과가 가장 크다. 직원 끼리 하나가 되는 것은 물론이고 고객을 사로잡는 것은 무엇보다도 따뜻한 마 음과 웃는 얼굴이다.

결국 웃음은 경영진, 직원, 고객을 하나로 묶어주는 가장 효율적인 도구가 되 는 셈이다. 하지만 실제로 직장에서 즐겁게 일하기 위해서는 몇 가지 선행되 어야 할 조건들이 있다. 우선 그 조직 내의 모든 구성원이 즐거워야 한다. 다시 말해, 오너가 즐거워야 하고 종사자가 즐거워야 하며 서비스업계일 경우 고객 까지 즐거워야 한다. 이렇게 해서 얻어지는 부가가치란 실로 엄청난 것이어서 생산성은 물론이고 경영 효과까지 극대화된다. 이 모든 것을 꾀하는 일이 바로 '펀 경영(Fun Management)'이다.

감성의 극대화를 통해 업무의 극대화까지 동시에 이루는 것, 그것은 경제적이 고도 합리적인 경영 방법일 뿐만 아니라 각 개인에게는 건강과 행복을, 기업 차원에서는 엄청난 부가가치를 창출하는 일석이조의 방법이다.

요즘 일반 회사나 공공기관에서 일주일에 하루 자율 복장을 하고 출근하는 제도를 도입한 곳이 의외로 많아졌다. 이것은 얼마 전까지만 해도 상상도 할 수 없는 일이었다. 그동안 회사원들이라고 하면 으레 '넥타이 부대'라는 별칭까지 붙었지만 이제는 복장에도 편하고 즐거운 편이 도입되고 있는 추세다. 회사원들은 자율 복장을 하고 출근하게 된 이후부터 경직되어 있던 회사 분위기가 훨씬 부드러워졌다고 느낀다. 직원들 간의 관계나 소통이 전보다 더 자연스러워졌음은 두말할 필요도 없다.

두산그룹은 '칭찬합시다'라는 행사를 마련해 사원 중 매달 세 명을 골라 칭찬 내용을 사보에 싣는다. LG전자나 삼성전자도 이와 비슷한 제도를 도입했다고 한다. 이 제도를 처음 도입했을 때만 해도 어색할뿐더러 칭찬 내용도 업무와 관련된 것뿐이었으나, 시간이 지나면서 조금씩 양상이 달라졌다고 한다.

물론 사내 분위기도 달라졌다. 우선 제일 먼저 눈에 띈 것은 구조조정이다, 임금 삭감이다 해서 움츠러들었던 어깨가 펴지고 서로의 눈치를 보느라 긴장과 갈등이 감돌던 직원들 사이에 웃음이 번지기 시작한 것이다.

사내에서뿐만 아니라 퇴근 뒤 갖는 회식 자리에서도 비난이나 욕설이 난무했었는데 '칭찬합시다' 운동 이후 그런 일들이 현저하게 줄었다고 한다. 그 대신 서로의 장점을 찾으려고 노력하거나 숨겨진 미덕을 찾으려고 하는 자세가 회사에 긍정적인 결과를 안겨주었다.

그렇게 사람들 마음이 너그러워지고 표정이 밝아지면서 무엇보다 웃음이 많아졌다. 이런 제도의 결과로 마침내 개인적으로는 자신감과 창의력이 향상됐으며 회사 차원에서는 생산성과 경제 효과가 향상되는 '일석다조'의 효과를 낳았다는 것이다. 특히 직원들은 어떻게 해도 사라지지 않던 조직 내 갈등이 눈에 띄게 줄어들었음을 강조했다. 누군가를 칭찬하고 누군가에게 칭찬받는다는 일은 얼마나 경이롭고 놀라운 효과를 불러오는지 그것은 상상 그 이상의 것임에 틀림없다.

펀 경영이 가장 부각되는 곳은 아마도 서비스업이 아닐까 싶다. 웃음을 잃지 않고 고객을 대해야 하는 어려움 때문인데, 이런 감정노동은 그 어떤 노동보다 힘든 것이 아닐 수 없다. 사람의 감정은 기계적인 것이 아니기 때문에 억누르는 힘도 그만큼 고도의 자제력을 요구한다.

그래서 최근 많은 기업이 이런 감정노동의 어려움을 타파해 어떻게 하면 즐거운 마음으로 일할 수 있을까를 연구하고 있다. 실제로 E 놀이공원의 경우 딱딱한 아침 조회 시간을 춤추며 하는 조회로 바꾸었더니 고객들에 대한 도우미들의 서비스 정도가 훨씬 좋아졌다고 한다.

이렇듯 서비스업계에서의 펀 경영은 더없이 강조되어야 할 항목이다. 하지만 펀 마케팅을 한다고 해서 모두가 성공하는 것은 아니다. 펀 마케팅이 성공하기 위해서는 우선 기업들이 갖추어야 할 요건이 있다.

첫째, 감사하는 마음이다.

고객에게도 감사, 경영진에게도 감사, 내부 고객인 직원들까지도 감사하는 마음이 필요하다. 상호 인격적인 일체감이 필요하다. 이런 감정은 글과 말로 이루어지는 것이 아니다. 존경받는 기업이 되려면 고객과 구성원들에 대한 감사한 마음을 잃지 말아야 한다. 그리고 이 마음의 표현을 봉사 활동으로 극대화해야 한다. 즉, 공익 활동을 중시해야 한다는 것이다. 실제로 잘되는 기업일수록 공익 활동을 많이 하고 있다.

둘째, 상품보다는 마음이 열려야 한다.

마음이 열린 기업은 펀 경영을 빨리 확산시킬 능력이 있다. 유행에도 민감하고 새로운 트렌드도 독창적으로 만들어낼 수 있다.

셋째, 재미가 있어야 한다.

재미를 통해 구매욕이 일어날 수 있도록 해야 한다. 예컨대 상품에 웃는 그림이나 웃는 소리를 넣는다든가 매장 입구에 '웃음 라인' 또는 '웃음 존'을 설치해 가장 길게, 크게, 멋지게 웃는 고객에게 선물을 주는 등의 이벤트도 해볼 만하다.

이렇듯 웃음은 예산, 도구, 장소 등의 물리적인 조건과 관계없이 파급 효과가 가장 큰 마케팅 기법 요소다. 이런 펀 마케팅 대신 목표한 효과를 얻기 위해 일반적인 마케팅을 통해 소요될 기회비용을 생각해보면 펀 마케팅의 경제적 가치는 충분히 증명되는 셈이다.

2) 가장 현명한 사람은 지금 즐기는 사람

난센스 퀴즈인데 맞춰보라. 세종대왕의 성은 무엇일까? 이씨, 남자, 세씨, 세종, 경복궁, 돈? 아니다. 바로 '납씨'이다.

"세종대왕 납~씨오."

나는 사과를 참 좋아한다. 먹으려고 했는데 쥐가 먼저 파먹었다. 그럼 이 사과의 이름은 뭘까? 쥐 사과, 애플, 쥐가 파먹은 사과, 아니다 '파~인애플'이다.

최근 전 세계에서 가장 많이 팔린 책은 뭘까? 성경책이다. 다음은 공책이다. 다음은 주책이고, 다음은 페이스북이고, 다음은 쪽팔려, 다음은 노트북이다. 물론 농담이고 최근 10년간 전 세계에서 베스트셀러가 되며 독자에게 사랑받은 책이 있다. 바로 베르나르 베르베르의 장편소설 『개미』이다.

한국에서 유독 인기가 많은 베르나르 베르베르는 몇 년 전 한국을 찾았다. 그는 이렇게 말했다.

"가장 똑똑한 사람과 가장 똑똑한 뇌는 Now Here."

현재 여기에 앉아 있어야 한다는 말이다. 지금 이 순간을 피하지 않고 즐길 때 결국 즐기는 사람이 똑똑한 거라는 얘기다. 만약 지금 강의를 듣는 시간에 다리를 꼰 채 팔짱을 끼고 딴생각을 한다면 다른 강의 시간에도 또 다른 강사의 강의를 들을 때도 똑같다는 말이다. 본질이 바뀌지 않기 때문이다.

이런 사람들은 죽는 순간까지 팔짱을 끼고 있다고 한다. 본질이 바뀌지 않기 때문이다. 아무리 시간과 공간을 초월하고 장소가 바뀌었다고 해도 그 본질은 변하지 않는다. 그러나 우리가 잘 웃으려면 이러한 본질을 버려야 한다.

'Now Here.'

지금 이 순간을 피하지 말고 받아들여라. 즉, 맞짱 뜨는 사람이 가장 똑똑하다는 말이다. 이 순간부터 크게 웃어보자. 손뼉을 치면서 박장대소를 해보자. 그리고 요절복통, 포복절도를 하도록 웃어보자. 배가 아프도록 웃어보자.

"으하하하하!"

3) 긍정의 힘을 키워라

나는 불량했던 고등학교 시절에 공부를 못해 대학교 입학은 꿈도 꾸지 못했다. 대신 멋진 그룹사운드를 하고 싶은 학생 건달 몇 명이 모여 공부보다는 음악가가 되자고 했다. 여름방학 때 놀지 말고 학원에서 각자 보컬, 드럼, 키보드, 기타 등을 배워 다시 만나자 굳게 약속하고 헤어졌다. 두 달 후에 친구들이 다시 모였다. 서로 안부를 물으며 확인한 결과 나만 순진하게 기타를 마스터하고 왔다. 당시 나에게 기타를 가르쳐준 선생님은 검지가 없는 분이었는데 신기하게도 기타를 잘 쳤다.

그때 순진하게 약속을 지켰던 나는 기타 때문에 레크리에이션 강사가 되었고, 레크리에이션 진행 실력 때문에 가장 좋은 직장에 취직됐고, 또한 대학 교수까지 되었으며, 지금은 웃음 치료사 창시자까지 되어 모임 때마다 기타를 멋지게 치는 종합 예술인이 됐다. 작은 약속에도 최선을 다하면 결코 빈손이 되지 않는다는 소중한 교훈을 얻은 일이 아닐 수 없다.

우리는 '성공과 실패'라는 양면의 손을 늘 갖고 다닌다. 손의 위쪽은 실패, 불행, 고통, 슬픔이라고 쓰여 있으며, 안쪽에는 성공, 행복, 건강, 기쁨이라고 쓰여 있다. 그런데 우리는 평생 동안 손의 위쪽만을 주로 보고 산다. 즉, 부정적인 면만 바라보고 있다는 사실이다.

사실, 일생을 살아가다 보면 고통이 클수록 기쁨이 더욱 크다는 경험을 하는 경우가 많다. 그런데 이런 간단한 진리마저 경험 없이는 깨닫기가 그리 쉽지 않은 것 같다. 간단하게 손바닥만 뒤집어보면 그곳에 성공, 행복, 웃음, 기쁨이라고 쓰여 있는데 말이다.

요즈음 청소년들은 이해하기 힘든 옛날이야기겠지만 우리 가족 역시 어려운 시절이 있었다. 아버지는 생활비가 없어 손목시계를 몇천 원에 전당포라는 곳에 저당 잡히고 그 돈으로 쌀을 사 온 적이 있다. 나는 수학여행을 갔는데 입장료가 없어 차 안에 그냥 앉아 있었던 적도 있고, 가족 여덟 명이 월세 만 원짜리 방 한 칸에서 먹고 자면서, 단무지 하나를 일주일간 반찬으로 먹었을 때도 있다.

언젠가는 그나마 특식으로 아버지가 나에게 라면을 끓이라고 해서 끓이기는 했는데 어린 나이에 처음 해보는 거라 찬물에 라면을 집어넣어 떡이 되어버렸던 때도 있다. 그 절망감이란…. 그때 그 참담한 심정은 지금 회상해도 도저히 글로 표현 못할 정도로 가슴이 아프다. 정말로 심장이 끊어지는 줄 알았다. 당시 너무나 귀한 음식이었기 때문에….

나는 지금도 그 어려웠던 시절 생각이 자주 나서 목욕탕에 가면 반드시 구두를 닦고, 목욕관리사에게 때 밀기와 마사지를 하고, 일부러 세탁소에 옷을 맡기고, 택시를 타면 절대로 거스름돈을 받지 않는다.

요즘 우리 사회에서는 어디를 가든 웬만하면 반드시 팁을 주는 문화가 정착되고 있는 것 같다. 내가 이제 조금 살 만하니 이웃과 함께 나누고 싶은 마음에 굳이 팁이라 생각지 않고도 그냥 베풀려는 마음이 절로 생긴다. 어린 시절 어렵고 굶주린 그때보다는 조금 나아졌으니 미약하게나마 힘들고 어려운 곳에 나누고 싶은 마음이다. 그렇게 하고 나면 내 기분도 좋아진다. 세상의 어려움은 함께하는 사람이 많으면 많을수록 그 어려움은 덜하다. 이러한 나눔은 매력 넘치는 나로 단련시킨다.

매력 넘치는 진주도 조개의 상처를 통해 아름다움이 결정된다. 또 티베트의 성인(聖人) 달라이 라마는 "성공은 보람이지만 실패는 교훈이다"라고 하지 않았던가! 우리가 바라보는 관점에 따라 운명도 얼마든지 바꿀 수 있다.

자신이 매력형 인간으로 충분히 거듭날 수 있다고 생각한다면 머지않아 매력형 인간이 될 것이며 곧 승리의 문으로 들어서게 될 것이다. 그렇게 되면 자신뿐 아니라 다른 사람도 사랑하는 법을 알게 된다. 거기에서 새로운 자기 이미지가 가꿔지며 그것은 또 다른 장점을 불러온다. 단점과 장애를 문제라고 인식하지 않고 해결 위주로 받아들일 때 매력형으로 바뀌기 시작하는 것이다. 스트레스는 분명히 극복된다. 스트레스는 치료의 대상이 아닌 관리의 대상이다. 잘 관리하면 우리가 원하는 그 이상의 건강 그리고 성공과 행복을 가져다주는 메신저가 된다.

08

기사 사례 -
각박한 세상! 웃어라!

"여러분, 웃어봅시다. 하하하하하하. 웃음은 만병통치약입니다. 속담에 웃는 얼굴에 침을 못 뱉는다. 글로벌 시대니까 영어로 할게요. 스마일 페이스, 노우 퉤퉤. 하하하하하. 웃음은 심신에 좋은 거니까 길게 웃어요. 현재 지금 3시인데요. 음~ 4시까지요. 하하하하하하. 쉬지 않고 웃읍시다. 하하하하하하하. 오늘도 환자가 많이 오셨네요. 하하하하하하. 이쪽은 알코올 중독 2분, 하하하하하하. 이쪽은 발기부전 3분, 저쪽에 도박중독 2분, 게임중독 3분, 하하하하하하 죄송합니다. 농담이~ 아니에요. 진담이에요. 하하하하하하. 환자(患者)라는 말에서 '환'은 한문으로 근심 '환' 자인데 근심 때문에 병이 걸리는 겁니다. 저는요. 나이 50대인데, 흰머리가 거의 없고요, 이가 하나도 안 썩었고요, 잘 때 이불을 안 덮어도 감기도 안 걸리고 건강이 참 좋아요. 이유는 뭘까요? 웃기 때문이에요. 그리고 걱정과 근심이 없어요. '근심은 뼈도 마르게 한다'라고 성경 누가복음 1장 1절에 나와 있어요. 집에 가서서 반드시 성경을 확인하지 마세요. 하하하하하하. 불교의 경전 우이독경에 나온 말씀 '웃을 때 바보같이 웃어라' 하하하하하하. 우이독경이니 확인하지 마세요. 하하하하하하. 웃을 때 21가지 호르몬이 나옵니다. 엔돌핀, 엔케팔린, 세로토닌, 에스트로겐~ 옥시크린, 하이타이, 락스, 피죤, 삭스핀, 머리핀, 옷핀, 압핀, 하하하하하하."

이 소리는 서울역 앞에 위치한 사)국제웃음치료협회(한광일 총재)에서 10년째 하고 있는 무료 '웃음 치료 교실'에서 흘러나오는 강연 내용이다. 한광일 총재는 국내 최초로 웃음 치료사를 창시하고 특허청에 유일하게 등록시켰으며 그동안 한 주도 거르지 않고 692회 재능기부 강연을 하고 있다. 웃음 치료사라는 신종 직업을 자녀에게 물려주고 싶은 직업 7위, 인기 직업 17위로 올리는 쾌거를 이뤄냈다.

한광일 총재는 예전에 구호기관인 월드비전에서 성남과 서울의 빈민촌에서 사회복지사로 '사랑의 빵(식빵 모양 저금통) 나누기 운동'을 국내 최초로 하면서 주경야독하며 대학 교수가 됐다. 5년간 교수를 하고 나서 더 보람찬 일을 하고자 학교를 나와 다시 현장으로 달려왔다.

'나는 할 수 있다'라는 캔(Can)의 시대에서 '나는 웃으며 할 수 있다'라는 펀(Fun)의 시대로 가는 트렌드를 만들어 웃음 치료사라는 새 직업을 창시하고, 웃음 치료를 보급해 자녀에게 물려주고 싶은 직업 7위에 올린 장본인이다.

서울역과 남산 팔각정, 숭례문 광장 등 길거리 웃음 특강을 통해 일약 스타강사가 되어 개일 300킬로미터를 이동하며 명사 특강 6,900회를 돌파하고 웃음 강사 1082기수에 3만 4,000명을 양성하고 저서 24권 중 6만 권을 무상 기증했다. 최근 대한민국에 돌풍을 일으킨 각 지역 재능기부 강연도 한 총재가 선구자적인 역할을 했다. 이곳에서 웃음을 배운 제자들이 전국 각 지역에서 재능기부를 하고 있다.

한 총재의 청소년기는 순탄치 않았다. 자칭 유명한 무명 건달이었고 별명은 GD였다고. GD는 우리말로 '건달'이라고 유머를 잃지 않았다. 본래 고교 재수생, 퇴학생, 학사경고생 등의 타이틀을 갖고 있었고 특히 고교 생활기록부에 '이 학생은 친우관계가 좋지 않으며 수업 시간에 매우 못마땅한 표정을 짓고 있음'이라고 쓰일 정도로 인상파 문제 학생이었다. 부모님과 담임선생님의 헌신적인 노력으로 인생의 터닝 포인트를 포착, 최근에 국내 최초 사이버대학인 열린사이버대학교의 '1호 석좌교수'가 됐다.

웃음 효능에 대해서는 80세 어르신의 인생을 회고해보았더니 잠 26년, 일 21

년, 식사 6년, 기다림 6년, 웃는 데 시간을 보낸 것은 겨우 10일(1일 30초 가정, 80년간 수명)이었다. 최근 젊은 청년들의 정자 수가 30퍼센트 감소하고, 10명 중 4명은 비정상적인 정자이고, 처녀들이 조기폐경을 한다고 보도된 바 있다. 이것은 환경오염으로 면역체계의 이상 때문인데, 웃으면 면역력이 쑥쑥 올라간다.

의사들의 아버지 히포크라테스는 지구상 최고의 의사와 치료법은 '면역'이라고 했다. 역설적으로 찰리 채플린은 80세에도 아기를 낳았다. 100세에 낳은 이삭의 이름은 웃음이라는 뜻이고, 피카소는 80세에도 매일 밤 플라멩코를 즐겼는데 웃음의 효과를 보았다. 옛날 우리 임금들은 웃음 내시를 두었고, 100년 전에는 새의 깃털로 환자를 간지럼 태워 치료했다.

크게 1번 15초만 박장대소해도 최하 200만 원 어치의 엔도르핀, 엔케팔린, 도파민, 세로토닌 등 21가지의 호르몬이 나온다. 1일 15초만 크게 웃어도 2일을 더 산다. 성인들이 1일 7번 웃는데 아이들은 400번 웃는다. 그래서 아이들이 오래 사는 것일까?(하하하) 억지웃음도 90퍼센트 효과가 있다.

박장대소와 요절복통으로 웃으면 650개 근육, 80개 얼굴 근육, 206개 뼈가 움직이며 에어로빅을 5분 동안 하는 것과 같다. 15초만 웃어도 12킬로칼로리가 소모되고 윗몸일으키기를 25번 한 것과 같다. 웃으면 생활에 활력이 솟구치고 늘 긍정적인 상상을 지속할 수 있다. 웃고 있는 동안에는 10~20퍼센트 힘 증가, 생체나이는 6~7년 줄어들고 유연성도 10퍼센트 증가한다. 웃으면 뇌 속에 알파파가 증가해 기억력에 좋다. 그리고 산소 공급이 2배로 증가해 혈액순환이 잘되고 혈류량이 2~3배 증가해 성인병을 예방해준다.

혼자 웃을 때보다 여럿이 함께 웃으면 33배 효과가 있다. 잘 웃으면 8년을 더 살 수 있으며 늘 감사하고 칭찬하고 긍정적으로 살면 6년을 회춘한다고 한다. 여자가 남자보다 더 오래 사는 이유는 자주 웃기 때문이다. 얼굴이 굳어 있거나 깊은 고민에 빠지는 사람은 수명이 짧다. 서양 속담에 웃음은 내면의 조깅이다. 웃음은 동서양을 막론하고 묘약이며 명약이라 말한다.

웃을 때는 뜨겁게 온몸으로 신나게 마음으로 웃어야 한다. 가능한 한 눈웃음을 짓고, 입으로 크게 웃고, 손뼉을 치며, 배를 잡고 웃는 것이 가장 좋다. 즉, '박장대소'이다. 웃음은 자기 자신을 위한 무소유의 실천이다. 자기를 버려야 채워지는 진리를 알아야 한다. 특히 스트레스는 만병의 근원이고 이것 때문에 직무의 만족도와 흥미를 방해할 수 있다.

한광일 총재는 "웃음이야말로 세상에서 가장 좋은 힐링이고 소통의 기술이며 행복의 숨결"이라고 한다. 그동안 673회 하는 동안 수만 명의 일반인과 환자가 다녀갔다. 많은 사람이 치료를 받은 사례가 책으로도 출간됐고 그중 박화일 님은 "웃음으로 신장암과 간암을 치료하고 이 웃음 치료 교실에 매주 참석하고 있고 웃음 치료가 내 인생 최고의 선물"이라고 전했다.

한 총재의 기억에 남는 일은 "주로 암 환우 분들이 많이 오시는데요, 이곳에 나올 정도면 심각한 경우가 많지요. 오죽하면 나오셨겠어요. 얼굴 보면 딱 알죠. 그분들이 잘 나오시다가 얼굴들이 안 보이면 주위 분들에게 안부 인사가 와요. '내가 암으로 죽기 전에 웃음 치료 교실에서 원 없이 크게 웃어본 것이 가장 기억에 남는다. 꼭 한 총재에게 고맙다고 전해달라'라는 유언을 들었을 때"라고. "내가 웃음 치료를 멈출 수 없는 이유가 여기에 있어요. 우리 무료 웃음 치료 교실은 절대로 상업광고 안 해요. 부담 없이 오세요."

무료 웃음 치료 안내 : 사)국제웃음치료협회(www.ha.or.kr)
문의 02) 712-3474~6

1) 한광일이 걸어온 길

- 16세 고등학교 재수
- 18세 고등학교 퇴학, 무기정학 감면
- 21세 군 입대
- 25세 군 전역 후 대학 입학, 학사경고생
- 30세 월드비전 입사, 국내 최초 '사랑의 빵 나누기 운동' 9년간 실시
- 36세 연세대학교 석사 입학
- 38세 대학 교수 임용
- 41세 서울대학교 박사 입학
- 42세 전임교수직 사직하고 스타강사의 길을 선택
- 52세 최연소 석좌교수 위촉

2) 한광일의 성공 사례

- 고등학교 재수생, 퇴학생 → 현재 저서 24권 출판(베스트셀러, 스테디셀러 선정)
- 대학교 재수생, 학사경고생 → 전임교수, 200여 개 대학교 최고경영자과정 출강 중
- 3년간 수학 all 0점짜리 학생 → 연세대학교 석사 올 A, 올 100점 졸업
- 200원 없던 학생 → 회당 100~200만 원 강사가 됨, 국내외 방송 다수 출연
- 전임교수 박차고 → 서울역 광장 등 길거리 마케팅을 하며 월 1억짜리 스타강사가 됨
- 말더듬이, 얼굴 빨개짐, 자신감 없던 청소년 → 9년 만에 지도자 34,000명 직접 양성
- 한국강사은행 총재 → 현재 강사 회원 22,000명
- 전국구 강연 → 매일 300킬로미터 이동, 2년 만에 주행거리 21만 킬로미터 주파
- 강연으로 만난 청중 약 700만 명, 강연과 명사 특강 약 6,900회 진행
- 현재 10년간 매주 무료 강연 교실 개최, 재능기부 강연 축제 진행

- 신간 저서 7만 권 무료 증정, 최연소 석좌교수
- 현재 서울대학교, 연세대학교, 고려대학교, 중앙대학교, 이화여자대학교, 경남대학교, 전남대학교, 제주대학교 등 200여 개 대학교 최고경영자과정에 출강했고 삼성, 현대, LG, 포스코 등 3,000여 개 기업에도 강연을 하고 있다. 문광부, 국토부, 법무부, 행안부, 감사원, 검찰청, 경찰청, 국세청, 식약청, 금융감독원 등 각 부처와 공공기관, 전국 시·군·구·동 등에도 특강을 했다.

Chapter 4

레크리에이션 및 행사 멘트

01

멘트
요령

▶ 무대 등단하는 순간부터 인상, 의상, 매너, 당당함, 카리스마, 포스 등으로 신비감을 조성하되 첫인사할 때 자기소개를 자신 있게 한다.

▶ 약간의 긴장감과 박진감을 유도하고 리듬감 있게 진행한다.

▶ 각 행사에 맞는 멘트, 대상, 장소, 직업의 종류에 따라 멘트를 구사한다.

▶ 사전에 준비한 질문을 던지고 재미있게 받아치는 공식 멘트를 열 개 정도 준비한다.

▶ 적절한 제스처, 멘트의 속도, 강약, 길이, 호흡 등을 조절한다.

▶ 가능한 한 칭찬을 하며 상처를 주는 말은 하지 않는다.

▶ 반드시 선물을 준비하고 룰을 설명한다.

▶ 일방적인 진행보다는 질문식의 멘트를 사용한다.

▶ 강조할 때는 마이크를 가까이 대고 말한다.

02

오프닝 인사
멘트

- 안녕하세요. 반갑습니다.
- 레크리에이션 진행의 살아 있는 전설, 웃음 치료사의 창시자 한광일입니다.
- 여러분, 제가 정말 미남이지요? 인정하시죠? 네, 저도 인정합니다. 하하하! 박수~.
- 저는 미남 되지, 얼굴 되지, 학벌 되지, 유머 되지, 진행 되지, 몸매~ 돼~ 지, 하하하하.
- 보편적으로 인물 좋은 사람이 머리가 나쁘다고 하는데 오늘 여기 오신 분들은 다 천재로 보입니다. 이분은 수석, 차석~.
- 오늘 레크리에이션을 신나게, 재미있게 진행할 멋진 남자! 여러분에게 짜릿한 스릴과 아름다운 감동 그리고 추억을 선사할 남자! 한광일 인사드립니다.
- 내가 이렇게 큰 함성과 박수는 6·25 이후 처음인데, 다시 소개합니다. 자! 소개(더 큰 박수와 함성 유도)
- 개회 : 오른손 손뼉, 왼손 기립 함성, 양손 손뼉 기립 함성(빠른 음악).
- 내가 너의 이름을 불러주기 전까지는 하나의 몸짓에 지나지 않았다. 내가 비로소 너의 이름을 불러주어 너는 나의 한 송이 꽃이 됐다. 여러분, 저의 이름을 연호해주세요. 여러분의 꽃이 되고 싶어요. 한광일! 한광일! 오빠(이때 가

장 오버하는 사람 두 명에게 선물 선사)!

• 이 땅에 레크리에이션이 없었다면 저는 태어나지 않았을 것입니다. 한국 레크리에이션의 지존! 살아 있는 신화! 레크리에이션 국가대표! 한광일 인사드립니다. 여러분과 함께 신나고 즐거운 감동이 넘치는 시간을 만들어보겠습니다.

• 오늘 이 자리! 그 이름도 찬란한! ○○기업의 엘리트 가족들을 모시고 레크리에이션을 진행하게 되어 무한 영광으로 생각합니다. 오늘 이 자리는 여러분의 무대이기에 여러분이 주연이며 저는 조연일 뿐입니다~.

• 가라사대 / 어깨동무 합창

• 박장대소 / 다섯 손가락 심리 게임

• 미꾸라지 잡기 : 끼워도 될까요?

• 조용하고 침착하고 우직하고 점잖은 사람은 이 시간에 미워할 거야~.

• 안녕하세요! 오늘 같은 자리는 예쁜 여자 강사가 왔어야 하는데 한 달에 한 번씩 있는 그날이라 부득불 제가 왔습니다. 사실, 그 강사님이 오늘 곗날이래요~.

- 여러분, 오늘 저를 도와줄 보조 강사를 소개해드립니다. 어디서 많이 본 거 같죠. 네, KBS 개콘에서. 여러분, 개그콘서트 즐겨 보십니까? 네, 저도 즐겨 봅니다. 하하하. 네, KBS 개그맨 20기 서류 접수만 했고요. 사극 드라마에서 문지기 역을 맡은 ○ ○ ○입니다.

- 여러분 저 어디서 많이 본 거 같죠? 본래 트로트 가수입니다. 제가 이래 보여도 작년에 노래 CD 두 장씩이나~ 집에서 몰래 구웠습니다.

- 키는 186입니다. 그런데 깔창은 7센티예요. 형님들 두 분은 법조인인데요 큰형은 판사 둘째형은 검사예요. 네, 집에서 판을 닦고 검사하는 자영업이에요. 두 분 다 명문대를 나오셨습니다. 12연대라고 전방에 있어요.

- 오늘 힘차-게 박수 치신 분은 성공하시구요, 박수 안 치신 분은 명복을 빕니다. 이분 박수 잘 치셨으니까 선물을 드립니다. ○ ○ ○ 님께 선물을 집으로 우송해드리도록 하겠습니다. 한 달이고 두 달이고 기다려보세요. 오나, 안 오나! 연락 주세요. 혹시 안 오면 저에게 편지로 알려주시기 바랍니다.

동기부여
멘트

- 각 조 부르기 : 오! 예! 1조, 2조, 3조, 나머지 덤핑, 찌끄레기, 짝퉁, 부스러기 4조.
- 관객을 열광시키는 멘트 : 제일 중요한 것은 선물, 경품, 점수를 대가로 준다고 약속해야 한다. 그러고 난 뒤 점수가 올라가는 법을 설명해준다.
- 사회자 : 자, 지금부터 제가 팀을 나누도록 하겠습니다. 그럼 지금부터 팀 이름을 부르면 가장 발광하면서 오버하는 팀에게 출발 점수 100점을 주고 출발하겠습니다. 오늘 만점 점수는 10만 점입니다. 1년 동안 숙식해야 이 점수를 모을 수 있을 겁니다. 오버할 때 박수와 함성을 지르면 50점, 거기에 업그레이드해서 일어나서 박수 함성을 지르면 80점, 웃옷을 벗어 흔들면 100점 만점, 바지까지 홀딱 벗으면 오늘의 1등으로 지정해드리겠습니다.
- 짧게 함성 세 번 하하하.
- 다 같이 손뼉 다섯 번 짝짝짝짝짝, 이번에 웃음 손뼉 세 번.
- 웃음 손뼉 치기 : 하나 빼기(열 번 치라고 하면 아홉 번을 친다). 다 같이 손뼉을 세게 칩니다. 자, 손뼉 한 번 시작(분명히 치는 사람이 있다)!
- 가위바위보 연습해 선물 : (가위바위보 하다가) 이렇게 하는 것입니다. 연습이었습니다.

- 퀴즈 : (만약 맞추면) 연습 문제였습니다. (나오면) 그래도 선물은 드리겠습니다. 여러분은 생방송으로 국민들이 지켜보는데도 불구하고 치사하게 연습 문제로 상품을 타겠다고 나오시는 분을 관람하고 계십니다(주고 나서). 그 선물을 5분간만 보관 부탁드리겠습니다.
- 오늘 열심히 오버하는 사람에게는 제주도 비행기 왕복 2인용 티켓을 선물하겠습니다. 비록 날짜는 지났지만 기념품이 되리라 생각되구요.
- 또 하나의 티켓은 63빌딩 수족관부터 전망대까지 풀코스를 관람할 수 있는 엘리베이터 이용권입니다.
- 또 하나의 티켓은 고급 시계 한 세트! 손목에 차고 계신 분을 찾아보시기 바랍니다.
- 진짜로 티켓 한 장을 준비했습니다. 그 티켓은 저랑 1박 2일을 지낼 수 있는 티켓인데 필요하신 분은 조용히 연락주시기 바랍니다. 누구든지 오십시오. 복사 가능한 티켓입니다.
- 보루네오 가구에서 제공하는 원목 이쑤시개를 드리겠습니다.
- 최신형 삼성 휴대폰 950만 화소의 시가 90만 원짜리 휴대폰에서 들을 수 있는 벨소리를 드립니다.
- 디지털카메라를 선물로 드리겠습니다. 선택을 받으신 분들은 모임이 끝나는 즉시 중부고속도로 76킬로미터 지점에 설치되어 있는 무인카메라를 가져가시기 바랍니다.
- 한방병원에서 제공하는 동~침을 놓아드리겠습니다.
- 100인치 디지털카메라 케이스를 드리겠습니다.
- 고급 노트북 세 대와 2004년 지펠 냉장고 두 대를 구입할 수 있는 곳을 소개해드립니다.
- 고급 양주 두 병을 딸 수 있는 오프너를 드립니다.
- 이긴 팀에게 인원수만큼 부상으로 새우깡과 죠리퐁을 선물해드립니다.
- 오늘 이긴 팀에게는 맥주 열 박스를 옮길 수 있는 특권을 드립니다.
- 보디가드에서 후원한 선물 신상품 속옷 한 벌을 직접 입혀드립니다
- 세상은 매우 공평하답니다. 얼굴이 완벽하니 노래는 형편없었죠.

- 얼짱에 몸짱에 노래는 꽝입니다

- LG에서 협찬한 노트북 한 대를 한 번 들어볼 수 있는 자격을 드리겠습니다.

- 현대백화점에서 협찬한 상금 300만 원을 저축할 수 있는 은행을 소개해드립니다. 아니, 돼지저금통을 드립니다.

- 지금부터 박장대소를 해보겠습니다. 건강하신 분들은 10초에 손뼉을 50번을 치는데, 건강하면서 성격이 좋으신 분들은 60번 이상을 친다고 합니다.

  혹시 30번 이상 치신 분? 네, 매우 건강하십니다.

  혹시 40번 이상 치신 분? 손바닥으로 산짐승도 때려잡을 수 있는 파워입니다.

  혹시 치긴 치셨는데 수를 까먹으신 분? 네, 가까운 치매병원을 친절히 묻지도 따지지도 않고 소개해드리겠습니다.

  혹시 100번 이상 치신 분? 네, 뻥입니다. 과대망상증에 사로잡힌 분입니다.

  혹시 50번 이상 치신 수를 정확히 알고 계신 분? 네, 치신 손뼉 수만큼 남은 여생을 더 살 수 있습니다.

  함성과 박수는 오늘 행사가 끝날 때까지 크게 웃으며 하는 겁니다. 가장 화끈하게 웃으시는 분은 선물을 드립니다.

- 황홀한 밤 광란의 밤을 책임질~

- 오늘 이 자리에 챔피언은 바로 여러분~

- 한국 사람들은 놀기를 즐겨 하지만 놀 줄을 모른다.

04

노래
멘트

- 이 시간 다 함께 손뼉을 치며 흥겹게 노래를 부릅시다.
- 너무 우직하게 계시거나 침착하신 분들이 여긴 안 계십니다.
- 덴마크 속담에 혼자 있을 땐 독서하고, 둘 있을 땐 대화하고, 셋 이상 있을 땐 노래하라고 했지요. 이 시간 만국 공통어라고 하는 노래를 신나게 불러보겠습니다.
- 5천만의 국민가요 '소양강 처녀'를 힘차게 부르면서 오프닝 무대를 시작합니다. 소양강 처녀 '시작' 하면 부르겠습니다. 시종! 시종!
- 반딧불 노래로 시작합니다. 반딧불 시작! 아, 반딧불은 개똥 버러지라는 노래이지요. 개똥 버러지 시작! 아, 개똥벌레입니다.
- 진행자의 노래를 듣고 싶다고 아우성일 때 재미있게 대처하는 방법 : 영화 <나비부인>의 주제곡을 멋들어지게 불러보겠다고 말하고 박수와 함성을 유도한 후 '나비야 나비야 이리 날아오너라'를 능청스럽게 부른다. 노래 끝을 한없이 성악가처럼 길게 높게 쭉 부른다.
- 팝송 '키스 미'라는 노래를 한다고 분위기를 잡아놓고 '아빠가 출근할 때 뽀뽀뽀'를 부른다.
- 구수한 우리 노랫가락 창 중에서 토끼타령을 부른다고 말해놓고 '산토끼'를

부른다.

- 5천만 대한민국 국민들의 추억의 애창곡! 추억의 종소리를 부르겠습니다. '학교 종이 땡땡땡'

- 모녀간의 애절한 사랑을 담은 노래! 얼룩진 모녀를 부르겠습니다. '송아지 송아지 얼룩송아지'를 부른다.

05

음악 담당·진행 보조
소개 멘트

- 오늘 음향 오퍼레이터를 소개합니다. 저랑 손발이 잘 맞지 않아 서로 딴마음이라고도 하는데 저래 보여도 줄리아드 음악대학 작곡과를 졸업했던 친구가 한 동네에 살고 있습니다. 아니, 죄송합니다. 사실은 줄리아드음악대학 태권도학과를 수석으로 졸업한 ○○○ 님을 소개합니다.

- 오늘 진행 보조를 소개합니다. 저랑 손발이 잘 맞지 않아 서로 딴마음이라고도 하는데 저래 보여도 서울대학교 체육대학 작업조소과를 졸업했습니다. ○○○ 님을 소개합니다.

- 저분이 저래 보여도 만주 봉천초등학교를 수석 졸업하고 만주 벌판에서 10년간 말 타고 오토바이 장사를 하다 망했지만 소 타고 개 팔아 돈 좀 모았습니다.

06

게임, 댄스나 장기자랑,
조장, 조별 스테이지 게임 멘트

- 자! 앞에 나온 저분들에게 제가 손바닥으로 "너를!" 하면 여러분은 양손바닥으로 "보여줘!" 하는 함성과 함께 댄스 경연을 시작하겠습니다.
- 시상식 : 오늘 시상은 2등과 1등만 있습니다(속임수). 선물할 때는 먼저 2등, 1등, 그랑프리, 대상, 본상 순서대로 부른다(선물은 다섯 개 준비).
- 앞으로 안 나오려고 할 때 : 오늘 중으로 나오시기 바랍니다. 하나 둘 셋을 세는 동안 나오지 않으시면 열까지 셉니다.
- 점수 : 몇 조 95점! 점수에 신경 쓰지 마시기 바랍니다. 종합 총점은 10만 점이니까요.
- 댄스 멘트 : 조별 댄스이면 한 명씩 나오게 한다. 댄스 경연 대회는 번호를 선택하시면 됩니다. 1번 댄스, 2번 춤, 3번 살풀이, 4번 섹시댄스, 5번 막춤 중 선택하세요. 댄스를 가장 먼저 하실 분? 점수를 드립니다. 댄스 순서를 정할 때 여섯 명 중에 각자 번호를 정하세요. 한 분이 순서를 '5번' 하겠다고 하면 5번이 순서 1번입니다. 5번, 6번, 7번, 8번, 9번 이렇게 순서를 정하겠습니다.
- 사랑과 낭만이 꿈틀거리는 이 자리, 젊음이 생동하는 우리들의 몸부림~.
- 자! 다 같이 손을 높이 들고 손뼉을, 이 자리가 떠나가도록 함성을~.

- 인기가 코를 찌르는군요.
- 응원전 : 닭살, 작살, 박살, 산산조각! 오늘 분위기 콘셉트는 산산조각입니다.
- 조별 대항 응원전 평가 : 1조는 이합집산, 2조는 이판사판, 3조는 삼삼오오, 4조는 사분오열, 5조는 오합지졸, 6조는 산산조각
- 애인 있나요? 있다구요? 와! 참 신기하네요. 이것은 기적입니다.
- 결혼했나요? 했다구요? 그분은 참 훌륭하십니다. 구세주입니다.
- 매우 미인이세요. 네, 감사합니다. 많이 감사하셔야 합니다.
- 성격 좋고 참하게 생기셨습니다. 저는요, 칭찬할 점이 없으면 이렇게 말하는 것이 예의라고 생각하는 사람이지요.
- 참 예쁘십니다. 아니, 옷이요. 귀걸이요. 어디서 구입하셨습니까?
- 참 멋있습니다. 이 넥타이 어디서 사셨습니까?
- 부부나 커플 참여 시 : 각자 부부생활 몇 년차, 커플 몇 년차 하하하~.
- 매우 미인이시죠. 미스코리아 강원! 대회에 출전할 뻔했던 분이십니다.
- 노래 자랑, 댄스 자랑 : 지역 대표자 맞나요? 당연히 떠밀려온 건 아니죠? 오늘 ○○회사 직원들은 대체적으로 실력으로 뽑지 않고 인물로 뽑나 봐요. 노래보다는 분위기에 더 신경 쓰시는군요. 완전 무아지경입니다. 박자 무시, 음정 무시, 악보 무시, 관객 무시입니다. 이런 분이 정신 건강이 좋습니다. 음악성은 매우 뛰어나나 노래는 형편없다고 하면 안 되겠죠? 다음부터는 업종을 바꾸시고 전문 댄서로 나오시기 바랍니다. 이래 봬도 저분은 스탠퍼드 대학교 무용과를 수석으로 졸업하신 분입니다. 목소리는 조수미인데, 음악성은 피카소입니다. 오늘 노래방 기기가 문제이고 노래 선정을 잘못한 것 같아요. 아무튼 다음부터 하지 마세요. (분위기 처진 노래로 썰렁하게 했을 경우) 네, 한을 품고 열창을 해주셨군요.
- 가라사대 게임 : 한 번도 틀리지 않은 사람은 나오세요. 책을 선물하겠습니다(나오면 틀림). 그래서 다 틀렸습니다.
- 상품에 눈이 어두울 때 : 요즈음 경기가 안 좋다더니 상품에 목걸이를 거셨군요.
- 서로 짝이 되어 파트너 게임할 때 서로 손을 잡고 쳐다보게 한 다음 말한다.

"느낌 좋죠? 뭔가 밀려오죠? 부담감이?"

• 자기 파트너 마음에 드세요? 네, 얼굴 보고 말하세요.

• 당연하지 게임을 말로 유도 : 파트너 마음에 드세요? 농담이죠?

• 맘에 들지 않는 사람과 파트너가 되었을 때 : 피차일반입니다. 본래 유유상
종입니다. 이것도 이년입니다.

• 오늘 스타일이 죽이는군요. 폭탄사자바람머리입니다. 얼굴보다는 머리로 승
부하시는 분입니다.

• 노래하다 실수한 사람에게 : 실수는 누구나 할 수 있다는 것을 잘 보여주셨
습니다. 너무 실망하지 마세요. 역시 안 되는 사람은 안 되는군요. 믿는 손톱
깎이에 발톱을 깎인 기분이죠.

• "불만 있습니다!"라고 항의하면 "네! 담배 여기 있습니다"라고 한다.

• 댄스타임에 오버할 때 : 남을 의식하지 않는 그 의지! 역시 한국인이십니다.
이것은 댄스가 아니고 몸부림입니다. 오두방정입니다.

• 지적받은 사람이 앞으로 나오면서 환호성을 받을 때 : 우와~ 인기가 대단하
시네요. 아니 사람들을 모두 풀어놓으셨군요. 섭외비는 얼마 드셨나요?

07

클로징 인사
멘트

오늘의 시상식은 1등~ 3조, 최우수상~ 1조, 그랑프리~ 4조, 대상~ 2조!

- 아쉬움 속에 오늘 감동적인 무대를 뒤로하며 클로징 곡 '만남'을 부르면서 이 시간 추억과 낭만의 자리를 마감할까 합니다. 여러분, 안녕히 계세요.

- '내 생애 최고로 행복한 날은 미래에 있다. 단 오늘에 최선을 다하고 있을 때!' 여러분 최선을 다하십시오. 우리에겐 불가능은 없습니다. 불가능은 생각과 사고 속에 존재할 뿐입니다.

- 나폴레옹은 이탈리아를 정복하면서 "나는 이탈리아를 보았지만 알프스를 보지 못했다"라고 했습니다. 이탈리아를 정복하려면 알프스라는 거대하고 험난한 산맥을 넘어야 하는데 목표에 열중한 나머지 알프스라는 장애물을 개의치 않았다는 사실입니다.

- 거센 풍랑이 강인한 선장을 만들고, 거센 바람이 연을 높이 날게 합니다.

- 달라이 라가는 "성공은 보람이지만 실패는 교훈이다"라고 말했습니다. 고귀한 진주가 탄생하기까지는 조개의 상처와 아픔이 있었습니다. 여러분은 별입니다. 저 하늘에 반짝이는 별은 어두움이 가득할수록 더 빛이 납니다. 지금의 고통과 외로움은 반드시 여러분을 스타로 만들기 위함입니다.

여러분 사랑합니다!

- 오늘 참석하신 분들 총 몇 분이십니까? 오늘 거의 비슷한 개수의 선물을 제가 준비했습니다. 자! 기대하세~ 바로 그 선물은 제가 드리는 마음의 선물입니다. 천금만금보다 귀한 제 영혼이 담긴 선물! 바로! 이겁니다.
- 내가 행복해서 웃는 것이 아니라 웃기 때문에 행복합니다. 그리고 당신은 나의 거울입니다. 내가 여전히 웃고 있다면 나는 성공한 사람입니다. 그럼, 안녕히 계세요!

08

후배들아,
강사하지 마라

오늘도 김밥 먹고 달렸다. 힘들다고 포기하려면 다시는 하지 마라. 돈 벌려고 한다면 하지 마라. 사명이 있는 자만 덤벼라. 치열한 강사 인생, 무대 위에서는 교주보다 더 화려하지만 실제로 무대 위에 올라가기까지 눈물겨운 노력이 필요하다.

금요일, 토요일 나가서 지금 화요일 새벽 세 시에 도착했다. 오늘도 강연이 두 개나 있다. 몸은 하나도 피곤하지 않은데 눈이 감기고 하품이 계속 나온다. 목숨 걸고 다닌다. 설악산, 서울, 가평, 목포 신안, 거제도 약 1,800킬로미터 이동했다.

강연 하나 성사하기 위해 얼마나 노력이 필요한지 모를 거다. 세상에 쉬운 것 하나도 없다. 오늘도 목숨 걸고 무대 위에서 또한 도로 위에서 점심은 김밥 한 줄 먹고 달렸다. 이제 자련다. 그래야 또 달리지. 특히 이 자리를 빌려 나의 동반자 반려견 밀크(스피치)에게 영광을 돌린다. 이 새벽에도 언제나 세상 최고의 애교로 날 반겨준다.

09

내가
웃음 치료를 하는 이유

10년째 토요일, 일요일도 없이 강연하러 전국을 다녀도 힘들지 않네요. 다른 사람들이 이렇게 하면 과로로 수십 번 쓰러졌을 겁니다. 내가 이렇게 할 수 있는 원동력은 나의 사명이기 때문이에요. 그 누구도 천금을 줘도 이렇게 할 수 없어요. 평소 낙천적이라서 늘 즐기기 때문에 가능한 일이에요.

1년에 비행기, KTX, 거리 빼고 자동차로만 11만 킬로미터를 달립니다. 차 계기판은 거짓말 안 합니다. 가끔 차 안에서 혼자 울기도 합니다. 이유는 이렇게 힘들어도 행복하다는 것입니다. 웃음이 필요한 분들에게 생명을 살리는 움직이는 종합병원이기 때문이죠.

사)국제웃음치료협회는 전국에 30개 지부가 있고 1070기수를 양성했는데 오늘 ○○지부 교육에는 젊은 20대 두 명이 기억에 남네요. 나에게 귓속말로 뇌질환으로 안면 마비가 와서 수술을 받았다고 하는 인상 좋은 남자. 또 한 젊은이는 웃지도 않고 표정도 전혀 없는 매우 아픔(?)이 큰 청년….

특히 그 두 명을 위해서 강연을 해주었어요. 그 젊은이들이 무슨 사연이 있기에 그 고통, 그 아픔을 겪었을까? 너무나 선하게 생긴 20대 청년 두 명…. 부모님들은 얼마나 가슴이 시리고 속상할까요. 나는 일부러 강연 시간에 그들의 이름을 연호하게 했습니다. 칭찬 샤워, 칭찬 힐링, 칭찬 오일링, 칭찬 마사지, 칭찬 소통을 적극적으로 해주니 전혀 웃음이 없던 그가 크게 자신 있게 웃기 시작했습니다. 앞으로 나오라고 해서 더 크게 웃게 했습니다.

기적은 믿는 만큼 일어납니다. 기적을 자신합니다. 기적은 늘 일어납니다. 내가 한 것이 아니고 그 청년이 스스로 기적을 만든 거지요. 나는 단지 기적의 문으로 이끌어주는 동기부여 매개자일 뿐이죠.

강사가 죽을힘을 다해 하면 생명을 구할 수 있습니다. 의사가 그리고 부모가 못 고친 병은 누가 고칩니까? 바로 우리가 고쳐야 합니다. 오늘도 기적이 일어났지요. 그리고 마지막 단체사진 찍을 때 그 청년을 맨 가운데 주인공으로 세워 기념 촬영을 했어요. 각 지역 회장 여러분 사랑합니다. 여러분은 움직이는 최고 최강 최적의 병원입니다.

10년째 매주 화요일 3시 671회

무료 웃음 치료 교실을 안 쉬고 하는데, 주로 암 환자 분들이 많이 오시는데 웃음센터에 나올 정도면 늦은 감도 있죠. 얼굴 보면 딱 알죠. 그들이 그 다음 주에 안 나타나면 주위 분들에게 안부 인사가 옵니다.

"내가 암으로 죽기 전에 웃음센터에서 마지막으로 크게 원 없이 웃어본 것이 가장 기억에 남고 기뻤다. 한 원장한테 꼭 고맙다고 전해달라"라는 유언을 들었을 때 내가 웃음 치료를 하는 이유가 여기에….

2014년 6월 2일 한광일 카스 ID krrs

강사의
매력
키우기

01

매력적인
강사

'매력(魅力)'의 사전적 의미는 '사람의 마음을 사로잡아 끄는 힘'이다. '매(魅)'는 '도깨비, 요괴, 홀리다'라는 뜻을 지닌 한자이다. 마치 도깨비나 요괴에게 홀리듯이 도무지 어찌할 길 없이 마음이 흔들리고 육신이 자극을 받는 어떤 강력한 영향력이 바로 '매력'이라는 말이다. 매력이란 곧 그 사람에게서 나오는 여러 아름다운 모습을 의미하는데 외모나 내면의 성격적 특성이 어우러져 그 사람의 매력을 결정하는 것이다. 그러나 진정한 매력이란 갖고 있는 여러 능력까지를 포함해 풍겨 나오는 총체적인 것임을 알아야 한다.

성공한 인생, 행복한 인생을 살려면 남보다 돋보이는 매력을 갖춰야만 한다. 매력 요소가 많을수록 사람들의 호감은 물론 사회생활을 하는 데 유리한 이점을 얻을 수 있다. 심지어 타인들의 부러움과 존경을 한 몸에 받는 사람이 될 수도 있다.

요컨대 성공적이고 행복한 매력을 갖춘 사람만이 성공할 수 있고 행복할 수 있다. 물론 외모를 아름답게 가꾸어서 사람들로부터 매력적인 인물이라는 평가를 들을 수도 있다. 그러나 외적 매력만 가지고는 한계가 있다. 수려한 외모로 인한 나름의 자심감은 가질 수 있겠으나 겉모습의 매력만으로 그 외 다른 매력을 이끌어내기란 어렵다. 다른 사람에게 영향력을 끼치고 자신의 인생을 성공으로 이

끄는 고도의 매력을 갖추기 위해서는 피땀 흘리는 노력이 뒤따라야 한다.

남성들은 흔히 아무리 예뻐도 무식한 여성은 용서할 수 없다고 말한다. 여성이 외모뿐 아니라 내면적인 매력 특성을 지니고 있다면 그야말로 금상첨화일 것이다. 사실 매력이라는 것은 비단 여성들의 전유물이 아니다. 남성들에게도 매력은 매우 중요하다. 남녀를 불문하고 인생을 성공적으로 살아가기 위해서는 우선 내면적 매력을 갖춰야 한다.

지금 우리 사회에서는 '매력'이라는 말이 경영과 리더십에서 새로운 트렌드로 자리 잡고 있다. 나는 9년간 서울과 성남의 빈민촌에서 '사회복지사'로 '사랑의 빵 나누기' 활동을 했었고 주경야독해 대학 교수가 됐다. 5년 동안 교수생활을 했지만 더 보람 있고 좀 더 큰일을 하고자 대학 교수직을 박차고 나와 국민들에게 '펀(Fun)'의 시대를 강조하기 위해 '펀 경영'과 '펀 리더십' 관련 책을 내고 국내 최초로 '웃음 치료사' 자격증을 창시했다.

나는 서울역 광장, 남산 꼭대기, 숭례문 광장에서 매주 길거리 특강을 통해 유명인사가 됐다. 고등학교 생활기록부에 '이 학생은 친우관계가 좋지 않으며 수업 시간에 매우 못마땅한 표정을 짓고 있음'이라고 적혀 있던 불량 학생이 정반대로 한국웃음센터의 원장이 되어 9년 만에 3만 명의 웃음 치료사를 직접 양성했다. 또한 전국을 순회하면서 700만 명의 국민들에게 웃음 특강을 하고 있다는 사실이 아이러니하지 않은가!

그 덕분인지 각 언론사에서 주최한 '2008년 올해를 빛낸 인물 20인'에 선정됐고 지난 2009년도에는 '대한민국 명강사 대상'에도 선정됐다. 나는 매일같이 특강을 할 때마다 새삼 체감한다. 수많은 사람이 최근 트렌드에 발맞춰 성공과 행복을 담보하는 매력적 인물을 갈망하고 있다는 사실을 말이다.

성형 바람이 불고 있는 요즘, 오히려 내면의 아름다움이 더욱 강조되고 있을 뿐만 아니라 그런 매력을 갖춘 인물이라는 평을 들어야 성공할 수 있는 시대가 되었다. 이러한 매력을 갖춘 사람은 타인보다 성공을 앞당길 수 있음을 마음속에 새겨야 할 때이다.

02

가장 강력한 힘, 매력

이 세상에서 가장 강력한 힘은 무엇일까? 일반적으로 권력과 금력을 꼽지만 그것은 유한한 것이다. 독재 권력은 최고의 힘을 발휘했지만 민주화 진행으로 약화됐다. 금력(金力) 역시 부패한 사회에서는 그 세가 막강했지만 갈수록 힘을 잃어가고 있다. 반면, '매력'은 무한한 힘을 갖고 있다.

겉으로 볼 때 외형적 매력형 인간이란 멋, 세련, 카리스마, 성적 매력, 쿨(Cool), 아름다움(Beautiful) 등의 요소를 갖춘 사람을 말한다. 내면적 매력형 인간이란 창의성, 열정, 비전, 인간성, 순수성 등의 요소를 두루 갖춘 사람을 말한다. 우리가 진정으로 추구해야 할 것은 물론 내면적 매력형 인간이다.

빌 클린턴의 아내 힐러리는 자신의 자서전에서 남편에 대해 '흠집이 있어도 그만큼 매력적인 남자를 앞으로 만날 수 없을 것 같아 그냥 덮어두기로 했다'고 밝혀 한때 스캔들로 떠들썩했던 자신의 남편을 일약 매력형 인간으로 부각시켰다. 혹자는 이를 두고 '진심인가, 정치적 야심인가?' 하는 의문을 던졌지만, 어쨌든 클린턴을 매력형 인간으로 관심을 주목시키는 데는 성공했다.

카리스마, 이미지, 옷차림, 웃는 얼굴, 상상력, 창의력, 독창성, 건강함, 자신감, 열정, 신뢰, 비전, 끼, 나눔, 포용력, 도전, 꿈, 순수함 등등의 매력 요소를 고루 갖춘 인물을 우리는 매력 있는 사람이라고 말한다. 이런 인물은 주변 사람의 마음을 사로잡으며 어디를 가나 환영받는다. 자연히 실적이 좋은 만큼 행복한 인생, 성공한 인생을 살 가능성이 높다. 매력 있는 인물은 그야말로 이 세상을 끌고 가는 선도자이자 새로운 가치를 창조하며 행복을 창조하는 사람이다.

우리나라의 한 조사기관에서 대학원생들을 대상으로 '장차 어떤 사람과 결혼하고 싶은가?'를 조사한 적이 있다. 그 결과 제1순위는 '매력형 인간'이었다. '존경할 만한 사람'의 경우는 결혼 상대보다 옆집 사람이면 좋겠다는 응답이 나왔다. 이는 확실히 결혼 상대자로서도 매력형 인간이 주목받고 있다는 증거가 아닐 수 없다.

매력이라는 것은 오늘날 성공과 실패를 좌우한다. 매력은 부와 명성을 위해서도, 인간관계를 위해서도, 비즈니스를 위해서도, 가정과 사회의 구성원으로 살아가기 위해서도 반드시 필요한 덕목임을 하루빨리 깨달아야 한다.

상품이나 서비스에서도 본질적인 가치 외에 '매력적 가치'를 제공해야 제값을 받을 수 있다. 예컨대 만 원짜리 시계나 천만 원짜리 시계나 기능적인 면에서는 똑같다. 그럼에도 혹자는 천만 원짜리 시계를 구입한다. 왜 그런가? 그 시계가 지닌 명품으로서의 매력을 사고 싶은 심리가 작용하기 때문이다.

매력은 그 자체로서 빛을 내는 마력이 있기에 사람들을 강력하게 유인한다. 분명 지금은 매력형 인간이 뜨는 시대이다. 이제 매력이 없는 사람은 그야말로 비호감의 극으로 평가되고 있음을 깨달아야 할 것이다.

심리학자들은 우리 인간에게 세 가지의 큰 욕구가 있다고 말한다. 바로 건강, 성공, 행복에 관한 욕구인데, 사실 우리는 평생 이 세 가지를 위해 산다고 해도 과언이 아니다. 이 세 가지 욕구를 해결하려면 진지한 태도로 인생을 살아야 한다. 매력 있는 사람이 되기 위해서는 다음 네 가지의 태도를 단계적으로 함양해야 한다.

1단계 : 지(知) – 잘 알아야 한다.
2단계 : 호(好) – 아는 것을 좋아해야 한다.
3단계 : 낙(樂) – 자신의 일을 즐겁게 한다.

4단계 : 광(狂) – 열정적으로 미쳐야 한다.

새로운 것과 아는 것을 좋아하면서 즐기고 미치는 단계에 이르기까지의 태도, 습관이 최고의 매력적인 삶으로 이끈다. 살아가면서 지식을 많이 소유한다는 것은 참으로 멋진 일이다. 그러나 칼집 속에 있는 칼을 활용하지 않는다면 무용지물이나 마찬가지인 것처럼 그 지식을 좋아해야 하고 또 한 단계 업그레이드하면서 즐길 줄 알아야 한다. 그리고 정말로 그 일에 미친다면 분명 행복하게 성공할 것이다.

03

매력형 인간으로
거듭나야 하는 이유

아인슈타인은 한 번 잘못된 입력으로 형성된 정보를 고치기 위해서는 열한 번 이상의 입력이 필요하다고 말했다. 같은 맥락이다. 잘못 자리 잡은 사고방식이 있다면 그것을 극복하고 고치기 위해서는 그만큼의 수고를 각오해야 한다. 잘못 입력된 이미지 때문에 인생에서 손해를 보게 되고 그로 말미암아 소망하는 일을 이루기가 어렵다는 것을 이해했다면, 이제부터라도 '매력형 인간'으로 거듭나려는 노력을 시작해야 할 것이다.

매력형 인간으로 거듭나고자 노력하기 전에, 우선 현재 모습을 '비매력형 인간'으로 간주하고 그 실상을 찬찬히 들여다보자. 비매력형 인간은 과연 어떠한 모습일까?

• 새 차, 돈, 유행, 의상, 헤어스타일, 화장 등 물질적인 것에 지나치게 신경을 쓴다.
• 자신감이 없다.
• 인격 향상에 도움이 될 타인의 조언에 귀를 기울이지 않는다.
• 잘 웃지 않을뿐더러 다른 사람을 즐겁게 만들지도 않는다.
• 권위적이그 관념적이다.

- 다른 사람을 위한 일에 소극적이다.
- 모든 일에 열정이 없으며 억지로 하다시피 한다.
- 작은 실패에도 좌절해 주저앉는다.
- 타인의 사소한 평에도 발끈하며 적대시한다.
- 칭찬에 인색하며 다른 사람을 질투한다.
- 창의력을 개발하지 않고 인생을 주먹구구식으로 살아가려 한다.
- 배려가 없다.
- 변명을 잘한다.
- 화를 잘 내며 싸움에 곧잘 휘말린다.
- 계획성 없는 생활을 한다.
- 중도에 포기하는 경우가 많다.
- 걱정 근심이 많다.
- 자신이 나서지 않고 타인 뒤에서 일하려는 습관이 있다.
- 상대가 먼저 인사하지 않는 한 결코 먼저 인사하지 않는다.
- 몇몇 사람하고만 친분을 가지며 웬만해선 친구가 되지 않는다.
- 누구에게도 존경받지 못한다.

이와 같은 습성이 있다면 이제까지 비매력형 인간으로 살았다는 얘기가 된다. 위의 특성으로 볼 때 비매력형 인간으로 살아간다면 과연 무엇이 이득이 될 것인가 생각해보라. 인생이라는 것은 수많은 사람과 어울려 더불어 살아가야 한다. 오늘날은 결코 독불장군으로 살아갈 수 없는 시대이다.

우리가 원하는 성공이나 행복도 엄밀한 의미에서는 다른 사람이 존재하기에 그만큼 매력적으로 느껴지는 것 아닌가. 무인도에서 혼자 거부(巨富)로 화려하게 살아간들 과연 얼마나 행복감을 느낄 것인가. 요컨대 상대적인 가치 척도가 없다면 행복과 성공도 아무런 의미가 없다.

타인과의 상대적 입장에서 얻어지는 것이 바로 행복이며 성공이다. 성공도 경쟁의 대열에서 이겼을 때에만 그 맛이 달콤한 법이다. 매력형 인간이란 결국 이러한 갖가지 상대적 척도로써 경쟁력이 있는 매력적인 이미지를 가진 자를 말한다.

매력적인 이미지를 가진 사람만이 경쟁에서 유리한 자리를 차지하고 결국 인생의 성공과 행복을 얻는 데 누구보다 결정적인 열쇠를 얻게 되는 것임을 알아야 한다. 지금 왜 매력형 인간으로 살아야 하는가를 충분히 이해하고 이제부터 매력형 인간이 되고 싶다는 생각을 품었다면, 그것으로 이미 승자의 편에 들어섰음을 의미한다.

위에서 비매력형 인간의 특성을 알았다면 매력형 인간의 특성은 더욱 알기 쉽다. 왜냐하면 비매력형 인간의 반대 모습이 바로 매력형 인간이기 때문이다. 매력형 인간으로 거듭나려면 우선 있는 그대로의 자신을 사랑하는 것으로부터 시작하라. 자기 자신은 어떤 모습을 하고 있든 간에 언제나 사랑해야 한다. 자식에 대한 부모의 사랑처럼 무조건적인 사랑이어야 한다.

자신을 사랑하기에 자신을 고치는 것이라고 생각하라. 인간은 자신을 바라보는 대로 행동하게 되어 있다. 우리는 '성공과 실패'라는 양면의 손을 늘 갖고 다닌다. 손의 바깥쪽은 실패·불행·고통·슬픔이 각인되어 있고, 안쪽에는 성공·행복·건강·기쁨이 각인되어 있다. 그런데 우리는 평생을 주로 손의 바깥쪽만, 그러니까 인생의 부정적인 면만 보고 산다.

사실, 살다 보면 고통이 클수록 기쁨 또한 더욱 커진다는 사실을 체험하게 마련이다. 그런데 이런 간단한 진리마저 경험 없이는 깨닫기가 그리 쉽지 않은 것 같다. 간단하게 손바닥만 뒤집어보면 거기에 행복, 웃음, 기쁨이 있는데 말이다.

스스로를 매력형 인간으로 바꾼다면 내적 이미지와 능력까지도 변화될 것이다. 그리고 다른 사람의 능력까지도 최대한 이끌어낼 저력이 발휘될 것이다.

인생은 메아리와 같다. 우리 자신이 보낸 신호는 반드시 되돌아온다. 뿌린 대로 거두는 법이다. 다른 사람에게 있는 것은 나에게도 있다. 만일 모든 영역의 인생에서 가장 많은 보상을 받는 최선의 방법을 찾고 있다면 모든 상황, 모든 사람에게서 장점을 찾아내야 한다.

일단 상대방의 장점이나 능력을 발견한다면 그 사람에게 더 잘해주게 되고 그 사람은 일을 더 잘 수행하게 되며 결과적으로 나에게 돌아오는 이익은 그 몇 배가 될 것이다. 매력형 인간은 어떻게 하는 것이 현명한지를 잘 알고 있다. 따라서 사람, 인생에 대해 결코 시간과 에너지를 낭비하지 않고 문제를 해결할 수가 있다.

인생의 성공과 행복이라는 커다란 비전을 갖고 있는 사람이라면 마음을 활짝 열고 비매력형 인간이라는 족쇄를 과감히 풀어버려야 한다.

04

매력으로
성공한 사람들

1) 겸손의 매력

봉사 활동으로 노벨평화상을 수상한 슈바이처가 아프리카에서 의료 봉사를 할 때였다. 모금 운동을 벌이기 위해 잠시 고향으로 돌아가는 길이었는데, 수많은 사람이 그를 보기 위해 기차역에 몰려들었다. 사람들은 그가 당연히 일등칸에서 내릴 것으로 생각했다. 그러나 좀처럼 일등칸에서 그는 내리지 않았다. 이상히 여긴 사람들이 고개를 갸웃거리고 있을 때 그는 삼등칸에서 내렸다. 사람들이 훌륭한 일을 하는 그에게 일등칸 탑승을 권유하자 그는 이렇게 대답했다. "아니, 글쎄 이 기차는 사등칸이 없더라구요."

이 얼마나 아름다운 매력인가. 훌륭한 일을 하는 사람일수록 한없이 자신을 낮추는 것을 볼 수 있다.

2) 열정의 매력

하버드대학교의 한 중퇴생이 세계적으로 수백만 대 컴퓨터의 표준이 된 시스템을 창조해낸 비결은 무엇이었을까? 서른한 살, 역사상 가장 어린 나이에 억만장자가 된 빌 게이츠의 그 비결은 그러나 의외로 어렵지 않게 찾을 수 있다.

'괴짜'로도 불렸던 빌 게이츠에게는 온갖 악평이 따라다녔다. <타임>은 평소 그의 습관이 마치 자폐증과 비슷하다는 자료를 내놓은 적도 있었다. 컴퓨터 산업에서 빌 게이츠는 다른 사람에 비해 훨씬 많은 적을 가지고 있는 게 사실이다. 그러나 그는 자신의 악평에 대해 신경 쓰지 않았다.

빌 게이츠가 경험을 통해 배운 것은 유명해지는 것과 악평을 떨치는 것이 서로 밀접하게 관련되어 있다는 것이었다. 미국의 저널리스트 코니 청이 그에게 스스로를 정말로 '컴퓨터광'이라고 생각하느냐는 질문을 던졌다. 그러자 그는 이렇게 대답했다.

"컴퓨터광이라는 의미가 컴퓨터의 내부를 이해하면서 즐길 수 있고 컴퓨터 앞에서 네 시간 동안 앉아 있을 수 있으며 컴퓨터를 갖고 놀면서 즐길 수 있다는 것을 의미한다면 나는 컴퓨터광입니다."

이처럼 그는 컴퓨터 영역에서만큼은 타의 추종을 불허할 정도로 광적이었다. 바로 이 점에서 우리는 그의 성공 비결을 엿볼 수 있다. 자신이 좋아하는 일에 광적으로 매달린다는 것! 누가 뭐래도 자신의 일에 매진하며 타인의 시선을 의식하지 않는다는 점! 다시 말하면 빌 게이츠는 열정의 매력을 가진 사나이인 것이다.

성공한 사람들은 모두가 자신이 좋아하는 일을 했다. 세계 1위 갑부인 워런 버핏은 "자신이 좋아하는 일을 멈추지 말고 열정에 따르라"고 충고한다. 그는 또 이렇게 말했다. "목표를 달성하기 위해서는 자신이 좋아하는 일을 절대 포기하면 안 되며 부의 축적에만 너무 매달리지 말고 균형 잡힌 삶을 살아야 한다"라고….

3) 링컨의 매력

역사상 링컨만큼 수많은 명언과 일화를 남긴 사람도 드물다. 가난한 농민의 아들로 태어나 어려서부터 노동을 일삼고 학교 교육이라곤 거의 받아보지도 못한 채 독학으로 변호사가 되고 미국 대통령이 되기까지, 그는 남다른 지도력으로 항상 주변 사람들을 감동시켰다.

어느 날, 가까운 친구가 그에게 유능하기로 소문이 자자한 비서 한 명을 추천했다. 그런데 이상하게도 그는 단박에 퇴짜를 놓았다. 친구가 이유를 묻자 그는 이렇게 대답했다.

"얼굴을 보니 안 되겠더군."

링컨이 얼굴 생김새를 보는 줄 알고 친구는 다시 되물었다.

"얼굴은 자신의 잘못이 아니지 않은가?"

링컨은 다시 이렇게 자세히 설명했다.

"생김새를 말하는 게 아닐세. 얼굴이란 그 사람의 인격이 고스란히 배어 있게 마련이지. 나이 사십이 넘으면 사람은 자신의 얼굴에 스스로 책임을 져야 한다네."

이 말은 우리에게 깊은 교훈을 던져준다. 생김새가 못생겼어도 따스한 인간미가 흐르는 얼굴, 미스코리아처럼 예쁘게 생긴 얼굴에서 표독함이 묻어나는 얼굴, 간사해 보이는 얼굴, 친절해 보이는 얼굴, 미소가 보이는 얼굴 등 사람의 얼굴에는 평소 자신의 덕과 부드러운 사고, 유머 등 마음자세가 고스란히 묻어 있다.

이런 지혜를 일찌감치 터득한 탓인지 링컨의 주변에는 그를 시기하고 질투하는 정적들이 적지 않았다. 링컨은 그들이 공격해올 때마다 유연한 지도자의 자세를 유지하며 부드럽게 대처했다. 그때마다 통쾌한 승리를 거두었음은 물론이다.

링컨은 그 어떤 상황에서든지 항상 긍정적인 자세를 견지했다. 어떤 어려움이 있어도 재치 있는 입담으로 주변 사람들의 마음을 편안하게 해주었는데 그로 인해 문제가 절로 해결되는 경우가 많았다.

대통령 시절에도 자신의 구두를 직접 닦는 등 항상 겸손하고 친절한 자세를 유지했기에 그는 아랫사람들로부터 칭송을 받았다. 그가 구두 닦는 것을 목격한 아랫사람이 놀라서 링컨을 만류하며 "아니, 각하께선 왜 손수 구두를 닦으십니까?" 하고 묻자 링컨은 구두를 닦다 말고 이렇게 대답했다.

"아니, 그럼 내가 명색이 미국 대통령인데 나더러 다른 사람의 구두를 닦아주란 말이오?"

이렇듯 링컨은 지도자로서 타의 모범이 되는 사람이었다.

과연 매력 있는 리더는 어떤 조건을 갖추어야 할까?
첫째, 항상 감사하는 마음을 표현해야 한다.
아무리 사소한 것이라도 상대가 해준 일에 대해서는 진정성 있게 고마운 마음을 전달해야 한다. 절대로 상대의 행동을 당연시해서는 안 된다.
둘째, 자기 혼자만 인정받으려고 해서는 안 된다.
영광을 혼자 독차지하기보다는 그것을 과감히 주변 사람들과 공유해야 한다.
셋째, 상대의 자발적인 협력을 유도해야 한다. 채찍보다 당근을 준다는 원리이다.

중국의 현인 손자는 리더가 갖추어야 할 자질로 다섯 가지 덕목 '지(智)', '신(信)', '인(仁)', '용(勇)', '엄(嚴)'을 꼽았다.
'지'는 상황을 면밀히 판단하고 적절하게 합리적으로 결정을 내리라는 말이다. '신'은 부하 직원들을 믿고 그들로부터 신뢰를 받아야 한다는 말이다. '인'은 리더는 부하 직원을 따스한 마음으로 보살피는 너그러움을 지녀야 한다는 말이다. '용'은 결단이나 실행을 하는 데에서 용맹스러워야 한다는 말이다. '엄'은, 리더가 조직의 규율을 엄격하게 지켜야 한다는 말이다.
이 다섯 가지는 오늘날까지도 변함없는 리더의 필수 덕목이라고 할 수 있다. 가족, 친구, 동료 간의 수평관계도 중요하지만 특히 사회생활에서는 상사와의 관계, 부하 직원과의 관계 등 수직관계를 잘 유지해야 한다. 그래야 하루하루의 생활이 편안할 뿐만 아니라 장차 행복과 성공을 성취할 바탕이 된다.
최근 창조적인 국가 경영자로 두바이를 건설하고 있는 세이크 무하마드 총리가 화제의 인물로 등장했다. 그는 머지않은 미래에 석유가 고갈된다는 사실에 위기를 느끼고 세계 최고의 상상도시를 건설하고 있다. 그의 매력은 냉철한 통찰력과 창조적, 상상력, 강력한 추진력이다.

05

매력
10계명

매력 있는 사람에게는 무언가 다른 점이 있게 마련이다. 특히 다음 열 가지의
조건을 고루 갖추었다면 최상이라 할 수 있다.

▶ '끈'이 있어야 한다 → 사회성과 인간관계가 원만하고 인맥이 풍부하다.

▶ '꾀'가 있어야 한다 → 지혜, 지식, 관용의 마음이 있으며 여유가 있다.

▶ '깡'이 있어야 한다 → 자신감이 있으며 모험과 도전을 두려워하지 않는다.

▶ '꾼'이 되어야 한다 → 일에 몰입하며 프로 의식이 있고 열정적이다. 자신의
일을 즐기며 몰입의 광적 경지에 이른다. 전문가적인 '장인 정신'이 있다.

▶ '끼'가 있어야 한다 → 재능과 자질을 겸비하고 있다.

▶ '꼴'을 갖추어야 한다 → 첫인상이 호감형이며 건강하고 밝은 이미지를 갖
추고 있다.

▶ '꿈'을 가져야 한다 → 비전이 뚜렷하고, 상상력과 창조력이 뛰어나다.

▶ '깔'을 해야 한다 → 세상을 항상 너그럽게 품고 긍정적인 마음으로 웃는다.

▶ '꿀'을 갖추어야 한다 → 달콤한 인생, 행복한 인생을 위해 노력하며 꿀과 같
은 에너지가 넘친다.

▶ '끌'이 있어야 한다 → 상대방을 끄는 매력과 마력이 있다.

과거의 시대에는 힘을 바탕으로 몸이 크고 수렵을 잘하는 사람이 인정받았다. 근대 시대는 열정과 카리스마로 밀어붙이는 자신감, 즉 'Can'으로 통하는 시대였다. 지금은 매력이 트렌드가 된 시대로 매력 있는 사람이 일도 잘하고 호감을 얻으며 성공하기에 적합한 밑바탕을 보유하고 있다. 매력 요소는 여러 가지가 있지만 그중 오늘날의 현대 시대는 유머와 웃음이 넘치는 'Fun'이 커다란 매력으로 자리매김하고 있다.

매력적인 사람이 되고자 한다면 반드시 다음의 열 가지 조건을 갖추어라.

- 긍정적으로 일한다.
- 열정적으로 집중력을 가진다.
- 최고보다는 독보적 존재가 된다.
- 팀워크를 중시한다.
- 고정관념을 갖지 않는다.
- 실수는 바로 인정한다.
- 어려운 일은 자신이 먼저 나선다.
- 자신 있는 일은 바로 한다.
- 상대방의 입장에서 행동한다.
- 유머를 사용하며 크게 웃는다.

06

긍정적인 마인드로
정신 무장을 하라

"도저히 손댈 수 없는 곤란에 부딪혔다면 과감하게 그 속으로 뛰어들어라. 그러면 불가능하다고 생각되었던 일들이 가능해진다. 자신의 능력을 완전히 신뢰한다면 반드시 이룰 수 있다."

이는 데일 카네기의 말이다.

알렉산드로스 대왕이 원정을 나서기 전에 자신의 땅과 집, 보물 등 자기 소유의 재산을 모두 부하들에게 골고루 나눠줬다. 그러자 오랫동안 대왕을 모셔온 한 부하가 의아한 얼굴로 물었다.

"재산을 모두 나눠주시면 대왕께서는 무엇을 가지시렵니까?"

"난 희망만을 가질 따름이다."

'이긴다, 이긴다고 생각하면 정말 이긴다'는 말이 있다. 진다고 생각하면 지게되는 것을 알았기 때문에 내일을 기약할 수 없는 전쟁터로 나가면서도 알렉산드로스 대왕은 반드시 이긴다고 자기최면을 걸었다. 자신이 스스로를 보증하는 것이 가장 확실하다. 다른 사람은 그렇게 믿을 만한 존재가 못 된다. 누구나 저마다 사정이 있기 때문에 다른 사람을 넋 놓고 믿었다가는 낭패를 보는 경우가 많다.

나는 꼭 성공할 사람이므로 '성공하기 위해 무엇을 해야 할까?'라는 현실적인 방향을 고민하다 보면 그 방법이나 순서 등이 확실해진다. 성공한 사람들은 모두 이런 방법을 취하고 있다. 이렇게 믿고 추진해나가기 때문에 그들은 현재 돈이 없거나 지위가 낮거나 또 다른 고통이 있다고 해도 크게 개의치 않는다. 그들은 하루하루를 즐겁게, 오늘보다 내일이, 내일보다는 모레가 나아지도록 만들 수 있다고 생각한다. 이 얼마나 전진적이고 건강한 생각인가.

반면, 이러한 정신적 기둥이 없는 사람은 항상 외부 환경에 끌려다닌다. 불안하기 짝이 없고 친구들도 믿을 수 없고, 연인은 야박하기 이를 데 없고, 왜 이렇게 궂은 날씨인지, 모든 것에 불평불만이다. 이렇게 되면 끝장이다. 살아가는 동안에는 희로애락(喜怒哀樂)이 있게 마련이다. 그렇기에 부정적인 일, 어려운 일이 닥칠 때 어떤 마음자세를 갖는가가 성공과 실패를 가르는 중대한 잣대가 된다.

현대그룹의 고(故) 정주영 회장에게 과연 얼마나 고통과 좌절의 경험을 했는가 묻는다면 그는 어떻게 대답할까? 한번은 공장에 불이 나서 엄청난 손실을 볼 판이었다. 다른 사람들은 발을 동동 구르며 안절부절못했지만 그는 의연한 자세로 사태를 차분히 바라보았다.

"거, 참! 어차피 다시 지으려 했는데, 잘됐네."

성공한 사람과 성공하지 못한 사람의 차이는 실로 종이 한 장 차이에 불과할지도 모른다. 그러나 그 차이점을 이해하고 실천하기까지는 결코 쉽지 않다. 정말로 자기를 사랑하고 아낀다면 자신의 내면세계를 풍부하게 하고 그 질을 높이려고 노력해야 한다. 그렇게 하지 않으면 절대로 도약할 수 없다.

내부 의지가 빈약해서는 살아 있다고 해도 사는 보람을 느낄 수 없다. 언제나 앞길을 밝게 해주는 마음의 기둥을 심도록 노력해야 한다. '나는 반드시 발전할 사람이다'라는 마음가짐을 갖는 것이다. 성공하고 싶다면 언제나 할 수 있다는 긍정적인 암시를 자신에게 부여하라. 방법은 자기 전에 하루 일과를 정리하면서 조용히 자신에게 말하면 된다.

"내일은 모든 일이 다 잘될 거야."

"그 사람을 만나면 비즈니스 협약은 반드시 성사될 것이다."

이런 식으로 자기최면을 강력하게 거는 것이다.

07

열정의 엔진을
달아라

흔히 성공한 사람들에게 성공의 비결을 물으면 가장 커다란 요인으로 끊임없는 열정을 꼽는다. 미국의 사상가 에머슨은 이렇게 말했다.

"열정 없이는 어떤 위대한 일도 결코 성취할 수 없다."

현대 경영학의 아버지 피터 드러커는 열정에 관하여 이렇게 갈파했다.

"첨단 기술이나 기계보다 인간 그 자체에 주목해야 한다. 열정을 지닌 인간이야말로 세상을 바꿀 수 있는 유일무이한 존재이다."

꾸준한 열정은 성공을 보장해준다. 내면 깊숙한 곳에서부터 우러나오는 열정이 아닌, 겉으로 남에게 보이기 위한 열정은 오래가지 못한다. 자신의 목표를 뚜렷하게 파악하고 그에 따른 문제들을 열정적으로 해결해 나아가다 보면 하나의 목표를 달성할 수 있다. 그렇게 다시 계속해서 제2의 목표를 세우고 열정적으로 뛰는 사람은 다른 사람을 앞지르는 성공자가 될 수밖에 있다.

보통 사람들을 대체로 다음 세 가지 유형으로 나눌 수 있다.

첫 번째는 생활을 통해 자기가 접촉하게 되는 사물로부터 사소할지라도 교훈적인 것을 찾아내어 스스로 성장해가는 '승화형'이다.

두 번째는 어떻게 하면 인생을 좀 더 즐겁고 유쾌하게 즐기면서 지낼 수 있는가에 관심이 큰 '전위형'이다.

세 번째는 무엇을 보거나 일이 생겨도 크게 기뻐하거나 슬퍼하지 않고 항상 우울하게 일상에 치여 사는 '억압형'이다.

인간에게는 성욕, 식욕, 공격욕, 지배욕 등 여러 본능이 있는데, 이런 에너지를 자기 능력으로 키워가는 일에 집중시켜 생산적으로 활용하는 것이 승화이다. 이런 승화형이 성공을 쟁취하기에 가장 유리한 유형이다.

대학에서 육상 선수로 활동했던 필 나이트는 스포츠 운동화에 매료되어 그 사업에 목숨을 걸었다. 아버지가 돌아가신 후 가장이 된 루치아노 베네통은 여동생과 옷 장사에 뛰어들어 세계 최고의 패션 기업 '베네통'을 만들었다.

단돈 2천 달러로 시작해 세계 최고의 컴퓨터 판매 업체로 성장한 델컴퓨터의 마이클 델 역시 겨우 열일곱 어린 나이에 사업을 시작했다.

"우리는 일에 대한 열정으로 밤을 새웠으며 배고프다는 이유만으로 우리의 일을 중단하지 않았다."

이는 빌 게이츠의 말이다. 그가 어린 시절부터 컴퓨터 앞에 앉으면 시간 가는 줄 몰랐다는 일화는 이제 모르는 사람이 없을 정도다. 어릴 때 그의 친구들은 모두 빌 게이츠에게 '컴퓨터에 미친 놈'이라고 손가락질했다.

발명가 에디슨은 자신의 성공 비결을 묻는 기자들에게 이렇게 말했다.

"나는 일에 파묻히면 시계를 보지 않는다. 한번 연구에 몰두하면 내가 얼마나 일을 했는지조차 모를 정도로 빠져든다."

일에 대한 열정이란 바로 집중, 집착, 강인함, 굳은 신념 등으로 이어진다. 어쩌면 이들은 모두 같은 말일지도 모른다. 모두가 마음속에서 움직이는 강인한 힘이기 때문이다. 나는 요즘 특강으로 하루 평균 290킬로미터를 이동하고 있는데도 전혀 피곤하지 않다.

예전에는 우리 아이들한테 "아빠, 어디가 제일 멋있어?" 하고 물으면 아이들이 이구동성으로 "눈이요, 코요" 하고 나의 외적인 모습을 말하곤 했는데 요즘에는 한결같이 "아빠가 열심히 일하는 모습이 가장 멋있다"고 대답한다. 자녀들의 눈에도 열정적으로 일하는 모습이 최고로 매력 있게 보이는 모양이다. 그래서 나는 아이들에게 더욱 매력 있게 보이려고 얼마 전부터 몇 가지 다짐을 했다.

'아무리 바빠도 아이들과 월 1회 이상 영화관에 꼭 간다. 시간이 안 되면 심야 극장에라도 간다. 월 3회 이상 마트에 가고, 돈이 부족해도 연 2회 해외여행은 반드시 간다.'

이런 다짐을 한 까닭은 집안의 가장이 바쁘다는 핑계로 아이들의 정서적인 욕구를 나 몰라라 한다면 매력형 인간을 강의하고 다니는 사람으로서 앞뒤가 맞지 않는다는 자각이 들었기 때문이다. 가정에서도 아빠, 엄마가 매력형 인간이 된다면 아이들의 교육이나 정서에서 180도 다른 효과를 볼 수 있다.

어느 분야에서나 성공을 거둔 사람들은 누구나 자기 일에 정열을 바친 사람들이다. 그 누구보다 일찍 일어나 출근하고, 출퇴근길에서도 항상 일에 대해 생각하고, 심지어 식사할 때조차도 일 생각을 한다. 그들은 일 속에서 삶의 보람을 찾는다. 자기 자신을 잊어버릴 만큼 일에 열중하기 때문에 기쁨이나 슬픔에 오랫동안 잠겨 있을 시간적 여유가 없다. 이러한 사람들은 여러 불만이나 분노에 의해 생긴 공격성을 여과 없이 발산하지 않고 그 에너지를 일에 투입해 승화시킨다.

"인간이란 극단적으로 무엇인가에 열중하다 보면 반드시 그것을 좋아하게 되는 성질을 갖고 있다. 오히려 좋아지지 않는다면 그것이 더 이상한 것이다."

이는 에디슨의 말이다. 열정은 곧 '몰두'라는 말과 상통한다. 자신이 좋아하는 일을 즐기며 몰두하는 것이야말로 인간이 연출해낼 수 있는 최고의 아름다운 모습이다.

시스코시스템스(Ciscosystems)와 경제학(Economics)을 합성한 신조어 '시스코노믹스(Cisconomics)'를 탄생시켰던 시스코시스템스의 존 챔버스도 집요함에 관한 한 타의 추종을 불허한 인물이었다. 그는 평소 "성공하고자 한다면 약간의 편집증을 갖고 일에 임하는 것이 좋다"라고까지 말했다.

심리학적 용어로 과도한 집착을 의미하는 편집증은 세계 부자들이 거의 갖고 있는 특징 중 하나다. 그래서 성공하고 싶은 사람이라면 그들처럼 열정을 키울 필요가 있다. 마음속에 키우는 강인한 힘, 그것은 불행의 늪에서 빠져나오게 하는 가장 강력한 무기이기 때문이다. 아놀드 토인비는 "열정을 갖고 일하면 성공하지 못할 일은 없다"라고 말했다.

그렇다면 모든 일의 원동력인 열정을 가지려면 어떻게 해야 할까?

첫째, 좀 더 깊이 연구해야 한다.

둘째, 지금 하는 모든 일에 활기를 불어넣어야 한다.

W. 클레멘트 스톤이 말한 대로 "인지하고 결부시키고 흡수하고 적용하라!"의 원칙에 따라 모든 분야의 정보를 이용해 현재의 문제를 해결하는 데 총력을 기울여야 한다.

셋째, 좋은 이야기를 퍼뜨려야 한다.

기쁜 이야기, 긍정적인 이야기는 단순히 주의만 끄는 것이 아니라 열의까지 고무한다.

08

정보를
내 힘으로 만들어라

오늘날은 정보화 시대이다. 물밀 듯이 밀려오는 정보의 홍수 속에서 자신에게 필요한 정보를 누구보다 빨리 정확하게 짚어내는 것이 바로 현대인의 경쟁력이 됐다. 이런 정보의 힘도 매력적인 사람으로 만들어주는 커다란 자산이 된다. 그런데 정보 습득은 책이나 정보 자료를 빨리 읽는 게 능사는 아니다. 정말로 중요한 정보를 100퍼센트 이해해 내 것으로 만드는 것이 포인트다. 정보를 좀 더 깊이 있게 이해하고 내 것으로 만들기 위해서는 다음의 사항들을 염두에 두어야 한다.

첫째, 읽는 목적을 확실히 한다.

책이나 정보 자료를 읽으면서 그것이 현재 혹은 미래에 필요한 것인지, 지금 갖고 있는 지식과 어떤 상관관계가 있는지를 잘 생각해봐야 한다. 책을 통해 얻은 정보를 이용 가능한 어떤 현안과 결부시킬 때 그 정보는 실제적인 것이 될 것이다. 그러므로 그 정보는 실용적 차원에서 자연히 머릿속에 깊이 각인된다. 만일 이런 과정을 거치지 않으면 잊어버려도 되는 중요치 않은 정보들과 뒤섞여 머릿속이 뒤죽박죽될 것이다.

둘째, 상상력을 동원한다.

지금 접하고 있는 정보 자료가 이미 전에 알고 있던 사실에 어떤 변화를 줄 것인지를 고려한다. 이 정보 자료를 통해 어떤 새로운 문제를 발견했는지, 어떤 새로운 연구에 자극이 되었는지, 이 정보를 가지고 과연 무엇을 할 수 있는지를 다양한 각도에서 바라보아야 한다.

셋째, 정보를 확실하게 정리한다.

본래 알고 있던 지식에 새로운 정보가 가미되면 좀 더 훌륭한 지식으로 탄생된다. 그러므로 중요한 정보라고 느끼면 밑줄을 치고 메모를 한 다음 마음속에서 되풀이해 그 자료를 내 것으로 정리해가는 작업이 필요하다.

넷째, 지나친 정보는 화근이다.

한꺼번에 너무 많은 것을 수용하려고 하면 머리가 혼란스러워져 도리어 능률이 저하된다. 한번에 소화할 수 있는 분량은 사람마다 다르다. 정보가 좀처럼 이해되지 않아 머리에 들어오지 않는다면 무리하게 매달리지 말고 잠시 쉬었다가 다시 접근하거나 분위기 환기 차원에서 아예 다른 장르의 정보를 접해보는 것도 좋다.

정보화 시대인 만큼 정보는 생명이다. 그래서 많은 사람이 타인보다 발 빠르게 정확한 정보를 수집하기 위해 노력하고 있다. 오늘날 경쟁력은 어떤 노력으로 얼마나 귀중한 정보를 갖고 있느냐에 달려 있다. 신문, 잡지, 텔레비전, 인터넷 등에서 손쉽게 접할 수 있는 정보는 그만큼 많은 사람에게 공개되어 있으니 사실상 정보로서의 가치는 떨어진다.

시간을 들이고 발로 뛰어 얻은 정보만이 타인과 차별화할 필살의 무기가 된다. 누구에게나 주어진 하루는 1,440분이다. 1,440분의 1퍼센트 즉 14분을 정보를 연구하고 생각하고 찾아보는 데 투자하라. 그러면 이 시간이 머지않아 놀라운 결과를 선사할 것이다.

샤워를 할 때, 식사를 할 때, 대중교통을 이용할 때 등등 어느 순간에나 항상 정보를 탐닉하는 마음을 가져라. 정보에 대한 매 순간의 갈망은 경쟁력 있는 나만의 귀중한 정보를 구축하는 원동력이자 비결이다.

09

성공 공식을
지켜라

거듭 강조하지만 매력 있는 사람이 곧 성공한 사람이다. 이는 바꿔 말해 성공한 사람들은 하나같이 매력 있는 요소를 지녔다는 말이다. 벤저민 프랭클린이 말하는 다음 열세 가지의 성공 공식은 반드시 필요한 덕목이므로 완전히 몸에 익히는 것이 좋다.

1) 절제하라

몸이 나른해질 정도로 먹지 말고 취하도록 마시지 말라. 과식과 과음은 몸에 좋지 않다. 포만감은 정신을 해이하게 하고 진취적인 기상을 녹슬게 만든다.

2) 침묵하라

대개의 사람이 수다를 즐긴다. 그저 아무 이야기나 지껄여 스트레스를 푼다. 그러나 쓸데없는 이야기는 때때로 화근이 되므로 그때그때 잘 판단해 해가 될 만한 대화는 피하라.

3) 질서 있게 살아라

물건을 가지런히 정리하는 습관은 여러모로 좋은 결과를 낳는다. 무엇보다 해야 할 일은 미루지 말고 우선순위에 따라 질서 있게 처리하라.

4) 결정을 내려라

일상에서 결정해야 할 일은 매우 많다. 심사숙고했다면 단호하게 결정을 내리고 결정을 내린 일은 반드시 실행하라.

5) 절약하라

이것은 부자가 되는 첫째 조건이다. 사소한 지출을 줄이고 평소 모든 것을 아껴 쓰는 습관으로 절약을 실천하라.

6) 부지런히 살라

한 번뿐인 인생은 길어야 70~80년이다. 이 기간 중에 활발하게 일하는 시간은 그리 많지 않다. 그러므로 시간을 헛되이 쓰지 말고 항상 의미 있는 일에 써라.

7) 성실하라

"저 사람은 성실하다"라는 평가는 최고의 찬사다. 성실이 몸에 밴 사람은 타인으로부터 큰 점수를 받으며 자기 인생을 짜임새 있게 꾸려 나갈 인물이다.

8) 정의롭게 살라

윤리적으로 정당하게 살아가는 것은 인생에서 매우 중요하다. 순간의 실수로 소중한 인생에 오점을 남기거나 앞날을 아예 망쳐버리는 일이 없도록 매 순간

주의하라.

9) 청결하라

몸은 물론 집이나 사무실, 자신이 사용하는 공간을 항상 청결하게 하라. 청결 유지는 건강상으로 좋을뿐더러 무엇보다 혼란스런 정신을 맑게 하는 데 도움이 된다.

10) 평온한 마음을 지녀라

평정심을 잃지 않는다는 것은 매우 실천하기 어려운 덕목이지만 그럼에도 불구하고 어떠한 일 앞에서도 평정심을 잃지 않도록 노력해야 한다. 화를 내봤자 문제는 해결되지 않는다. 그저 자신의 건강을 크게 해칠 뿐이다. 분노할 만한 문제와 마주했을 때는 일단 객관적으로 상황을 판단한 다음, 그것을 차분히 해결해 나아가려는 노력을 해야 한다.

11) 극단을 피하라

'중용'의 덕은 일상생활의 모든 면에서 적용해야 한다. 지나친 것은 부족함만 못하다. 과욕이 화를 부르는 법이다. 넘치지도 않고 부족하지도 않게 사는 법을 연구하라.

12) 순결하라

지나치게 이성을 탐닉하는 사람은 큰 비전을 달성하기가 힘들다. 성적인 문제를 승화해 역사적으로 위대한 업적을 남긴 위인들은 많지만 성을 지나치게 탐닉한 사람은 하나같이 패망의 길을 걸었다.

13) 겸손하라

벼는 익을수록 고개를 숙인다는 말이 있듯이 아무리 지위가 높고 지식이 뛰어난 사람이라도 겸손을 체화해야 한다. 교만한 이보다 겸손한 이에게 사람들이 몰리게 마련이다.

심리학적으로 볼 때 인간에게는 기본적 동기 일곱 가지가 있다.

- 자기보존의 욕망
- 사랑과 공포, 섹스의 감정
- 사후세계에 대한 생각
- 육체와 정신의 자유를 갈망하는 것
- 분노와 미움의 감정
- 자기표현의 욕망
- 부에 대한 욕망

이런 동기들 중 한 가지 혹은 몇 가지 동기의 결합이 사람으로 하여금 어떤 일에 매진한다든가 살아가는 동기를 부여해준다. 물론 자신의 동기를 추구하기 위해 잘못된 방향으로 나아간다면 목표를 제대로 이루기가 어려울 뿐만 아니라 동기 자체에 매달려 정작 미래 지향적으로 나아가는 데 걸림돌이 된다.

그러므로 평소 위의 성공 공식을 몸에 익혀 올바른 동기를 추구하며 올바른 방식으로 세상을 살아가야 한다. 이제부터 새로운 각오로 인생의 성공을 이루고 행복해지기를 간절히 바란다면 반드시 위 성공 공식을 하나씩 지켜나갈 계획을 세워라.

일상생활에서 위 열세 가지 공식을 완전하게 지키며 살기란 쉽지 않다. 왜냐하면 바쁜 현대인들은 그만큼 인격적으로 수양을 하고 살기가 어렵기 때문이다. 그러나 실제로 성공한 사람들의 히스토리를 보면 그들 모두가 이 성공 공식을 하나같이 잘 지키고 살았다. 어려운 일이지만 그들은 이 공식들의 필요성을 깨닫고 한계를 극복했다. 그러니 그들처럼 지금부터라도 이 공식들을 완전히 체화하도록 끊임없이 훈련해보자.

물론 위의 열세 가지 공식을 한꺼번에 습득하려면 보통 어려운 일이 아니다. 그러므로 한 주에 한 가지 덕목을 정해놓고 꼬박 1주일 동안 생활하는 가운데 적극적으로 실천해보는 게 성공 공식을 익히는 효율적인 방법이 될 것이다.

계획표를 짜 구체적인 실천 방안을 세워보는 것도 좋다. 이런 식으로 매주 한 가지씩 실천한다면 어느 순간 열세 가지 공식 모두를 습득하게 될 것이다. 물론 이것은 끊임없이 반복해야 한다. 반복을 거듭하다 보면 실생활에서 확실히 체화될 것이다.

완전히 체화되기까지 짧게는 몇 달 혹은 1년, 아니면 몇 년이 걸릴지도 모른다. 그러나 인생을 성공적으로 이끌기 위해 한 가지 덕목씩 실천해 나아가는 것은 그리 어려운 일이 아닐 것이다. 중요한 것은 이러한 노력은 성공으로 가는 가장 간단한 길이라는 사실이다.

10

플러스적 자기암시를 주는 습관

들판의 꽃들은 하나같이 햇빛이 비치는 쪽을 향하고 있다. 그래야 건강하고 아름다운 꽃을 피울 수 있기 때문이다. 감정이 없는 식물조차도 밝은 쪽을 향해 뻗어간다. 사람도 마찬가지다. 우울하고 어두운 사람은 주변에 사람이 모이지 않을뿐더러 설사 다가왔다가도 도망간다. 이런 사람은 일을 하는 데에서도 밝은 면보다는 어두운 면을 먼저 보기 때문에 일의 성과 역시 남들에 비해 뒤처진다.

누구나 어린 시절에는 방긋방긋 웃으며 살았다. 그러나 자신도 모르는 사이에 밝은 표정은 점차 어둡게 변했다. 그에 따라 사고방식 또한 부정적인 쪽으로 길들여졌다. 무슨 일에 직면했을 때 그것을 어떻게 해석하느냐 하는 사고방식의 차이는 성공과 실패를 가르는 중대한 잣대가 된다. 긍정적으로 해석하는 사람에게는 아무리 어려운 일일지라도 반드시 길이 열린다. 반대로 부정적으로 바라보는 사람에게는 좋은 기회조차 달아나며 결과적으로 자신이 생각한 대로 실패하고 만다.

일의 실패는 물론 인생의 실패를 원할 사람은 아무도 없을 것이다. 중요한 것은 어떠한 경우에도 밝게 해석하는 습관을 가져야 한다는 점이다. 자기암시의 과정은 어떤 생각을 받아들이고 그 생각을 현실화하는 2단계로 성립된다. 이

두 가지 작용을 담당하는 것은 무의식, 즉 잠재의식이다. 어떤 생각이 무의식에 수용되면 그것은 반드시 실현되는데, 이것이 바로 심리학자들이 말하는 '자기암시의 효과'다.

아프리카에서 살던 슈바이처는 암시가 생체의 생활 기능에 어떠한 영향을 미치는가에 관한 충격적이고 놀라운 사건을 목격했다. 아프리카 란바레네 지방의 토인들은 아이를 낳으면 아버지가 술을 마시고 기분이 몽롱한 상태에서 무엇인가를 중얼거리게 한다. 이때 아버지가 '어깨'라고 말하면 어깨가, '무릎'이라고 말하면 무릎이 태어난 아이의 터부가 되어 그곳을 맞으면 죽는다고 믿게 된다.

하루는 한 토인이 바나나를 요리한 솥으로 다른 요리를 만들어 먹었다. 음식을 먹은 직후 아무 일도 일어나지 않았는데, 한참 뒤 그 솥이 바나나를 요리했던 것이었다는 사실을 알게 되자 돌연 경련을 일으키며 쓰러지더니 손쓸 겨를도 없이 죽어버렸다. 그 토인에게는 바나나가 터부였다고 한다. 즉, '바나나를 먹으면 죽는다'는 자기암시에 걸려 있었던 것이다.

과학적으로 암시의 위력을 보여주는 예는 수없이 많다. 그런데 이 암시의 강력한 힘은 일반적으로 나쁜 쪽 또는 소극적인 면으로 많이 쓰이는 것 같다. 심리학자 중에는 "의지의 강약은 자기암시로 결정된다"라고 단언하는 사람도 있지만, 실제로 의지가 약한 사람 대부분은 '나는 의지가 약하다' 또는 '끈기가 없다'는 자기최면을 건 채 스스로 의지를 약하게 만든다고 한다.

오랜 기간 소극적인 사고방식이 축적되어 실제로 의지가 약한 성격이 형성되는 것이다. 따라서 지금까지의 부정적인 생각 대신 '나는 의지가 강하다!' 또는 '끈기가 있다'라는 진취적이고 긍정적으로 사고하는 습관을 가지면 실제로 적극적이고 밝고 건설적인 힘이 길러진다. 그렇게 강하고 굳센 의지력을 가진 사람으로 탈바꿈하게 될 것이다.

물론 '나는 의지가 강하다'는 자기암시를 단번에 걸 수는 없다. 지금까지 자신이 의지가 약하다고 생각해왔으므로 잠재의식이 그 새로운 암시를 쉽게 받아들이지 않을 것이기 때문이다. 따라서 사소한 일을 통해서라도 자신의 의지를 성공적으로 현실화하는 경험을 빈번히 해야 한다. 이러한 자신감의 토대 위에서 한 걸음씩 발전적으로 '나는 의지가 강하다'는 자기암시를 강력하게 걸어야 한다.

할 수 있다고 믿는다면 그동안 싫어하던 어떤 사람을 좋아할 수 있는 이유나 방법까지 발견하게 될 것이다. 할 수 있다고 믿는다면 지금 곤란에 빠진 개인적 문제의 해결책을 찾아낼 수 있을 것이다. 할 수 있다고 믿는다면 크고 좋은 새 집을 살 현실적 방법을 틀림없이 찾아낼 것이다.

세계적인 복싱 스타 무하마드 알리는 시합 전에 언제나 "나는 이긴다. 나는 세계에서 제일 강한 복서다"라고 단언하곤 했다. 그가 세계 최강의 복서로서 그 지위를 지속할 수 있었던 것은 순전히 이런 신념의 힘을 이용했기 때문이다.

잠재의식은 24시간 쉬지 않고 활동을 계속한다. 잠재의식은 한 번 받아들인 것을 결코 잊어버리지 않고 우리를 끊임없이 바꿔간다. 따라서 잠재의식에게 명령할 때, 즉 무엇인가를 단정할 때는 자신에게 불리한 말을 해서는 안 된다.

"나는 커피를 마시면 새벽 세 시까지 잠들 수가 없다"고 말하는 것은 자신의 잠재의식에게 "내 몸을 새벽 세 시까지 잠들게 하지 말라!"라고 명령하는 것과 같다. 결국 새벽 세 시까지 잠들 수 없게 되어버린다. 마찬가지로 "나는 돈과는 인연이 없다"고 말하면 항상 가난하게 지내라고 잠재의식에게 명령하는 것과 같다.

잠재의식을 항상 자신의 이익을 위해 활동하게 하라. 잠재의식은 내면에서 외부로 향하는 모든 것, 즉 우리의 행동력, 창조력, 추진력, 정신력을 항상 통제한다.

성공한 사람들을 주의 깊게 살펴보면 한 가지 사실을 확인할 수 있다. 그들 대부분은 아이러니하게도 핸디캡 때문에 성공하게 되었는데 그 핸디캡을 극복하기 위한 노력이 그들에게 성공의 추동력이 되었다는 사실이다.

인간의 잠재력을 평생 연구해온 심리학자 알프레드 아들러는 "인간의 가장 놀라운 특성 중 하나는 마이너스적 요소를 플러스적 요소로 바꾸는 힘이다"라고 말했다.

장편 서사시 『실락원』을 쓴 밀턴은 시각장애인이었기 때문에 남보다 뛰어난 시를 쓸 수 있었고, 베토벤은 청각장애인이었기 때문에 그토록 뛰어난 작곡을 했는지도 모른다.

헬렌 켈러의 놀라운 생애 역시 눈과 귀의 장애와 언어장애인이라는 신체적 약점에 자극을 받았기에 가능했을 것이다. 그녀는 복합적인 장애에도 불구하고 한번은 자신의 장점을 종이에 적어보았더니 2,000가지가 넘더라는 일화가 전해진다. 무엇인가를 이뤄내기에는 불가능해 보이는 사람일지라도 성심성의껏 찾아보면 의외로 좋은 장점이 많이 있다는 얘기다.

인간은 궁지에 몰렸을 때 자신의 한계를 넘어선 기상천외한 힘을 발휘하는 불가사의한 존재이기도 하다. 아무리 어려운 환경에 처할지라도 가만히 관찰해 보면 얼마든지 성공의 문으로 나가는 길이 보이게 마련이다.

만일 차이콥스키가 의지가 꺾이지 않고 비극적 결혼으로 자살 직전까지 쫓기지 않았다면, 즉 그의 생활이 슬프지 않았다면 적어도 불후의 명작 <비창 교향곡>은 세상의 빛을 보지 못했을 것이다. 톨스토이나 도스토옙스키도 고통스러운 생활을 겪지 않았다면 결코 그토록 뛰어난 소설을 쓸 수 없었을 것이다.

"만약 내가 병약하지 않았다면 이처럼 많은 일을 성취할 수 없었을지도 모른다."

이는 약점이 뜻밖에도 도움이 됐다는 사실을 고백한 찰스 다윈의 말이다.

나는 고등학교를 재수하고 퇴학, 무기정학을 당한 경험이 있으며 대학도 당연히 재수를 했고 군대를 다녀와서 대학에 들어갔다. 대학에 들어갈 때에도 도저히 합격할 수 없는 점수였다. 그러나 일단 대학에 들어가고자 하는 열정이 강했기에 나는 면접을 볼 때 교수님들께 당당하게 소리쳤다.

"붙여만 주신다면 술 담배 끊고 반드시 장학생이 되겠습니다!"

그 덕분인지 정말 당당하게 합격했다. 그런데 열심히 했는데도 불구하고 학사 경고를 받는 등 수많은 좌절을 겪어야 했다. 1학기가 끝나고 방학 때 집으로 성적표가 날아왔다. 거기엔 이렇게 적혀 있었다.

'귀 학생은 학사경고 1회이므로 2회를 하게 되면 자동 제적하게 됨을 알려드립니다.'

바로 그때가 내 생애에서 가장 힘들었던 시절이다. 군대 다녀와서 천신만고 끝에 들어간 대학인데 만약 또 퇴학당하면 어쩌지? 그때 정말 많은 눈물을 흘렸던 것 같다. 그래서 다시 시작하기로 했다. 각오를 다지고 열정을 갖고 실천했으며 아무리 힘든 일이 닥쳐도 포기하지 않았다. 그 덕분일까? 나는 마침내 대학 교수가 됐다.

이렇듯 과거 온통 문제투성이였던 불량 학생이 국민들에게 웃음으로 건강과 성공, 행복을 안겨주는 웃음의 메신저가 될 줄은 나 자신조차 꿈에도 몰랐다. 단지 내 꿈은 소박하게도 마이크를 잡는 '펀 리더십 강사'가 되고 싶었는데 그 꿈을 너끈히 이룬 것이다. 나는 비전 속에서 제일 큰 세단에 운전기사를 두고 뒷좌석에 앉아 강연 다니는 모습을 자주 상상했었는데, 어느 날 문득 보니 내가 정말로 그 자리에 앉아 있어서 새삼 놀랐던 적이 있다.

나는 경험을 통해 알고 있다. 불가능은 사람 스스로 재단하여 받아들인다는 사실을 말이다. 인간이 살아가는 데 필요한 돈과 명예도 스스로 만들어가면 반드시 이룰 수 있다. 매력형 인간으로 자신을 가꿔 나간다면 주변 여건은 절로 나의 편이 되어준다.

대부분의 사람은 별것 아닌 자신의 약점에 지곤 한다.

'나는 아무것도 할 수가 없다. 도대체 나에게 무슨 능력이 있단 말인가?'

이렇듯 체념해버리고는 세상을 원망하고 자기 연민에 빠져 허우적거리기 십상이다. 반면, 현명한 사람들은 이렇게 자문한다.

'이 불행 속에서 나는 어떤 교훈을 얻을까? 어떻게 하면 이 상황을 벗어날 수 있을까? 어떻게 하면 이 질병의 고통을, 불우한 가정환경을, 신체적 장애를 극복하고, 실패라고 하는 마이너스 요소를 플러스 요소로 바꿀 수 있을까?'

이를 자신의 삶에 잘 적용시켜 성공한 미국의 한 농부가 있다. 처음으로 어느 농장을 싼값에 인수한 그는 곧 망연자실한 채 일할 용기를 잃었다. 과수원 운영은커녕 돼지조차 사육할 수 없을 정도로 농장의 토질은 형편없었다. 척박한 농장에는 오로지 가시나무 덤불과 방울뱀만이 번성했다.

한동안 넋을 놓았던 그가 한순간 기발한 생각을 해냈다. 그것은 전혀 반갑지 않은 방울뱀을 이용해보자는 아이디어였다. 그는 농장에 기어 다니는 방울뱀을 잡아 그 고기로 통조림을 만들었고 그 가죽은 핸드백이나 구두의 재료로 가공해 비싸게 팔았다. 결국 그는 세계적으로 대성공을 거둘 수 있었다.

11

행동으로
정면 돌파하는 습관

일을 진행할 때 쭈뼛쭈뼛 겉을 맴돌거나 하긴 해야 하는데 언제 어떻게 할지를 망설이며 도무지 실행할 엄두를 못 내는 사람이 있다. 이런 사람은 그야말로 자신의 꿈을 실현시키기 힘든 타입이다. 게다가 살다 보면 빈번히 크고 작은 문제들이 발생한다. 인생사에서 문제가 없다면 도리어 이상한 것이다. 문제가 발생했을 때 금세 하던 일을 포기하고 주저앉거나 실망해 좌절감에 빠진다면 결코 소중한 꿈을 이룰 수 없다.

일을 할 때에는 다음과 같은 마음자세로 정면 돌파하는 습관을 들여야 한다.

첫째, '이것은 얼마든지 해낼 수 있다'라는 마인드컨트롤을 해야 한다.

나폴레옹이 '불가능은 없다'라고 말했다지만 때때로 불가능은 있어 보인다. 도저히 인간의 힘으로는 어찌할 수 없는 일이라고 생각되어 포기하고 싶은 순간이 찾아온다. 그러나 다음 사항을 잘 생각해보라.

- 불가능이라고 생각한 일은 실제로 시도해보지 않았기 때문에 여전히 불가능 상태로 남아 있는 것이 아닌가?
- 실제로 불가능을 뛰어넘으면 별것 아니라는 생각이 들 때도 많다는 사실을 잊고 있지는 않은가?
- 불가능한 상황은 물리적인 힘 때문이 아니라 나의 지혜나 지식이 한계에 다

다랐기 때문은 아닌가?

• 타인과의 관계를 지혜롭게 풀지 못해서 일의 진행이 막힌 것은 아닌가?

이 같은 질문을 체크해본 다음 하나라도 해당된다면 그 방면의 노력을 다시 시도해야 한다.

둘째, 문제를 객관적으로 바라보라.

문제는 수학 문제처럼 풀어나가면 된다. 어디서 어떻게 얽힌 것인지 차근차근 하나씩 매듭을 풀어나가면 쉽사리 문제점을 발견할 수 있을 뿐 아니라 그것을 어떤 방법으로 풀 수 있을지 깨닫게 된다. 무슨 문제이든 감정이 개입되면 이성적으로 냉정하게 판단하기 힘들뿐더러 문제점을 정확히 포착하기가 힘들다. 긴장된 상태로는 판단이 흐려질 수밖에 없으므로 가능한 한 편안한 기분으로 문제에 대처해야 한다.

셋째, 문제를 서둘러 해결하려 하지 말라.

문제를 해결하려고 초조하게 서두르다 보면 또다시 문제에 부딪히기 십상이다. 조급하게 서두르는 행동은 어떤 일에서도 도움이 되지 않는다.

넷째, 관련 정보를 새로 조사하고 분석해본다.

정보는 시간이 흐를수록 새로운 사실들이 추가되고 오류가 수정된다. 관련된 새로운 정보를 조사하고 면밀히 분석하다 보면 분명 내가 몰랐던 새로운 정보를 접하게 될 것이다.

다섯째, 자신의 통찰력을 믿어라.

이제까지 쌓아온 경험과 노하우를 총동원해 문제를 직시하다 보면 통찰력이 능력을 발휘해줄 것이다.

여섯째, 위의 다섯 가지를 토대로 한 결과를 종이에 옮겨 적는다.

시각적인 자료로 늘어놓고 하나씩 해결 방법을 기록해 나아가고 그것을 다시금 실천에 옮기는 것이다.

이상의 방법으로 문제에 대처한다면 해결되지 않는 문제란 없다. 이 세상은 한마디로 문제 덩어리다. 문제가 없기를 바라지 말고 문제가 생길 때마다 적절한 방법으로 해결하겠다고 마음먹어라.

심리학자 프로이트는 인간의 마음은 90퍼센트가 잠재의식이라고 했다. 바꿔 말해 우리가 보고 듣고 느끼는 의식, 즉 현재의식은 10퍼센트에 지나지 않는다는 말이다. 우리가 의식하지 못하지만 우리의 행동 대부분을 지배하는 놀랄 만한 무의식의 힘이 바로 잠재의식이라는 것이다.

예컨대 우리가 길을 걸을 때 우리 입으로 '발아, 오른쪽으로 가라. 왼쪽으로 가라' 하고 현재 의식으로 명령하는 것이 아니라 평소의 습관대로 손발을 움직이며 걸어가는 것과 같은 이치이다. 쉬지 않고 움직이는 심장과 폐, 위와 대장의 작용 등 우리 인체의 모든 기관도 뇌의 잠재의식을 통한 무의식의 힘으로 활동하는 것이다.

이렇듯 우리는 무의식에 지배당하는 존재이므로 이 무의식의 힘을 활용하면 그 능력을 몇 배나 증폭시킬 수 있다. 그러므로 문제에 부딪혔을 때는 가장 먼저 '나는 이 문제를 해결할 수 있다'라고 우선 자기 자신에게 명확히 새겨두는 것이 중요하다. 그런데 개중에는 이런 방법을 취했어도 여전히 문제를 해결할 수 없었다고 말하는 사람이 있다. 자세히 그 사람의 이야기를 들어보면 '할 수 있다'라고 마음속에 새겼다고는 하지만 한편으로는 '나는 이것을 잘할 수 없다'라든가 '아니, 이 문제는 결코 풀 수 없어'라는 의식이 숨어 있는 경우가 태반이다.

잠재의식은 100퍼센트 순도의 완벽한 본심밖에는 받아들이지 않음을 기억해야 한다. 의학적으로 볼 때 우리가 일상생활 속에서 무심코 하는 걱정, 불안, 공포심, 의심 등은 독소를 발생시켜 뇌세포에 악영향을 끼친다. 그 때문에 뇌의 움직임이 점차 둔화되는 것이다.

인간의 신체 중 가장 활발하게 혈액이 순환되고 있는 부분은 뇌세포이다. 이 뇌세포의 혈액이 언제나 신선하고 좋은 양분을 운반할 때 뇌는 결코 피곤함을 느끼지 않는다. 신체는 마음의 지배를 받으므로 어떤 일이 있어도 사소한 염려에 사로잡히지 말아야 한다. 일을 진행할 때는 반드시 해낼 수 있다는 완전한 믿음과 정면 돌파하는 습관을 들여라. 그러면 꿈은 단지 꿈이 아닌 현실이 될 것이다. 그 현실 속에서 당당한 성공자가 되어 우뚝 설 것이다.

12

일을 즐기는
습관

일과 놀이 사이에는 커다란 차이가 있다. 놀이는 그 자체가 즐겁고 신이 나서 시간 가는 줄 모를 만큼 몰두하지만, 일이라고 하면 대체로 하지 않으면 안 되기 때문에 수동적으로 대하기 십상이다. 그래서 우리는 놀이를 휴식으로, 일은 피곤한 업무로 생각한다. 반면, 성공한 사람들은 일을 놀이처럼 한다. 그들처럼 일을 놀이처럼 한다면 확실히 그 성과는 탁월할 것이다. 이는 놀 때의 우리 모습을 상기하면 쉽게 이해가 된다.

휴양지에 놀러 갔을 때, 좋아하는 춤을 출 때, 친구들과 유쾌하게 술을 마실 때, 선호하는 운동이나 레저 스포츠를 즐길 때, 꽃을 가꿀 때, 음식을 만들고 맛있게 먹을 때 등등 모든 휴식과 연관된 일을 할 때 어떤 모습인가? 얼굴은 환하게 빛나고 즐거워서 콧노래가 절로 나오며 마음은 기뻐서 에너지가 철철 넘쳐흐른다. 다른 잡념은 머릿속에 끼어들 여지가 없이 오로지 노는 그 자체에 완전히 매료되어 때로는 밤새도록 원기 왕성하게 놀면서 영원히 이 순간이 지속되기를 바란다. 이런 맥락이다. 일을 이 같은 마인드로 한다면 성공은 떼어 놓은 당상이다.

'정열(Enthusiasm)'이라는 단어의 어원은 그리스어로 '신의 존재 속에'라고 한다. 마음속의 정열의 힘은 가히 신적인 힘에 근원을 둔 것이라는 말이다. 정열적으로 일하는 사람은 일을 즐기는 인물이다. 즐기지 않고는 정열적일 수 없기 때문이다.

율리우스 카이사르가 군대를 이끌고 브리타니아(현재의 영국)에 상륙했을 때의 일이다. 그의 군대는 배로 해협을 건너왔다. 그런데 이런 경우 대개는 만일 전세가 불리해지면 배를 타고 도망가기 위해 배를 준비해두는 것이 일반적 통념이다. 그런데 그는 아군의 배를 하나도 남김없이 태워버리도록 명령했다. 최후의 경우 도망갈 길이 완전히 막혀버리자 병사들은 경악했다.

카이사르는 부하들에게 이렇게 말했다.

"전진하는 것만이 우리의 자유이다. 이런 각오를 할 때 인간의 힘은 무한히 솟아오르게 되어 있다. 기력이 다해 한 걸음도 나아갈 수 없다는 생각 따위는 하지 말라. 비틀거리게 되었더라도 결코 쓰러지지 말라. 자신의 힘을 안이하게 평가하지 말고 아직도 무한한 힘이 남아 있다고 생각하라."

이는 카이사르표 '배수의 진'이다.

'당신 뒤에 있는 다리를 불태워버려라.'

이는 '배수의 진'과 같은 맥락의 영국 속담이다. 모든 길이 차단된 상태에서는 하나의 길로 몰입하여 전진할 수밖에 없다. 거기서 나오는 엄청난 힘은 마침내 도전과 경쟁에서 승리하게 만든다.

"조건이 불리하다", "상황이 안 좋다", "저 사람과는 일하기 힘들다" 등등의 각종 변명은 도망갈 퇴로에 불과하다. 도주로를 마련해놓고 일하는 사람은 언제든 쉽게 그 길로 빠져나갈 마음을 먹게 되어 있다. 이것은 곧 실패자의 전형적 자세이다.

경마장의 경주마들은 눈 양옆을 가린 채 달린다. 이는 말들이 오로지 앞만 보고 달리게 함으로써 최선의 결과가 나오게 하려는 의도이다. 이와 마찬가지다. 꿈을 이루고자 한다면 성공에 이르는 계획을 하나씩 실천하는 일에 몰두해야 한다. 몰두는 정열을 불러오고 정열적으로 일을 하다 보면 작은 성공들이 하나씩 쌓이게 된다. 그 만족감과 행복을 느낀 사람은 또다시 작은 성공에 도전하게 된다.

크나큰 성공은 작은 성공들의 축적으로 이뤄진다. 흔히 일하는 사람은 노력하는 사람을 당할 수 없고, 노력하는 사람은 즐기는 사람을 당할 수 없다고 말한다. 성공을 이룬 행복한 그림을 마음속에 그리며 즐겁게 일하라. 이것이 꿈을 실현시키는 가장 확실한 비결이다.

13

언행일치를 하는 습관

앞서 얘기했듯이 나는 불량했던 고등학교 시절에 멋진 그룹사운드 멤버를 꿈꾸었다. 학생 건달 몇 명이 모여 음악가가 되자고 했던 그 시절 여름방학 때 각자 악기를 배우기로 약속했다. 그러나 두 달 후 약속을 지켜 기타를 마스터한 이는 나뿐이었다.

그때 순진하게 약속을 지켜 배운 기타 덕분에 나는 레크리에이션 강사가 되었고 레크리에이션 진행 실력 때문에 가장 좋은 직장에 취직하게 되었고 또한 대학 교수까지 됐다. 지금은 웃음 치료사 창시자까지 되어 모임 때마다 기타를 멋지게 치는 종합 예술인이 됐다.

우리가 작은 약속에도 최선을 다하면 결코 빈손이 되지 않는다는 소중한 교훈을 얻은 일이 아닐 수 없다. 말만 앞세우고 행동이 그에 따르지 못하는 사람들이 우리 주변에는 너무 많다. 말을 듣고 있노라면 그 화려한 언변에 금방이라도 어떤 계약조차 체결해주고 싶을 만큼 수긍이 가는데 돌아서면 행동은 영 다르다. 이런 인물이 주변에 비일비재할 것이다.

'신용(信用)'은 '사람(人)의 말(言)을 쓰는(用) 것'으로 풀이된다. 일단 말한 바는 반드시 실행해야 그 사람의 말을 신용할 수 있다. 말이 신용을 낳는 것이 아니라 행위가 신용을 낳는다.

"우리 사장은 말 잘하고, 이치에 맞는 말만 골라서 하지. 그러나 아무래도 행동이 약해."

직원들의 이런 평가는 경영자가 아마 말만 앞세우고 행동은 하지 않았기 때문이리라.

이치에 맞는 말을 잘한다고 해서 그것만으로 간단히 설득되지 않는다. 상대를 설득시킨다는 것은 표현과는 관계가 없다. 행동이라는 도장이 찍히지 않은 어음은 부도나게 마련이다. 직원들이 바라는 사장은 말과 행동이 일치되는 모습일 것이다. 비록 한마디일지라도 그것을 반드시 지키는 신용의 리더 말이다.

많은 지식이 있고 변설에 뛰어난 웅변가라 할지라도 말한 바를 실천하지 않는 사람은 그 누구도 신뢰하지 않는다. 그저 말만 많고 구실만 많은 경박한 인간이라는 평판만 얻을 뿐이다. 이런 점에서 관리자의 실행력은 대단히 중요하다. 언행일치야말로 신뢰감과 신용을 얻는 가장 큰 포인트임을 명심하라.

언행일치를 위해서는 말을 하지 않고 실행하는 것보다 말을 하고 실행하는 것이 좋다. 그러려면 사람들 앞에서 '나는 이것을 실행한다'고 선언해야 한다. 인간은 누구나 의지가 약하게 마련이다. 자기 혼자만 생각해서는 좀처럼 실행할 수 없다. 선언의 효과를 이용하면 효과가 증대된다.

일례로 담배를 끊을 때는 대개 주변 사람들에게 전격 발표를 한다. 이것 역시 선언의 효과를 이용해 더욱 실행을 용이하게 하기 위함이다. 수표를 발행한 이상 반드시 일정 기일까지 은행에 입금시키지 않으면 사업 세계에서는 도태된다. 그래서 어떠한 일이 있더라도 돈을 만들자는 투지를 갖고 필사적으로 노력하게 되며, 그러한 노력은 반드시 열매를 맺게 된다.

회사도 확실한 목표를 안팎으로 공언하는 이유가 있다. 이를 실현하지 않으면 세상의 웃음거리가 될뿐더러 경쟁의 장에서 도태될 수 있기 때문이다. 그래서 전사적으로 더욱 혼연일체가 되어 노력하게 되는 것이다. 모두가 힘을 합해 목표를 달성했을 때 세상의 평가는 더 한층 좋아지게 됨은 물론이다. 이렇듯 언행일치는 개인에게나 조직에게나 업그레이드를 하는 데 절대적인 향상의 조건이다.

14

가장 효율적으로
일 처리를 하는 방법

이것저것 할 일이 많을 때 대부분의 사람이 어떤 일부터 해야 할지 몰라 우왕좌왕한다. 어떤 이는 가장 쉬운 일부터 하고 어떤 이는 가장 하기 싫은 일부터 해치운다. 사실 이것은 모두 잘못된 방법이다. 일을 할 때에는 먼저 가장 효율적으로 일 처리를 하는 방법부터 따져봐야 한다.

그 첫 번째 방법으로 어떤 일이 가장 중요한 일인가를 파악해 그 일을 가장 먼저 해야 한다.

이것을 일의 우선순위라고 하는데 일의 중요도에 따라 순서를 정해놓고 처리하라는 말이다. 우선순위를 정하지 않고 막무가내로 일을 하면 정작 빨리 해결해야 할 일은 나중에까지 처리를 하지 못해 재촉받기 십상이다. 점점 더 그 일을 처리할 시간은 부족해지기에 갈수록 중압감에 시달리게 된다.

예컨대 중요한 일을 시작해놓고 전화를 한다거나 복사를 한다거나 다른 잡무에 손을 대게 되면 정작 그 일은 뒤로 밀리고 만다. 이렇게 되면 능률은 전혀 오르지 않는다. 따라서 어떤 일을 할 때에는 우선순위를 정해 일 처리하는 습관을 들여야 한다. 아무 때라도 할 수 있는 일은 뒤로 미뤄두어야 한다. 하찮은 일에 시간을 낭비해서는 안 된다. 가장 중요한 일일수록 그 일에만 집중하는 것이 최고의 능률을 올리는 비결이다.

두 번째 방법은 자신에게 가장 효율적인 시간대를 택해 중요한 일을 수행하는 것이다.

사람의 두뇌 활동이 가장 왕성한 때는 오전 10시와 오후 3시라고 한다. 그러나 이것은 생리학자들의 연구 결과이므로 모든 개인에게 똑같이 적용되는 것은 아니다. 사람에 따라서는 오후 2~3시 혹은 밤늦은 시간에 가장 집중이 잘될 수도 있다. 그 시간대는 개인차가 있을 것이므로 자신에게 가장 편안하고 효율적인 시간대에 가장 중요한 일을 하면 된다. 능력이 최고조에 달하는 시간대에 일을 하면 일의 수행 속도도 여느 때보다 훨씬 빠르다.

세 번째 방법은 스스로 집중할 수 있는 시간을 정해두고 일 처리를 하는 것이다. 예컨대 한 시간 동안만 집중하고 그 후에는 잠시 휴식을 취한다. 집중이 유지되는 시간 역시 사람마다 다르다. 평소 자신이 얼마 동안 집중할 수 있는지를 잘 파악해두라. 무리하게 집중 시간을 늘리다 보면 두뇌가 피로해져 능률의 저하만 초래할 수 있기 때문이다.

15

상대를
칭찬하는 습관

'칭찬은 돌고래도 춤추게 한다'는 문구가 선풍적인 인기를 끌었던 적이 있다. 칭찬은 한마디로 남녀노소 할 것 없이 누구에게나 마음을 가라앉히고 의욕을 북돋워주는 강력한 영양제이다.

인간의 행위에 관해 중요한 황금률이 한 가지 있다. 이 법칙을 따르기만 한다면 분쟁은 피할 수 있고 친구는 자꾸 많아질 것이며 행복 또한 저절로 찾아올 것이다. 그러나 이 법칙을 깨뜨리면 곧 그 반대의 일들이 벌어지기 십상일 것이다. 이 법칙은 바로 '상대방을 칭찬하라'이다.

누구나 늘 타인에게 인정받기를 원한다. 자기의 진가를 인정받고 싶어 하고 자기가 소중한 존재라고 느끼고 싶어 한다. 속이 빤히 들여다보이는 아첨일지라도 칭찬의 말은 왠지 기분 나쁘지 않다. 아무리 마셔도 배부르지 않는 공기처럼 칭찬은 아무리 들어도 질리지 않는다.

칭찬의 말을 들으면 들을수록 힘이 나고 용기가 솟아오르며 진취적인 기상이 불타오른다. 이것이 바로 칭찬의 위력이다. 아무리 무능한 사람일지라도 매일같이 칭찬의 말을 들으면 점차 그 능력이 향상된다.

한 소년이 런던의 직물 상점에서 일하고 있었다. 아침 다섯 시에 일어나 밤늦

게까지 청소며 잔심부름을 하는 등 하루에 14시간씩이나 혹사당했다. 이러한 중노동이 견딜 수 없이 고생스러웠지만 그런대로 2년을 참았다. 그러나 도저히 더 이상은 참을 수가 없었다.

어느 날 아침, 그는 밥도 먹지 않은 채 가게를 빠져나와 가정부로 일하고 있는 어머니를 만나러 15마일이나 되는 머나먼 길을 달려갔다. 그는 미친 듯이 울부짖으면서 그 가게에서 일하느니 차라리 죽어버리는 게 낫겠다고 어머니에게 호소했다. 그러고는 모교의 교장선생님에게 자기의 딱한 처지를 호소하는 장문의 편지를 썼다.

며칠 뒤 교장선생님으로부터 답장이 왔다.

'자네는 두뇌가 명석하니 그러한 중노동보다는 지적인 일에 적합할 것 같네.'

이 칭찬 한마디가 그의 장래를 바꾸었다. 훗날 그는 영문학사상 불멸의 공적을 남기게 되었다. 그는 77권이나 되는 책을 저술했고 집필로 100만 달러 이상의 재산을 벌어들였다. 그는 바로 공상과학소설의 원조 H. G. 웰즈다.

흔히 개를 훈련시킬 때 개가 조금이라도 잘하면 쓰다듬어주고 맛있는 먹이를 준다. 누구나 다 알고 있는 이 원리를 왜 사람에게는 응용하지 않는 것일까? 왜 채찍 대신에 당근을, 비판 대신 칭찬을 해주지 않는 것일까? 조금만 잘한 일이 있어도 진심으로 칭찬해주면 채찍을 맞았을 때보다도 오히려 더욱 분발하게 된다는 원리를 깨닫지 못한 탓이다.

약 100년 전 열 살가량의 소년이 나폴리의 어떤 공장에서 일하고 있었는데 그는 성악가가 되고 싶었다. 그러나 맨 처음 만난 선생님은 무지막지한 핀잔으로 그를 심한 좌절감에 빠뜨렸다.

"너에게 노래는 맞지 않아! 마치 덧문이 바람에 덜컹거리는 것 같은 목소리로구나."

그의 어머니는 비록 가난한 농부의 아내였지만 어린 아들을 껴안고 따뜻하게 격려해주었다.

"너는 꼭 훌륭한 성악가가 될 거야. 나는 그걸 알 수가 있어! 너는 점점 노래 솜씨가 나아지고 있지 않니? 이것이 너에게 재질이 있다는 훌륭한 증거야."

모멸과 꾸중보다는 끝없는 칭찬과 격려야말로 사람의 마음을 자극해 욕망을 부채질하는 원동력이 된다는 것을 그 어머니는 알고 있었을까? 그녀는 몸이 부서지도록 일해 아들의 음악공부 뒷바라지를 했다. 이런 어머니의 칭찬과 격려 그리고 헌신으로 소년의 생애는 천천히 바뀌어갔다. 그 소년이 바로 이탈리아의 유명한 오페라 가수 카루소다.

비록 작은 일일지라도 조금이라도 잘한 점이 있다면 아낌없이 칭찬해주라. 이 칭찬이 좌절로 허우적거리고 있는 사람들의 마음에 희망으로의 발동을 걸어줄 수 있다.

"나는 결코 남을 비난하지 않습니다. 일을 마음에 들도록 잘 처리했을 때에는 마음껏 칭찬해줍니다. 어떤 사람이라도 잔소리를 들으며 일하는 것보다는 칭찬을 들으며 일하는 것을 훨씬 즐거워할 뿐만 아니라 일하려는 의욕도 생기는 법입니다."

미국의 강철왕 앤드류 카네기의 오른팔이자 사람을 잘 쓰는 것으로 유명했던 찰스 슈왑의 말이다. 실제로 그는 대수롭지 않은 일이라도 진심에서 우러나오는 칭찬을 해 부하의 업무 처리 능력을 100퍼센트 발휘하게 만들었다.

칭찬은 마법의 지팡이다. 이 마법의 지팡이는 사람을 움직이게 하는 가장 효율적인 도구다. 남을 칭찬하는 것도 노력을 해야 한다. 꾸준한 일상의 훈련 가운데 진심어린 칭찬에 익숙한 사람이 될 때 비로소 타인을 끌어안을 수 있다.

행동과학자들은 다른 사람이 자신의 가치를 인정하고 자신이 해놓은 일을 칭찬해줄 때 더욱 분발하고 조직을 위해 적극적으로 행동하게 된다고 말한다. 물론 아무리 좋은 약이라도 지나치게 사용하면 오히려 건강을 해치듯이 칭찬이라는 마법의 지팡이도 정도가 지나치면 불쾌감을 주게 된다. 이는 상대방이 아무리 자신을 잘 알고 있는 사람이라고 해도 자기의 전부를 낱낱이 알 수는 없을 것이라는 심리적 불신과 상대방이 혹시 자신을 우습게 여기는 것은 아닐까 하는 모멸감을 느끼게 되기 때문이다. 그러므로 칭찬도 적당히 해야 한다. 마법의 지팡이도 마법의 기술을 알고 활용해야 마법이 제대로 나오듯이 말이다.

16

문제점을
기록하는 습관

성공과 행복을 위해 목표 및 계획을 세웠다 해도 매일같이 쫓기듯 살다 보면 눈앞의 작은 일에 매여 본래의 목표를 망각하는 경우가 많다. 그럴 때마다 "지금 그런 것에 신경 쓸 때가 아니잖아"라는 주변 사람의 충고를 듣고 혹은 스스로 문제점을 깨닫고 즉시 방향을 바꾸면 좋겠지만 현실은 또 그렇게 만만치가 않다.

일상생활에서 어떤 문제점이 생겼을 때 도무지 그 해결책이 보이지 않아 방황할 때가 있다. 이럴 때는 우선 문제점이 무엇인지를 구체적으로 파악해야 한다. 문제점이 무엇인지를 명확히 파악한다면 그에 따른 대응책을 찾는 것은 그리 어렵지 않을 수도 있다.

그런데 잘못된 일의 문제점을 막상 생각하자면 이것저것 머릿속에 수많은 상념이 뒤엉킨 탓에 그저 한숨만 내쉬며 맥없이 시간을 허비하곤 한다. 이때 문제점을 명확히 짚어내는 한 가지 방법이 바로 종이에 적어보는 것이다. 생각나는 문제점을 하나도 빠뜨리지 말고 차근차근 번호를 매겨 적어보라. 그다음 총체적으로 그 내용들을 검토해보면 비로소 머릿속에 엉켜 있던 문제점이 극명하게 드러날 것이다.

한 대뇌생리학자는 "인간의 기억이란 어설프게 해답을 얻으면 그것이 올바른 해답이라고 착각하는 습성이 있다. 그러고는 그 문제를 깨끗이 망각해버린다" 라고 했다. 그래서 대충 '이것은 이런 것이다'라고 급하게 해답을 구했다가는 정작 문제점을 현실적으로 해결하지 못할 때가 많다.

오랜 세월 참선을 해온 스님들조차도 좌선을 할 때 여러 잡념이 머릿속에 떠오를 때는 그 자리에서 종이를 펴고 메모를 한다고 한다. 그 자리에서 적어버리면 다시는 같은 잡념에 시달리지 않는다는 것이다. 이런 식으로 종이에 문제점을 기록한다는 것은 매우 효율적인 결과를 낳는다. 자신의 문제를 객관적으로 바라보고 솔직하게 문제를 인정하면서 하나하나 적어 내려갈 때 전혀 예상 못한 해결책이 떠오르게 되는 것이다.

문제가 생길 때마다 이렇게 적어보는 습관을 들이면 골머리 썩이는 시간을 낭비하지 않아도 된다. 혼란스런 머리를 명쾌하게 정리할 수가 있으니 오로지 해결책에만 생각을 집중하면 되는 것이다. 퀴즈처럼 자신의 문제를 풀어나가는 심정으로 하나씩 문제를 해결해 나아가다 보면 차츰 '아, 그래! 그것이 문제였어!' 하는 깨달음을 얻을 뿐만 아니라 향후 나아갈 방향에 대한 지혜도 생겨난다.

지금 골치 아픈 일이 있다면 당장 그 핵심 문제가 무엇인지 생각나는 대로 적어보라. 그러면 신기하게도 그동안 풀리지 않았던 문제의 해결책이 서서히 눈앞에 드러날 것이다.

17

미소는
상대방의 마음을 열게 한다

배심원 제도를 연구하는 미국의 유명한 형법학자가 이런 말을 했다.

"같은 조건이라면 여자 피고일 때가 남자 피고일 때보다 무죄 판결을 받는 확률이 30퍼센트 더 높습니다. 같은 여자도 미인일 경우에는 그 확률이 60퍼센트로 껑충 뛰어오릅니다."

배심원들이 인간적이기 때문일까? 이는 지극히 엄정해야 할 법정에서까지 인간적인 호감이 작용하고 있다는 증거이다.

우리 속담에 '웃는 얼굴에 침 못 뱉는다'라는 말이 있다. 이는 상황을 상상해보아도 능히 그럴 법한 일이다. 웃는 얼굴이야말로 백만(百萬)의 원군(援軍)과 같은 것이다. 누구나 웃는 얼굴을 하고 있는 사람을 좋아하게 마련이다. 반면, 찡그리고 화난 얼굴을 좋아할 사람은 그 어디에도 없다.

물론 억지웃음은 다르다. 그것에는 비굴함이 깃들어 있기 때문에 상대방의 경멸을 자초할 뿐이다. 미소가 깃든 밝은 얼굴에는 아무리 굳은 마음이라도 부드럽게 녹이고 그 상대를 끌어당기는 마력이 있다. 그렇기에 명랑하고 낙천적이라면 상대방에게 격려와 즐거움을 줄 수 있다.

누군가에게 미소를 지어 보이면 그 미소는 메아리처럼 돌아온다. 상대뿐만 아니라 내 기분도 좋아진다. 행여 상대가 미소로 답례하지 않을지라도 상관없다. 세상에 미소를 베풀 수 있는 여유로움을 가졌으니 그것만으로도 족하다.

'세상에서 가장 가난한 사람은 미소가 없는 사람이다'라는 말이 있다. 언제 어떤 상황에서든 부드러운 미소를 잃지 않는다면 인생의 행운은 절로 찾아올 것이다.

항상 미소를 잃지 않는 사람은 다음의 네 가지 장점을 갖고 있다.

첫째, 사람들의 호감을 사는 성격.

둘째, 겸허한 마음가짐.

셋째, 솔직하고 선량한 기질.

넷째, 인간에 대한 따뜻한 마음.

이와 반대되는 사람들에게서 미소나 명랑한 얼굴은 기대할 수 없다. 악의를 숨기고 있는 성격은 무엇보다도 곤란하고 나쁜 마음이다. 오만한 자세, 사람을 업신여기는 태도 등은 모두 여기서 생겨난다. 비뚤어진 기질, 완고함 그리고 냉혈한 같은 차가움도 마찬가지다.

'남자는 배짱, 여자는 애교'라는 말이 있는데 요즘은 여자뿐만 아니라 남자들도 애교가 있어야 한다. 사람을 좋아하고 그릇이 큰 사람들은 언제나 따스한 미소를 잃지 않고 명랑하고 밝은 목소리로 말한다. 남자인데도 애교 만점인 것이다.

옛날에는 무관이나 관리들은 잘 웃지 않았다. 항상 사람들 위에 군림해야 한다는 의식을 가졌기 때문이고 무엇보다 웃는 얼굴은 위엄을 손상시킨다고 생각했기 때문이다. 그러나 요즘은 사회적 인식이 달라졌다. 표정이 밝은 사람은 타인과의 인간관계 또한 원만하다. 이러한 사람들은 앞서 말한 네 가지의 장점을 모두 갖추고 있다. 그 장점이 사방으로 퍼져서 상대의 마음까지 밝고 따스하게 해주는 것이다.

빛을 가리는 어둠은 없다. 어둠은 그 사람이 내는 빛 때문에 사라지기 때문이다. 빛을 비추는 사람은 어떠한 경우에도 미소로 상대방을 감싼다. 미소는 '나는 당신에게 호감을 갖고 있습니다'라는 표시임을 잊지 말라.

18

허점도
매력이다

누구에게나 결점과 허점이 있다. 흠이 없는 사람이란 없다. 아무리 뛰어난 인물이라도 가까이 접촉해보면 결점 몇 가지가 드러나게 마련이다. 인간의 기량이란 사람에 따라 그렇게 커다란 차이가 나지는 않는다. 그 때문에 비범하게 뛰어난 데가 있으면, 바꿔 말해서 그와 비슷한 정도의 결점이 있다는 이야기가 된다. 단적으로 말하자면 하나의 결점도 없는 사람이라면 커다란 일을 이룩할 만한 인재가 될 수 없다고도 할 수 있다.

우리가 매력 있는 사람에게 이끌리는 것은 그에게 결점이 없기 때문이 아니라 자석처럼 사람의 마음을 사로잡는 면이 있기 때문이다. 결점을 예찬하자는 말이 아니다. 결점만을 보려 하지 말고 장점을 보려고 노력하자는 말이다. 높은 산봉우리가 있으면 반드시 그만큼 깊은 계곡이 있는 법이다. 결점이 있다는 것은 어쩔 수 없는 일이다. 결점투성이일지라도 그것은 전혀 부끄러워할 일이 아니다. 구태여 결점을 감출 필요도 없다.

물론 사람에게 피해를 끼칠 만한 결점, 이를테면 술주정 같은 것은 서둘러 고쳐야 하지만 그렇지 않은 것에 대해서는 굳이 감출 필요까지는 없다는 말이다. 텔레비전에는 못생긴 자신의 외모를 자신 있게 드러내어 사람들의 호감을 사는 연예인들도 많다. 완벽한 미남 미녀는 오히려 질투의 대상이 되어 자칫 잘

못한 처신 때문에 인기가 날아가버리는 세상이다.

성격적으로도 결점은 오히려 다른 사람에게 친근감을 준다. 사랑할 만한 결점 또는 허점의 매력이라고나 할까? 사람이 지나치게 완전무결하면 가까이하기가 거북하다. 특히 면도날처럼 예민하고 냉철한 사람에게는 선뜻 호감이 안 간다.

수완이 있어 일시적으로는 성과가 오르더라도 긴 안목으로 볼 때 그 지나친 오만과 적이 많고 지지가 적다는 것이 원인이 되어 실각해버리는 경우도 많다. 이와 반대로 두세 가지 면에서 허점이 있을 때 사람들은 안심한다. 이 점에서만은 자기 편이 낫다고 하는 우쭐한 기분이 된다. 그리고 그러한 결점을 감싸주고 싶은 마음이 우러나오는 것이다.

술을 마시면 가장 먼저 녹초가 되어 부하 직원이 자기 집까지 부축해줘야 하는 리더에게 부하 직원은 오히려 친밀감을 느낄 수도 있다. 항상 무섭게 호령만 하던 상사의 흐트러진 모습이 귀엽기까지 할 것이다. 또 약간 기분이 좋으면 활짝 마음의 문을 열고 아주 명랑해져서 노래를 부르거나 춤을 추는 사람을 볼 때 그 노래나 춤이 서툴수록 무엇이라고 표현하기 어려운 인간적 호감을 갖게 된다.

여성이 많은 어느 직장에서 볼링 대회가 열렸다. 무서워 보이기만 하는 새로 온 과장의 볼링 솜씨는 형편없어 던진 볼이 딴 곳으로 날아가버리자 모두가 배를 잡고 웃었다. 물론 과장의 성적은 꼴찌였다. 그러나 그 후 그 과장에 대한 여성 직원들의 친근감은 급속히 커져갔다.

같은 맥락으로, 연애할 때도 보면 조금 빈 듯한 구석이 있어야 이성은 매력을 느낀다고 한다. 인간적인 매력이란 바로 이런 것이다.

19

손의
에티켓

악수를 청해서 불편해하는 사람은 거의 없다. 물론 이성 간이라면 다른 뜻으로 받아들일 수도 있지만 특히 동성끼리라면 거리낌 없이 손을 내밀어 악수를 청한다. 악수는 상대방에게 거리를 두지 않는다는 친밀감의 표시다.

말보다는 몸을 접촉하는 것이 서로의 기분을 통하게 하는 효과적인 방법이다. 그래서 말할 때의 표정이나 몸가짐을 통해 그 사람의 속마음을 읽어내기도 한다. 악수나 포옹은 보디랭귀지의 전형적인 촉각적 자기표현의 하나다. 악수는 본래 무기를 갖고 있지 않다는 것을 보여주기 위해 두 손을 드는 제스처가 변형된 것이라고 하는데, 현대 사회에서 악수는 환영하는 마음을 나타낸다.

그런데 악수 방법은 나라에 따라 다르다. 프랑스 사람은 방에 들어갈 때와 나올 때 악수한다. 독일 사람은 악수한 손을 한 번 흔든다. 아프리카에서는 악수한 다음 자유를 나타내기 위해 서로 상대의 손뼉을 치기도 한다고 한다.

예전에는 여성들끼리는 대개 악수 대신 가벼운 눈인사로 자기소개를 했다. 하지만 여성도 상대방의 손을 자기 손으로 감싸듯이 잡고 따뜻한 표정으로 서로의 마음을 전하는 것이 자연스러워졌다.

친한 사이에는 오른손으로 악수하면서 왼손으로 상대의 손을 싸듯이 잡는다.

오랜만에 만났을 때나 특별한 우정을 나타내려 할 때에도 이 방법이 좋다. 오른손으로 악수하면서 왼손으로는 상대의 어깨를 붙잡는 경우도 있다. 이것은 친한 사이라면 상관없겠지만 잘 알지 못하는 사람이나 윗사람에게는 실례가 된다. 그럴 경우 그 행동은 거만하고 건방지다는 인식을 심어주기 쉽다. 악수할 때 먼저 손을 내미는 것은 윗사람이다. 서로 지위의 차이가 없는 남녀의 경우에는 여성이 먼저 손을 내미는 것이 예의다.

상대방이 손을 내밀었는데도 이쪽에서 응하지 않는 것은 적의의 표현으로 받아들여질 수 있다. 손을 내밀었다가 무안을 당한 사람은 그 모멸감을 잊지 못할 것이다. 악수를 할 때는 똑바른 자세로 상대의 눈을 부드럽게 응시하면서 오른손을 내민다. 손을 먼저 내민 쪽이 먼저 쥔다. 가볍게 쥘 것인가, 강하게 쥘 것인가는 상황이나 상대의 기분을 고려해서 결정한다. 자기의 남성다움을 과시하려는 듯 우악스럽게 상대방의 손을 잡고 흔들어대는 사람이 있는데 이런 태도는 실례이다. 이성과 악수할 때는 가볍게 살짝 쥐는 것이 예의다.
올바르게 하는 악수 방법을 요약해보면 다음과 같다.

- 웃어른이 먼저 청해야 아랫사람이 악수할 수 있다.
- 남녀 간의 악수도 상하의 구별이 있을 때는 윗사람이 먼저 청해야 한다.
- 같은 또래의 남녀 간에는 여자가 먼저 청해야 한다.
- 동성 간 또래의 악수도 선배 연장자가 먼저 청해야 한다.
- 아랫사람은 악수를 하면서 허리를 약간 굽혀 경의를 표하는 것이 좋다.
- 악수를 하면서 왼손으로 상대의 손등을 덮어 쥐는 것은 좋지 않다.
- 네 손가락은 가지런히 펴고 엄지는 벌려서 상대방의 오른손을 살며시 쥐었다가 놓는다.
- 아주 가까운 사이에는 가볍게 아래위로 몇 번 흔들어 친근감을 표시하기도 한다.
- 악수를 하면서 상대의 눈을 보지 않고 딴전을 피우는 것은 좋지 않다.
- 악수를 했다고 해서 당연히 절이 생략되는 것은 아니다.

미국의 사회심리학자 앨버트 메라비언은 메시지를 전달할 때 목소리가 38퍼센트, 표정과 태도가 20퍼센트 등 보디랭귀지가 58퍼센트이며, 말하는 내용은 겨우 7퍼센트만이 전달된다고 했다. 메라비언의 법칙에 따르면 무슨 말을 하든 목소리가 좋으면 메시지 전달에 3분의 1 이상이 성공한 셈이고 표정과 태도가 좋으면 90퍼센트 이상 성공하는 셈이다. 이는 바꿔 말하면 아무리 내용이 좋아도 상대방의 동작이나 태도 등에 불순함이 섞여 있다면 내용은 제대로 전달되지 않을뿐더러 오해나 불쾌감을 줄 수도 있다는 말이다.

"인간이 인간다운 까닭은 그 손이 뛰어난 데 있다."

이는 그리스의 어느 철학자가 한 말이다.

아리스토텔레스도 사람의 신체 중 가장 중요한 것으로 손을 꼽았다. 사람은 손을 사용하는 방법과 손의 움직임이 다른 동물과는 확연하게 다르기 때문이다. 흔히 상대방의 얼굴 표정을 관찰하는 사람은 많지만 손 모양을 관찰하는 사람은 드문 것 같다. 그러나 손 역시 상대의 시각에 호소하는 자기표현의 하나임을 잊어서는 안 된다. 여성이 가슴에 두 손을 대고 가볍게 누르는 것은 상처받기 쉬운 자기의 마음을 보호하려는 것이다. 이 표현은 '다행이다'라는 안도감을 나타낼 때도 사용된다.

학생이 선생님의 질문에 답하려고 손을 든다. 선생님은 손 든 모습을 보고 그 학생이 자신이 있는지 없는지를 알 수 있다고 한다. 어느 초등학교에서 학부모가 수업을 참관하는 날, 선생님의 질문에 학생들은 일제히 "저요, 저요" 하며 손을 들었다. 선생님은 A를 지명했다. 그러나 A는 대답하지 못했다. 그다음으로 지목한 B와 C도 전혀 엉뚱한 대답을 하기는 마찬가지였다. 선생님은 학생들에게 모르는 것을 아는 체하면 안 된다는 것을 가르치기 위해 일부러 대답할 수 없는 학생만을 지목했던 것이다.

자신이 없는 학생은 손을 쭉 뻗지 못한다. 수업 후에 부모로부터 "왜 손을 들지 않았느냐"는 꾸중을 들을까 봐 아이들은 '선생님이 시키면 어쩌지?' 하면서도 손을 들 수밖에 없었던 것이다. 손을 들지 않더라도 콧등을 문지르거나 눈을 감고 고개를 숙이는 등의 행동을 하면 자신이 없다는 뜻이다.

결정하기 어려운 사항 앞에서는 어른들도 이러한 행동을 보인다. 사람들은 누구나 내면적 갈등이 일어나고 있을 때 이런 행동을 하게 되는 법이다. 볼펜을 소리 내어 굴리는 것이나 테이블을 가볍게 톡톡 두드리는 것은 지겹다는 표시다. 그럴 경우 옆 사람은 불쾌해질 수 있다. 말할 때 손을 비비는 것은 비굴함을 나타내는 행동이다.

그 외, 이야기할 때 손가락의 관절을 꺾어 소리를 내거나 옷자락을 만지작거리는 사람도 있는데 모두 상대방에게 좋은 인상을 줄 수 없는 행동이다. 말할 때 입에 손을 대는 것은 부끄러움, 회의, 놀라움, 거짓 등 인간의 가지가지 감정을 나타내는 것이다. 만세 삼창처럼 손을 자기 머리 위까지 뻗는 것은 그 행동에 만족하고 있다는 증거이다. 손을 주머니에 넣고 말하는 것은 자기현시욕(自己顯示慾)이 강하고 거만한 사람에게서 많이 볼 수 있다.

사람은 누구나 버릇이 있다. 손을 움직이는 것도 그런 버릇 중 하나일 것이다. 말할 때 나 자신에게 어떤 버릇이 있는지 곰곰이 생각해보고 그 버릇이 상대방에게 나쁜 인상을 심어줄 수 있는 것이라면 과감히 버리자.

20

매력을 풍기는 제스처

만남에서 상대방을 판단하는 데 걸리는 시간은 3초에 불과하다고 한다. 여기서 보디랭귀지는 일반적으로 하는 말보다 더 큰 소리로 말하는 셈이다.

치열한 경쟁에서 실력을 갖추는 것은 무척 중요하지만 그 실력이 남들에게 호의적으로 받아들여져야 실력을 온전히 평가받을 수 있다. 이럴 때 좋은 이미지가 결정적인 역할을 하게 된다. 친구나 가족 등은 오랜 시간을 함께하며 그 진면목을 알고 있는 것과 달리 사회생활로 알게 된 경우 아주 짧은 만남을 통해 서로에 대한 평가를 단정적으로 내리기 때문이다.

사업에서는 감정적 우위를 차지하는 것이 중요하기 때문에 먼저 손을 내미는 사람이 유리하다. 거기에 미소와 고개를 끄덕이는 행동을 곁들이면 좋다.

어떤 유명강사는 강의할 때 손을 주머니에 넣고 이야기하거나 때로는 테이블에 걸터앉기도 한다. 그 사람의 말에 의하면 그런 태도는 외국인의 영향을 받은 것으로 수강생들에게 친근감을 갖게 하고 경계심을 없애는 데 효과적이라고 한다. 분명 그렇게 받아들이는 사람도 있을 것이다. 그러나 동양적 사고방식으로 본다면 그는 무척 거만하고 무례한 사람이다.

손을 주머니에 넣고 이야기하는 것은 별로 좋은 인상을 주지 못한다. 이 같은 행동은 자만심이 강해 다른 사람을 모두 깔보거나 자기보다 나은 사람은 없다고 생각하는 사람에게서 흔히 볼 수 있다. 제스처란 비교적 정적이기는 하지만 말로 표현할 수 없는 자신의 심정을 전달하는 중요한 역할을 한다. 제스처는 언어가 분화되지 못했던 시대에 말만으로는 표현하기 어려운 자기 의사를 보충적으로 표현하기 위해 자연적으로 생겨난 것이라고 한다.

그러나 손의 움직임, 신체의 동작이 모두 제스처라고 생각하는 것은 잘못이다. 제스처란 말을 보충하기 위한 의식적인 동작이다. 무의식적으로 같은 동작을 되풀이하는 것은 단순한 버릇일 뿐이다. 제스처는 말할 때만 사용하는 것이 아니다. 넓은 의미에서 우리의 생활 태도 그 자체가 자기를 나타내는 제스처라고 생각할 수도 있다.

카페나 사무실 소파 등에 앉을 때 다리를 꼬는 사람들이 많다. 이것 또한 서양적인 관점에서라면 이상할 것이 없지만 우리의 정서로는 윗사람 앞이라면 건방지고 오만하게 보일 수 있다. 더욱이 상대가 맞은편에서 몸을 앞으로 굽히고 수동적인 자세로 앉아 있는데 발을 꼬아서 발끝을 상대의 얼굴 가까이에 있게 한다는 것은 실로 무례하기 짝이 없는 행동이다.

두 손을 뒤로 돌려 마주 잡고 상체를 꼿꼿이 세우는 자세는 권위를 나타내는 제스처로 군인에게서 많이 볼 수 있다. 친근한 사람일 경우에는 친근함의 표시로 상대방의 저고리 단추를 만지작거리며 말하는 제스처도 있다. 로댕의 '생각하는 사람'처럼 턱을 받치고 허리를 굽혀 한곳을 응시하고 있는 것은 무엇인가를 열심히 생각하고 있는 평가의 자세다. 그 자세에서 몸을 조금만 앞으로 내밀게 되면 비판하는 제스처가 된다. 서서 발언할 때 탁자를 잡고 있는 두 손에 힘을 주고 머리를 내미는 것은 강력한 의지의 표현이다.

제스처를 효과적으로 사용하면 이야기를 훨씬 효과적으로 전달할 수 있다. 말과 표정의 상관관계는 말의 효과 상승에 커다란 영향을 끼치는 것이다.

이야기 속에 진실이 어느 정도 담겨 있는지 짐작 가능한 척도는 바로 말하는 사람의 태도이기 때문에 태도는 말의 효과를 내는 데 중요한 관건이 된다. 입 못지않게 신체의 다른 부분도 말을 하고 있다. 자연스런 제스처는 많이 사용할수록 좋다. 그래서 말하는 내용을 이해받고 싶어 할 때는 누구나 몸짓, 손짓을 하게 마련이다.

제스처는 상대방에게 잘 보이도록 해야 효과적이다. 흔히 하나, 둘이라고 손가락을 굽혀 셀 때는 자기에게만 보이도록 하는 사람이 있지만 이래서는 효과가 나지 않는다. 듣는 사람이 정확히 볼 수 있도록 상대방을 향해야 한다.

윈스턴 처칠의 '승리의 V' 제스처를 잘 알 것이다. 상대방에게 보이도록 하는 '핑거 액션(Finger Action)'에는 강력한 호소력이 있다. 우리나라 사람들은 대체로 보디랭귀지에 서툴다. 말로만이 아닌 손이나 몸을 사용하거나 몸 전체로 표현하는 편이 말에 입체감과 약동감을 주고 듣는 이에게 즐거움을 준다. 정적인 이야기에서 살아 움직이는 활기찬 이야기로 변화하기 때문이다.

슬라이드 사진보다 영화에 흥미를 느끼게 되는 이치와 같이 인간은 정적인 것보다 동적인 것에 주의를 기울이는 성질을 지니고 있다. 따라서 언어 이외에 표정이나 몸의 움직임, 손의 동작으로 자기를 표현하기 위해서는 평소에 예민한 관찰력과 감수성을 길러놓지 않으면 안 된다. 그중에서도 손가락은 극히 섬세한 감정의 표현이 가능하다.

미국에서 클럽의 호스티스에게 다음과 같은 설문 조사를 한 적이 있다.

'당신은 담배를 피울 때, 어느 손을 사용하는가?'

조사 결과, '여성이 담배를 피울 때 왼손을 사용하면 매력적으로 보인다. 오른손으로 담배를 피우면 그 동작은 조잡하게 보인다. 그래서 나는 왼손으로 담배를 피운다'라는 대답이 대부분이었다고 한다.

남성인 경우 야위고 키가 큰 사람은 될 수 있는 한 두 팔을 활짝 벌리는 제스처가 좋다. "정말 오랜만입니다!" 하고 두 팔을 벌리면서 다가오면 훨씬 더 볼륨이 있어 보인다. 살이 쪄서 당당한 체격이라면 손을 아래로 내민 듯 다가서면 훨씬 상대방에게는 스마트하게 보인다.

입으로만 말하는 것보다는 표정을 풍부하게 하고 손가락을 사용해 섬세한 감
정을 표현하며 몸 전체를 사용해 강약을 조절하면서 표현할 때 설득력은 배가
된다. 제스처를 활용하는 데에서 자신의 체격, 키 등을 고려하여 자신에게 걸
맞은 효과적인 연출법을 연구해야 한다.

21

상하좌우 소통으로
원활한 사람이 되라

오늘날 세대 사이의 단절이 커다란 사회 문제로 대두되고 있다. 부모와 자녀의 단절, 교사와 학생의 단절, 경영자와 사원의 단절 등으로 양자 사이에는 논리적 연결 없이 끊어진 상태가 현대 사회의 특징이 됐다.

분명 보는 각도, 생각하는 방식에 차이가 있다. 가치관이 다른 세계에 살고 있기 때문이다. 그러나 그렇다고 해서 이를 방치해둘 수는 없다. 사고방식은 영원히 평행선을 이룰 수밖에 없으므로 폭력에 호소해서라도 이쪽 의사를 관철시키겠다는 태도는 이성적인 인간이 취할 태도가 아니다. 그렇다고 한다면 길은 오직 하나, 열린 마음으로 소통하는 길밖에 없다.

사람에게는 이성과 감정의 두 가지 면이 있다. 사람의 마음과 마음의 톱니바퀴 사이에 벨트를 거는 것이 소통인데 먼저 감정 측면을 자극하는 편이 벨트를 걸기 쉽다. 감정의 벨트를 걸어주는 유용한 소통 도구로는 인사가 있다.

우리나라 사람들이 가장 많이 남용하는 외래어 중 1위는 '스트레스'이다. 열받은 일이 많다고 하더라도 건강에 도움이 안 되는 단어를 애용하고 있다. '에이씨'라는 단어도 자주 사용하고 있지 않나 반성해볼 일이다. 반면 미국인들이 가장 많이 사용하는 단어는 '감사합니다'이고 특히 부자들이 가장 많이 쓰는 단어는 '미안합니다'라고 한다.

'안녕하십니까?', '또 만납시다' 등 일상의 인사, '미안합니다', '감사합니다', '실례합니다' 등의 의사 표시 인사를 할 수 없는 사람은 자기 몫을 제대로 하는 사회인이라고 할 수 없다. 이것은 일 이전의 구성원으로서의 문제이다. 서양에서는 어릴 때부터 "치즈"라는 발음으로 웃는 표정을 짓는 연습을 한다고 한다. 그리고 어머니가 자녀에게 "플리즈, 플리즈"라고 하면서 보디랭귀지를 하고 끝나면 "땡큐"라고 인사하게 가르친다. 무엇인가 실례를 범했을 때는 바로 "익스큐즈 미"라고 할 수 있도록 지도한다. 그래서 외국 어린이들은 그 어떤 말보다 '플리즈', '땡큐', '익스큐즈 미'의 세 가지 말을 먼저 발음한다.

직장에서 일을 지시받았을 때도 "네, 알았습니다"라고 분명히 말하는 사람은 적은 것 같다. 자기가 틀렸다는 것을 알아도 "미안합니다. 앞으로 주의하겠습니다" 하는 말을 정확히 하는 사람 역시 적다. 자기의 잘못을 인정하기가 싫다면 물론 앞으로 잘못을 저지르지 않도록 주의하면 된다.
상사는 결코 잘못을 책망하고 있는 것이 아니다. 단지 상사로서는 부하 직원이 업무에 대해 '알았는가, 아직 알지 못하고 있는가', '납득하고 있는가, 어떤가'를 분명히 알고 싶은 것이다. 대답이 분명한 사람은 말해야 할 장면에서 확실

히 자신의 의사를 표시한다. 자기 의사를 분명히 표시하면 상대방이 생각하고 있는 것, 의문을 갖고 있는 점을 명확히 알 수 있다.

상대의 의문이 무엇인지 알 수 없으면 어디를 어떻게 손을 써야 할지 판단하기가 어렵다. 소통은 사람 간의 언어적 교감이다. 그러나 바람직한 것은 의사소통 이전에 먼저 감정의 소통부터 시작하는 것이다. 분명하고 명랑한 소통을 하는 습관이 몸에 배면 인간관계는 물론 비즈니스에서도 성공할 확률이 높다.

22

여러 상황의
에티켓

미국 컬럼비아대학교에서 성공한 기업의 CEO를 대상으로 '당신이 성공하는데 가장 큰 영향을 준 요인은 무엇인가?'라는 설문 조사를 한 결과, 93퍼센트가 '매너'를 꼽았다고 한다. 능력, 기회, 운(運) 등은 그다음이었다. 프랑스에서는 매너를 '삶을 멋지고 성공적으로 영위할 줄 아는 방법'이라고 정의한다. 매너란 곧 올바른 에티켓을 의미한다. 여러 상황에서 올바른 에티켓을 지키는 것은 매력 넘치는 이미지를 만드는 데 결정적 역할을 하므로 잘 연습해두면 큰효과를 거둘 것이다.

1) 차 탈 때 에티켓

차를 탈 때에는 윗사람이나 여성이 먼저 타고, 내릴 때에는 아랫사람이나 남성이 먼저 내려 윗사람이나 여성이 안전하게 내릴 수 있도록 차문을 열어주는 것이 에티켓이다. 차에 올라탈 때는 대개 머리부터 차 안으로 들이밀고 타는 경우가 많은데 이는 잘못된 것이다. 밖에서 먼저 좌석에 앉은 다음 양다리를 붙여 가지런히 차 속으로 들여놓는 것이 올바른 승차법이다. 또 내릴 때에는 좌석에 앉은 채 다리를 모아 차 밖으로 내놓은 다음 좌석에서 일어나야 한다.

자동차의 상석(上席)도 알아두어야 한다. 운전기사가 있을 때에는 운전석 대각

선의 자리, 즉 뒷자리의 우측 창가 쪽이 상석이고 좌측 창가가 제2석, 조수석이 말석이 된다. 차 주인이 직접 운전할 경우에는 조수석이 상석이고 뒷자리의 우측이 제2석, 좌측이 말석이다. 참고로, 기차나 비행기의 경우 양쪽 창가의 앞을 향한 좌석이 상석이다.

2) 에스컬레이터와 엘리베이터 에티켓

에스컬레이터의 경우 올라갈 때는 윗사람이나 여성이 먼저 타고 내려갈 때에는 아랫사람이나 남성이 먼저 타고 내린다. 엘리베이터는 먼저 탔던 사람들이 내리고 나면 윗사람과 여성이 먼저 타고 내릴 때에도 먼저 내린다. 승강기 안에서는 정문 앞을 향해 왼쪽 뒷구석이 상석이며 오른쪽 뒷구석이 제2석이다. 여기서도 윗사람이나 여성을 상석에 자리하게 하는 것이 에티켓이다.

3) 의자에 앉고 서는 에티켓

의자에 앉을 때는 왼쪽으로 들어가 앉는 것이 에티켓이다. 여자는 발끝과 무릎을 꼭 붙이고 남자는 11자 모양으로 무릎 사이를 약간 떼고 앉는 것이 올바른 예법이다. 여성이나 남성 모두 다리를 꼬아서 앉는 것이 예절로 착각하는 사람들이 많은데 이것은 절대 잘못된 방법이다. 낮은 소파 같은 데 앉을 때에는 다리를 꼬아 앉지 말고 가지런히 11자 모양으로 한 다음 약간 비스듬히 기울이는 것이 좋다.

남성들은 대개 다리를 벌리고 앉는 것이 보편화되어 있지만 이 역시 잘못된 방법이다. 가능한 한 다리를 붙이고 앉아야 한다. 소파의 경우 1인용이 상석이고 주인석이며 긴 의자가 손님용이다. 보통 손님을 우대한답시고 1인용을 내어주는 경우가 있는데 이 역시 잘못된 경우로 그야말로 주객이 전도되는 상황이 되는 것이니 주의해야 한다.

기본적으로 남성과 여성의 앉는 예절은 조금 다르다. 남성의 경우 의자로부터 반 보 정도 앞에 선 다음 바지를 약간 들어올리며 단번에 자연스럽게 앉는데 등받이에 등을 붙이지 않으면서 깊숙이 앉는다. 양손은 가볍게 주먹을 쥐고 허벅지 위에 나란히 올려놓으며 양발은 11자 형태로 어깨 넓이 정도만큼만 자연스럽게 벌린다. 턱은 약간 당기는 듯 곧게 한 다음 시선을 정면으로 향한다. 일어설 때는 양쪽 발에 힘을 주어 무릎의 반동으로 한번에 일어서며 양손을 바지 옆선에 대며 곧은 자세를 취한다.

여성의 경우 의자 왼쪽으로 들어가 반 보 앞에 선 다음 역시 등받이에 붙이지 않은 채 깊숙이 앉는다. 양발을 11자 형태로 해 한쪽 발을 반 보 정도 뒤로 빼고 앉으며 치마를 입은 경우 살짝 치마를 쓸어내리는 것도 좋다. 바로 뒤로 내딛은 발을 앞으로 가지런히 모은다. 일어설 때는 다시 한 발을 뒤로 놓고 무릎의 힘으로 단번에 일어선다.

4) 식사 에티켓

분위기 있는 식당에서 식사를 하거나 초대받은 곳에서 식사를 할 때는 특히 식사 에티켓을 잘 지켜야 한다. 핸드백을 들고 들어가서 식탁 위에 올려놓는 것은 절대 금물이다. 식탁 아래쪽에 두어야 한다.

비즈니스의 경우에도 서류를 덜컥 탁자 위에 올려두는 경우가 많은데 탁자 아래 두었다가 필요시 탁자 위로 올려야 한다.

술을 마시지 않는다는 표시를 하려고 유리잔을 엎어놓거나 웨이터가 술을 따르려 할 때 손으로 술잔을 가리는 것도 잘못된 에티켓이다. 이런 때는 집게손가락을 들어 가벼이 흔들어주면 사양한다는 표시가 된다. 또 술을 따라줄 때 술잔을 들어올리는 경우가 많은데 굳이 그러지 않아도 되며 그냥 식탁 위에 놓은 채 따르도록 한다.

식사를 할 때 소리를 내지 않는 것은 당연하며 양념 통이 필요하다고 해서 직접 일어나거나 팔을 뻗어 가져오는 것은 안 된다. 그냥 옆 사람에게 말없이 청해도 알아듣는다. 요리가 나오면 맛도 보지 않은 채 먼저 간부터 하는 사람이 있는데 이 또한 실례이다. 정중하게 가벼이 맛을 먼저 본 후 부족한 간을 하는 것이 예절이다.

통째로 나온 생선 요리는 먼저 머리와 꼬리를 떼어낸 다음 나이프로 위쪽 살을 발라먹은 후 뼈를 뽑아내고 아래쪽 살을 먹는다. 생선을 뒤집거나 후벼 파면서 먹는 것은 큰 실례이다. 식탁에 물이나 술을 엎지른 경우 당황한 나머지 얼른 냅킨으로 닦아내는데, 이 역시 잘못된 방법이다. 이럴 때는 침착하게 웨이터를 불러 처리하는 것이 좋다.

양식당의 경우 디저트에 들어가기 전에 손가락을 씻도록 해주는 '핑거 볼'이 나오는데 이때는 한 손씩 손가락 끝만 살짝 씻는다. 마지막으로 식사가 끝나자마자 이를 쑤시는 모습이나 담배를 피우는 것도 실례이며 트림을 한다면 그야말로 대실수이다. 또 여성이 즉시 입술 화장을 고치는 모습은 예절에 어긋나는 모습이다.

식탁에서의 화제는 의견이 대립될 만한 정치적 사안이나 종교적 문제는 되도록 피해야 한다. 즐겁게 음식을 먹으면서 날씨, 여행, 레저, 문화, 음악, 예술 등의 가벼운 화제를 택하는 것이 좋다. 주문을 할 때는 초대받은 사람이 먼저 주문하도록 하고 초대자는 나중에 주문한다.

식사 중 포크나 냅킨이 바닥에 떨어졌을 때는 발로 떨어진 것을 테이블 아래로 옮겨놓은 다음 웨이터를 불러 새것을 요청한다. 이런 경우 상체를 구부려 사람들의 시야에서 사라진다면 큰 실례이다. 이때 혹시 주인이나 초대자가 정장 재킷을 입고 있다면 함께 입고 있는 것이 좋다.

23

창조력으로
무형의 자산을 축적하라

강자와 약자가 존재하는 현실 앞에서는 정의나 명예의 문제가 아닌 힘의 문제가 대두된다. 힘의 문제는 곧 생존의 문제다. 그렇다면 이런 힘은 어디에서 오는가? 미국의 부와 힘은 바로 '창의력'이라고 전문가들은 말한다. 창의력이란 바로 새로움에 도전할 힘이다.

이스라엘은 전 세계에서 0.25퍼센트인 715만 명에 불과하지만 노벨상은 158명이나 받았다. 그들은 한 가지 질문에 100명이 다 다르게 대답하도록 창의적인 교육을 하고 있기 때문에 그런 결과를 얻었다.

이스라엘 사람들은 첨단 기술 분야의 성장률은 12퍼센트, 수출의 60퍼센트는 첨단 기술, 연구비도 GDP 대비 연구개발투자는 4.6퍼센트로 세계에서 최고이다. 첨단 기술 인구는 1만 명당 140명으로, 미국의 83명, 일본의 80명 수준보다 훨씬 월등하다. 이들이 성공할 수밖에 없는 동력은 무한 공간, 무한 경쟁의 시대에서 원료와 공장보다는 상상력과 창의력으로 승부를 내는 데 있다.

남들이 생각하지 못한 분야를 개척함으로써 새로운 변화와 방향을 제시하고 개성적인 아이디어를 제시하는 것, 진취적이고 긍정적인 방향으로 나아가는 것이 바로 창조적 사고력의 기반이라고 할 수 있다.

일본의 자동차 회사 토요타의 기발한 아이디어를 하나 소개한다. 지난 1957년 토요타는 자본금 1백만 달러로 미국에 토요타 회사를 설립했는데 미국 현지 사정에 어두워 비참한 판매 실적으로 쓰라린 패배를 맛보았다.

연구를 거듭한 결과 새로운 자동차 조립 방법을 고안하는 등 희망이 보이기 시작했다. 그러나 새로운 자동차가 판매되기 시작했을 때는 설립 당시 본사로부터 지원받은 돈을 거의 써버려서 자금에 큰 문제가 생겼다. 그래서 궁여지책으로 동물원의 구관조를 이용하자는 좀 엉뚱한 아이디어를 실행에 옮겼다.

관람객이 없는 밤 시간을 이용해 토요타의 직원이 몰래 구관조 우리로 들어가 몇 개월에 걸쳐 노력한 결과 구관조가 '토요타!'라는 말을 지껄이게 하는 데 성공했다. 관람객이 붐비는 시간에 동물원의 구관조가 직원에게 배운 대로 '토요타!'라고 계속해서 떠들어댔다. 느닷없는 소리에 구경꾼들은 놀랐지만 곧 재미있어 했다. 이내 매스컴은 이를 전하느라 나라 안이 온통 떠들썩했다. 바야흐로 '토요타'가 화제의 초점이 됐다. 이 엉뚱하고도 기발한 작전은 보기 좋게 성공을 거두었다.

똑같은 일을 다른 사람과 똑같이 하고만 있어서는 발전이나 출세를 바라볼 수 없다. 다른 사람과 다른 것, 자신이 속한 직장에 이익을 가져오는 창조적인 일을 하지 않는 한 성공이라는 보랏빛 인생을 기대할 수 없다. 창의력이 있어야 비로소 성공을 맛볼 수 있다.

그렇다면 어떻게 해야 그러한 창의력을 기대할 수 있을까? 머리가 나빠서 좋은 아이디어 같은 것은 엄두도 내지 못한다고 말하는 사람이 있다. 과연 선천적으로 아이디어를 생각해내는 능력에 차이가 있는 것일까? 대답은 절대 그렇지 않다는 것이다.

간단한 구조의 훌라후프로 전 세계를 상대로 돈을 끌어모은 미국의 루이 마크스라는 사람의 경우를 보자. 그는 일본에 훌라후프를 유행시키기 위해 오래전부터 미인 다섯 명을 뽑아 그들에게 맹연습을 시킨 뒤 각 신문사에 발표회 안내장을 발송했다.

'○월 ○일, 데이고쿠 호텔에서 희한한 신상품 발표회를 개최합니다. 아무쪼록 오셔서 관람해주시기를 바랍니다.'

매스컴은 언제나 새롭고 특이한 것, 대중의 호기심을 자극할 만한 것에 촉각을 곤두세우는 존재다. 그런데 일류 호텔에서 발표회를 한다니 사람들의 주의를 끌었고 신문사마다 기자를 내보냈다.

그는 기자들을 푸짐하게 대접한 뒤 미녀들의 훌라후프 실연을 진행시켰다. 다음 날 신문마다 사진과 함께 훌라후프를 소개하는 기사가 크게 실렸다. 그의 홍보 계획은 적중했던 것이다. 훌라후프가 아무리 신기한 상품이라고 해도 미인들의 실연과 독특한 안내장을 돌리지 않았다면 신문에 실리지 못했을지도 모른다. 똑같이 신문에 게재된다고 해도 기사와 광고의 차이는 엄청난 것이다. 이 기발한 발상에 의한 광고 효과를 일반 광고료로 환산한다면 얼마쯤 될까? 루이 마크스는 비싼 광고료 없이 엄청난 광고를 해낸 것이다.

오늘날은 어떤 분야를 막론하고 공통적으로 아이디어를 요구하는 시대다. '나는 그런 면에는 재주가 없어서'라는 말은 더 이상 통하지 않는다. 그렇다면 시대적 요청에 부응하는 아이디어맨이 되려면 어떻게 해야 할까? 아이디어맨이 되기 위해서는 다음 두 가지를 선행해야 한다.

첫째, 항상 문제의식을 갖고 머리를 활성화시키는 등 아이디어를 내기 쉬운 조건을 갖춰야 한다.

둘째, 발상의 메커니즘을 파악하는 등 아이디어를 효과적으로 끌어낼 기술을 익혀야 한다.

대장간 주인 조셉에게는 양치기를 하며 월급을 받는 아들이 있었다. 그런데 어느 날 아들이 집에 돌아와 조셉에게 이렇게 물었다.

"조금만 한눈을 팔아도 양들이 철사로 된 담을 뛰어넘어 근처 밭에 심어놓은 콩을 먹어버려서 그때마다 밭주인들에게 꾸중을 들어요. 철사에 가시를 붙이면 양이 뛰어넘을 수 없지 않을까 생각했는데, 그게 가능할까요?"

'착상이 재미있다'고 생각한 조셉은 아들을 도와주겠다고 약속했다.

다음 날 아들이 일하는 목장으로 갔다. 미리 준비해 간 3센티미터쯤 짧게 자른 가시를 철사 담 여기저기에 붙여 나갔다. 이것이 세계적으로 유명한 가시철사의 시작이다. 그들은 바로 특허를 신청했다. 이 가시철사는 처음에는 담을 쌓는 데만 사용했는데 점차 도난 방지용으로 쓰이게 되었고, 군대에서까지 사용되면서 폭발적인 성장을 거듭했다.

조셉 부자가 17년 동안에 벌어들인 권리금은 셀 수 없을 만큼 많은 돈이었다고 한다. 시골 마을의 조그마한 대장간이 이렇게 엄청난 부를 쌓아올릴 수 있었던 것은 '가시 달린 철사'라는 간단한 신제품을 생각해냈기 때문이다.

루돌프 디젤은 어느 여선생님이 발명한 라이터에서 착안해 디젤 기관을 발명했다고 한다. 또 일본의 어느 회사 사장은 '먹이를 먹으러 들어가면 나오지 못하는 쥐 틀'이라는 남의 아이디어를 빌려 같은 원리의 바퀴벌레 틀을 발명했다. 또 어떤 사람은 '파리가 붙으면 안 떨어져서 죽는 끈끈이'에서 아이디어를 얻어 '바퀴벌레 잡는 끈끈이'를 만들어 큰돈을 벌었다.

이처럼 창의력이란 조금만 달리 생각하면 유사한 제품에서도 전혀 다른 쓰임새의 물건까지도 창조할 수 있는 것이다. 창조력을 향상시키기 위해서는 누군가에게 배운다거나 교육기관 같은 곳을 찾아가서 배울 문제가 아니다.

창조력이란 넓은 범주의 정신적 활동 속에 속하므로 실제로는 어린 시절부터 육성될 자질이지만 이미 성인이 된 이후에는 창조력을 위해 딱히 공부할 방법이 없는 게 현실이다. 하지만 평소 일상생활 속에서 창조력을 위한 습관을 익히다 보면 어느새 순간순간 창조적 사고방식이 몸에 밸 수 있다. 창조력은 비단 발명이나 발견만을 위한 것이 아니다. 당신이 일상생활 속에서 하는 행동 가운데서도 언제든지 활발히 창조력을 움직이게 할 수 있는 것이다.

관리자일 경우에는 효과적으로 직원들을 이끌고 그들로 하여금 자발적으로 의욕을 가질 수 있도록 불을 붙이는 것도 훌륭한 창조 활동이다. 직원들로 하여금 기분 좋게 더불어 열심히 일할 수 있게 하는 데는 방침이나 이치만으로는 불충분하다. 상식을 넘어서는 지혜와 더불어 특정한 상황일 때 발휘하는 창조적 행위가 인간관계에 활기를 불어넣어 새로운 국면을 만들어주는 것이다.

일의 능률을 올리는 것도 학습의 성과를 높이는 것도 뜻밖으로 사소한 일상의 행동 속에 중요한 힌트가 숨어 있다. 그 비법을 찾아내고 창조성의 안내자로 이를 활용함으로써 창조력을 체험하고 이를 자기의 것으로 만들어가는 것이 중요하다. 창조력은 머릿속에서 생각하는 것만으로는 그 진가가 발휘될 수 없다. 이를 실행하는 행동력이 수반될 때 비로소 살아 있는 생명력을 갖게 되는 것이다. 창조력은 생각의 열매다. 그것이 가치를 가지려면 그 창조력에서 생긴 아이디어가 이용되고 좀 더 나은 결과를 창출할 수 있어야 한다.

떡갈나무는 해마다 작은 수풀을 이룰 만큼 많은 열매를 맺고 있지만 그 많은 종자 중 겨우 한두 개의 열매만이 나무로 성장한다. 대부분의 열매를 다람쥐가 먹어버린 데다가 땅이 너무 굳어서 종자가 싹을 틔울 수 없기 때문이다.

우리의 아이디어도 떡갈나무의 열매와 다르지 않다. 열매를 맺고 제대로 자라는 것은 그중 극히 적은 일부분에 지나지 않는다. 아이디어 역시 사멸해버리기 쉬운 운명을 지녔다. 아주 세밀한 주의를 기울이지 않는 한 다람쥐(소극적인 생각)가 그 대부분을 먹어치워버린다. 그 때문에 아이디어가 생각났을 때부터 실제로 적용되어 결과가 나올 때까지 그 취급에 특별한 주위를 기울이지 않으면 안 된다.

창조력을 발휘해 아이디어를 개발하고 이용하는 데 주의할 점은 다음과 같다.
첫째, 창조력이 있다는 사실을 믿어라.

무엇인가를 할 수 있다고 믿는 것은 창조적으로 해결하는 길을 여는 첫걸음이다. 이에 반해 무엇인가를 할 수 없다고 체념해버리는 것은 파괴적인 사고방식이다. 할 수 있다고 믿는다면 틀림없이 그것을 할 방법을 발견할 것이기 때문이다. 예컨대 40평짜리 아파트를 살 수 있다고 믿는다면 어떻게든 아파트를 구입할 방법을 찾아낼 것이고 사람들의 인기를 얻을 수 있다고 믿으면 어떤 방법으로든지 그 길을 찾게 될 것이다.

둘째, 아이디어가 새어나가지 못하도록 하라.

어떤 아이디어든지 생각나면 바로 메모를 해놓아야 한다. 순간순간 떠오른 아이디어를 그때그때 적어놓지 않으면 흔적도 없이 사라진다. 새롭게 떠오른 아이디어를 보관하는 데에서 기억력은 의지할 것이 못 된다. 언제라도 아이디어가 떠오르면 기록카드 같은 것을 갖고 다니다가 곧바로 기록해야 한다.

셋째, 아이디어를 음미하라.

모아놓은 아이디어는 파일로 철해 묶어놓는다. 그것을 어디에 보관하든 상관없지만 정기적으로 그 아이디어 창고를 검사해야 한다는 점을 기억해야 한다.

넷째, 아이디어를 다듬고 비료를 주어야 한다.

아이디어를 꾸준히 성장시켜야 한다는 말이다. 아이디어를 연관 있는 다른 아이디어와 결부시키는 등 모든 각도에서 연구해보는 것이 바람직하다. 그렇게 진행하다가 기회가 오면 그것을 미래를 위해 사용하면 된다.

다음은 창조력을 개발하는 데 도움이 될 만한 두 가지 원칙이다.

첫째, 생각과 대화 속에서 불가능이라는 단어를 배제시켜라.

불가능은 실패의 표현이다. '할 수 없다'는 생각은 말한 대로 할 수 없음을 증명할 자료만을 찾아내는 연쇄 반응을 일으키게 된다.

둘째, 하고 싶지만 할 수 없다고 느낀다면 이를 철저하게 분석하라.

먼저, 그것을 할 수 있는 이유를 나열해 글로 작성해보고 찬찬히 하나씩 검토해보자.

24

대화의 달인이
되라

리더는 영어로 'Leader'라고 해야 맞지만, 요즘에는 'Reader'로 부르는 추세다. 진정한 리더는 이끌어주는 리더만이 아니라 '남의 말을 잘 들어주는 경청자가 되어야 하고 남의 마음을 잘 읽어주는 리더'이어야 한다는 의미일 것이다. 그래서 사람의 입은 하나요, 귀는 둘인 것이리라.

세계 제일의 전기 제품 제조사인 제너럴일렉트릭에서는 관리자 및 감독자 리더십 교육에서 지도자, 즉 'LEADER'라는 철자 하나하나에 담긴 의미를 가르친다고 한다.

L → Listen : 경청한다

E → Explain : 설명한다

A → Assist : 원조한다

D → Discuss : 이야기한다

E → Evaluate : 평가한다

R → Respond : 회답한다, 책임을 진다

여기서 맨 처음에 'Listen'이 나오는 것은 그만큼 경청하는 것이 가장 중요하기 때문이다. 즉, 사람을 움직이는 비결은 먼저 상대방이 말하는 이야기를 열심히 들어주는 데 있다. '도적의 말에도 3푼의 이치가 있다'고 하는데, 하물며 보통 사람의 말에는 8푼, 9푼의 이치가 있지 않겠는가.

이렇듯 인간관계에서 가장 먼저 해야 할 일은 경청이다. 어떤 사람이 아무리 객관적으로 납득할 수 없는 행동을 하고 있을 때라도 그 사람 나름의 이유는 있는 법이다. 왜 그런 행동을 하는지 그 사람의 해명이나 변명을 우선 들어주어야 한다. 그런 다음, 그의 잘못이나 잘못된 점을 지적해주는 것이 현명하다.

리더에게 반항하거나 혹은 리더를 몰아붙이는 사람은 실은 그러한 행동을 통해 자기의 존재를 인정받고 싶다는 욕구가 있기 때문이다. 세일즈맨은 상품에 반대 의견을 말하는 고객, 트집 잡는 고객은 전혀 무관심한 고객에 비해 구매 의사가 있는 가능 고객으로 본다. 따라서 기꺼이 그 반대 의견, 트집에 열심히 귀 기울여주어 고객의 마음을 쏠리게 한다.

인간이란 마음속에 있는 것을 말로 뱉어버리면 마음이 가라앉는 법이다. 정신적인 토사(吐瀉) 효과가 있는 것이다. 기독교의 회개는 그 전형적인 예이며 전문 카운슬링도 여기에 근거한다. 회사에서 유능한 상사라고 불리는 사람은 소위 부하 직원의 고충을 잘 들어주는 사람이다. 부하 직원들은 이런 상사에게 허심탄회하게 털어놓음으로써 자신의 고민을 해소하며 업무에 최선을 다할 수 있는 것이다.

상대방이 말하는 것이 무엇이든 열심히 진지하게 들어주라. 그냥 듣고만 있지 말고 상대방의 입장이 되어 적극적으로 들어주는 것이다. 이것을 '적극적 경청(Active Listening)'이라고 한다. 신이 인간에게 입은 하나, 귀는 두 개를 주신 이유는 바로 말하는 것의 두 배만큼 듣게 하기 위함이다. 이는 매우 교훈적인 시사가 아닐 수 없다.

세상에는 상대방의 이야기를 절대로 오래 들으려 하지 않고 처음부터 끝까지 자기 말만 하는 사람이 의외로 많다. 그러한 부류의 사람은 인간적 매력은 물론 인간관계에서도 손해를 많이 보는 사람이다. 게다가 리더의 입장이라면 무엇보다도 먼저 좋은 경청하라. 다른 사람들이 자신의 이야기를 하고 싶어 하도록 의욕을 북돋워주는 자세가 필요하다.

카운슬링이라는 심리 기술에서도 상담자의 심리적 갈등을 상대방의 편이 되어 열심히 들어주기만 해도 상담자는 어느 정도 가슴속의 응어리가 풀린다고 한다. "그래요!", "그렇겠군요!" 하고 맞장구를 치면서 듣고 있으면 이쪽에서 조언해주어야 할 부분까지 "이렇게 해야 되지 않겠습니까?" 하고 스스로 제시하기도 한다.

개인적 문제 등을 상담받았을 때 이야기를 듣는 쪽이 취해야 할 태도는 상대방의 입장이 되어 들을 것, 열심히 듣고 있다는 것을 태도로 나타낼 것, 비밀에 관계되는 것은 결코 입 밖에 내지 말 것 등이다. 또한 자신에 대한 조언이나 지도에 관계가 있는 이야기는 냉정하고 솔직하게 그리고 겸허한 마음가짐으로 귀 기울여야 한다. 무엇보다 듣고 난 다음의 사후 처리도 중요하다. 결코 껄끄럽고 불쾌한 표정을 짓지 말고 오히려 고마운 마음을 표시하는 게 좋다.

예로부터 비전(祕傳)되는 기술을 익히는 비결은 '모르게 보는 데' 있다고 한다. 이처럼 사람들의 말에서 상대방의 마음을 모르게 알아보는 것이 최고의 화술이다. 그러기 위해서는 내 쪽에서 말하기 전에 먼저 상대방의 어떤 말이라도 충분히 들어주는 자세를 가져야 한다. 자기 입장의 말만 늘어놓는다면 상대방에게 호감을 줄 수 없을뿐더러 상대방의 마음도 움직일 수 없다.

1865년 4월 15일 아침, 포드 극장에서 부즈의 흉탄에 쓰러진 링컨은 극장 맞은편 어느 싸구려 여관의 침대에서 죽음을 기다리고 있었다. 이 비참한 광경을 지켜보고 있던 스탄턴 육군 장군은 참담한 심경을 이렇게 중얼거렸다.

"여기에 누워 있는 사람만큼 완전하게 사람의 마음을 지배할 수 있었던 사람은 세상에 둘도 없을 것이다."

그렇다. 링컨처럼 사람의 마음을 교묘하게 사로잡을 수 있었던 이도 드물 것이다. 링컨은 실로 사람을 다루는 데에서 탁월한 능력을 가진 사람이었다. 말 한마디로 부하, 하인 들을 감복시켜 충성을 다하게 이끌었으며 말 한마디로 수많은 관중에게 깨우침을 던지기도 했으니까 말이다.

말 한마디 때문에 가까운 사람과 영영 헤어지거나 성사가 임박한 비즈니스가 깨어지는 경우를 우리 주변에서 종종 본다. 여러 사람이 모이는 장소에서 한 사람의 특출한 행동 때문에 분위기를 망치는 경우도 적지 않게 본다.

"그 사람은 다른 사람의 이야기를 듣지 않고 언제나 혼자 떨어져 남들과 다르게 행동한다. 그래서 그 사람만 있으면 분위기가 가라앉아버린다."

이런 사람이 있으면 그 자리의 분위기는 깨져버린다. 본인은 그래도 좋을지 모르지만 전체 분위기를 침울하게 만드는 것이다.

그렇다고 여기저기 큰 소리로 참견하는 사람도 곤란하다. 상대방의 말꼬투리를 물고 늘어지다가 상대방이 녹초가 되면 또 다른 사람에게 시비를 거는 사람이 있다면 주위 사람들은 시끄러워 아무것도 못하게 된다. 그 사람은 자기 기분에 도취되어 다른 사람이 어떨지는 전혀 고려하지 않는 것이다. 실수로 뱉은 말 한마디는 그 자리의 분위기를 깨고 상대방에게 깊은 상처를 입힌다는 사실을 항상 기억해야 한다.

사회생활은 인간관계로 연결되어 있다. 그런데 언제나 서로 이해가 잘되는 사람만 만날 수는 없다. 실제로는 전혀 이해되지 않는 사람과 동료로, 비즈니스 관계로 만나야 하는 경우가 많다. 그러나 상대방을 내 뜻대로 움직이는 일은 쉽지가 않다. 부모자식 간에도 의사 전달이 쉽지 않아서 부모의 말을 잘 듣지 않는 경우가 많은데 생면부지의 사람을 내 뜻대로 움직인다는 것은 실로 고도의 기술이 필요하지 않을 수 없다.

요리에는 맛이 있는 것과 없는 것이 있다. 보기만 해도 식욕을 돋우는 것이 있는가 하면 입에 대고 싶지 않은 것도 있다. 음식은 그 종류와 먹는 사람의 입맛에 맞는 조미료나 향신료 등을 첨가해서 먹을 수 있다. 이야기도 마찬가지다. 상대방의 입맛에 맞는 이야기로 그 마음을 사로잡아야 한다. 만담가는 듣는 사람의 희로애락의 감정에 호소해서 마음을 사로잡는다. 그 자리에 있는 사람들은 잠깐 동안이라도 다른 일을 잊고 즐거울 수 있다.

이야기에도 이러한 배려가 있어야 한다. 능숙한 말솜씨를 가진 사람은 상대방의 마음의 변화를 읽어가며 그에 맞춰 이야기를 변화시킨다. 심리학에서는 인간의 집중력은 본인의 의식적인 노력에도 불구하고 15분을 넘기지 못한다고 본다. 그래서 만담가나 유능한 연사는 10여 분마다 이야기를 바꿔가면서 그 효과를 높인다.

상대방을 움직일 수 있는 대화 기술에는 어떤 것이 있을까?

첫째, 상대방을 자극한다.

"자네에게는 무리겠지만, 한번 해보겠나? 노력하면 할 수 있을지도 모르지."

이는 상대방의 마음에 자극을 줘 분발케 하는 데 그 목적이 있다. 어투에 경쟁심을 자극하는 분위기가 느껴질 때 사람은 이상하게도 '어디 내가 못하나 봐라' 하는 오기가 생겨나기 때문이다. 그러나 직원들이 그 일을 해냈을 때는 정중하게 사과하는 것을 잊지 말아야 한다. 그리고 설사 성공하지 못했을 때에도 그들의 상처 입은 마음을 진심으로 어루만져주어야 한다.

둘째, 감동을 준다.

마음을 촉촉이 적시는 이야기는 상대방을 감동시킨다. 현대 사회는 인정이 메말라 있다고 한탄하는 사람이 많지만 모두가 그런 것은 아니다. 마음을 울리는 이야기는 듣는 사람의 마음을 사로잡을 수 있다. 그러나 도가 지나치면 감정적이 되어 지적인 이야기가 귀에 들어오지 않게 된다는 점을 알아야 한다.

셋째, 즐거운 이야기를 한다.

사람의 마음을 훈훈하게 감싸주는 즐거운 이야기는 언제 어디서나 자리를 막론하고 듣는 사람에게 편안함을 안겨주고 정감을 불러일으킨다.

넷째, 용기를 북돋워주는 이야기를 한다.

유명한 사람의 이야기보다 평범한 사람이 고통을 참으면서 노력한 결과로 무엇인가를 해냈다는 이야기 같은 것이 좋다. 그러면 '나도 할 수 있다'는 자신감까지 느낄 수 있고 가라앉았던 심기를 다시금 명랑하게 해준다. 목적에 따라 이야기를 어떠한 순서로 배열하고 어떻게 이야기하느냐 하는 것은 요리의 맛과 같은 것이다. 누구에게나 이것은 맛이 있고 저것은 맛이 없다는 기호가 있게 마련이다. 자기 입맛에 맞는 음식이 가장 맛있는 것처럼 이야기도 상대방에 따라 바꾸지 않으면 안 된다.

일반적으로 젊은 사람들은 웃음이 깃든 이야기, 중장년층의 남자들은 부모가

자식을 생각하는 이야기, 할머니나 주부에게는 자식이나 남편의 이야기를 가장 좋아한다. 무릇 이야기는 상대방 중심으로 해야 한다. 상대의 관심과 반응의 기복에 맞추어 이야기해야 한다는 사실을 반드시 기억하자.

25

인간관계의 고수가
되라

사람은 누구나 성공과 행복을 바란다. 성공하고 싶지 않은 사람이 어디 있으며 행복하고 싶지 않은 사람이 어디 있겠는가. 그러나 성공에 대한 생각은 사람마다 각기 다르다. 남자든 여자든 또는 나이에 관계없이, 의사든 사업가든 변호사든 세일즈맨이든 샐러리맨이든 직업에 관계없이 사람은 누구나 성공과 행복을 얻기 위해 어떻게 살아가야 하는가를 잘 알아야 한다.

우선 성공과 행복을 이루기 위해 가장 중요한 요소는 다름 아닌 인간관계이다. 즉, 성공과 행복의 요인 및 인간관계의 함수를 잘 알아야 한다. 한 설문 조사에 따르면 사람들과의 관계를 잘 유지하는 방법만 알고 있다면 어떠한 직업을 가졌든 인생에서 성공할 확률이 85퍼센트는 보장되며 개인의 행복은 90퍼센트까지 보장된다고 한다.

미국의 카네기멜론대학교에서 1만 명을 대상으로 '성공에 직접적인 영향을 주는 것은 무엇인가?'에 대해 조사했는데 놀라운 결과가 나타났다. 두뇌의 명석함, 기술, 숙련 정도가 중요하다는 답변은 15퍼센트인 데 비해 85퍼센트가 인간관계가 중요하다고 답한 것이다.

또한 하버드대학교에서 조사한 바에 따르면 업무 수행에서의 실패나 실수가 원인이 되어 해고당한 사람보다 '서툰 인간관계' 때문에 해고당한 사람의 수가 두 배나 많았다고 한다. 이처럼 조직 사회에서 인간관계는 바로 업무 수행 능력보다도 우선시되고 있는 실정이다. 직원들과의 원만한 조화야말로 업무의 효율성과 능력을 배가시키는 감초 역할을 하기 때문이다.

오늘날 이 시대는 엄청난 속도로 변화되고 있다. 인터넷의 발달로 전 세계가 이웃처럼 가까워졌을 뿐만 아니라 사람들의 생활도 점점 복잡해지고 전문화되었다. 그렇기에 다른 사람의 존재를 무시할 수 없고 타인들과의 관계는 살아가는 데에서 필수적인 요소가 됐다. 흔히 인간은 사회적 동물이라고 말하는데 이 말 역시 인간관계를 사람의 가장 큰 특성으로 나타내주는 표현이라고 할 수 있다. 사람으로 태어난 이상 우리는 원하든 원하지 않든 간에 수많은 사람에게 둘러싸여 있으며 타인과의 관계를 생각하지 않고서는 성공이나 행복을 바랄 수 없을 뿐만 아니라 어쩌면 살아가는 자체가 힘들 수도 있다.
매일같이 사람들과 부딪히면서 어떻게 내 주장만 하고 내 뜻대로만 할 수 있겠는가. 인간관계란 바로 양보와 이해의 미덕이다. 이런 심성이야말로 주변 사람들을 편안하게 해주고 어떤 조직에서라도 부드럽게 만들어주는 윤활유 같은 것이다. 지금 대단히 성공한 위치에 있는 사람이 반드시 남보다 머리가 좋고 뛰어난 능력을 갖고 있다고 할 수 없다. 학교에서 우등생이 사회에서 빵점이라는 말을 생각해보라. 실제로 성공을 위해서는 학교 성적이나 능력보다도 사람을 다루는 능력, 즉 인간관계를 잘 활용한 사람인 경우가 훨씬 많다는 사실을 기억해야 한다.

인간관계의 망은 거미줄만큼이나 다각적으로 얽혀 있다. 가족관계에서부터 친구, 동료 그리고 사회의 단체나 조직에서의 관계 등 밖에 나섰다 하면 만나는 사람들과의 관계는 인생을 살아가는 데에서 가장 중요한 일이다. 돈을 벌고 행복해지고 권세나 명예를 얻기 위해서도 인간관계를 잘 맺는 데서 길흉이 좌우된다는 사실을 다시 한 번 되새겨볼 필요가 있다.
"사람은 책과 같다. 만약 그것을 읽는 방법만 알고 있다면!"
커닝의 이 말처럼 속 시원하게 상대방의 마음속을 들여다볼 수만 있다면 사실

세상에 이루지 못할 것은 없을 것이다.

과연 상대방의 마음을 꿰뚫어볼 방법은 있는 것일까? 오렌지 나무에 오렌지가 하나 달려 있는 것이 보이면 눈에 띄는 것은 하나지만 잎사귀 뒤에 수많은 오렌지가 숨어 있다는 것을 알 수 있다. 인간관계에서도 이것이 열쇠다. 상대방의 특징 한 가지를 알게 되면 전체적인 특징을 끌어낼 수 있다.

말수가 적고 인내심이 강한 반면 고집이 세다든가, 침착하고 생각이 깊지만 거만하다든가, 용기 있고 의협심은 강하지만 성질이 급해 사람들과 자주 충돌한다든가, 생각이 깊고 뛰어난 기획력을 발휘해 돈벌이에는 능하지만 시기심이 강하다든가…. 사람은 장점이 있으면 단점이 있게 마련이다. 완벽한 사람이란 세상에 없다. 이것은 사람의 성격 파악에 결정적인 자료가 된다.

좀 더 찾아보면 치밀하고 구두쇠이지만 너무 색을 밝히는 경향이 있다든가, 세상살이에 능해 많은 사람으로부터 인기를 얻고는 있지만 한 가지 일을 물고 늘어지는 끈기가 부족하다든가, 자비심 많고 여러 재능을 지니고 있지만 결단력이 부족하다든가, 재주가 많아 무슨 일에나 능력을 발휘하지만 사람을 괴롭히는 성향이 있어 옆 사람이 붙어 있지 않는다든가, 정직하고 의리를 지키는 점은 좋지만 편협하고 결벽증이 있어 사람들과 조화를 이루지 못하는 등 모두 서술할 수 없을 만큼 다양하다.

사람의 특징을 대별하면 위와 같이 공통적인 장점과 단점을 지니고 있는데 이러한 근거는 그 사람의 혈액형이나 한방에서 말하는 사상체질에 근거할 수도 있다. 평소 그 사람의 성실성이나 태도, 어떤 일을 수행할 때의 자세 등을 유심히 관찰해보면 얼마 지나서 그 사람의 특징을 잘 알 수 있게 된다.

이러한 점을 정확히 파악하고 독심술을 연마해가면 상대방의 성격을 차츰 알 수 있게 될 것이다. '지피지기(知彼知己)면 백전백승(百戰百勝)이다'라는 말처럼 나를 알고 상대방을 잘 파악하면 커다란 무기가 되고 성공의 열쇠를 쥔 것이나 다름없다.

인간관계란 상대방에게 나를 맞추는 것이지 결코 나에게 상대방이 맞춰주기를 기다리는 것이 아니다. 이 요점을 아는 사람은 어떻게 하면 다른 사람의 마음을 조종하고 내 뜻대로 움직일 수 있는가를 끊임없이 연구한다. 여기에는 실천하기 쉬운 다섯 가지 비결이 있다.

첫째, 상대방의 말을 경청하라.
둘째, 상대방을 칭찬하라.
셋째, 미소와 찬사의 명수가 되라.
넷째, 먼저 베푼다.
다섯째, 먼저 화해를 청한다.

중국 한 호텔의 경영자가 용무가 있어서 종업원을 불렀다. 몇 번씩 전화를 해도 종업원이 나타나지 않자 경영자는 화가 나서 전화에 대고 소리를 질렀다.
"아니, 왜 오지 않는 거요? 급한 일이니 빨리 올라와요."
"용무가 있는 것은 당신 아닙니까? 용무가 있는 당신이 내게 와서 일을 보면 될 것 아닙니까? 내가 당신에게 용무가 있으면 내가 올라가겠습니다. 사람은 모두 평등한 존재잖아요."
종업원은 태평하게 대답했다. 이 이야기는 중국 최대 권력자인 마오쩌둥의 귀에까지 들어갔고 그는 두 사람을 불렀다.
마오쩌둥은 호텔의 경영자에게 먼저 물었다.
"자네, 내일부터라도 이 종업원이 하는 일을 할 수 있겠나?"
"물론입니다. 저도 종업원 과정을 거쳤으니까요."
이번에는 종업원을 향해 물었다.
"그럼 자네는 내일부터 이 사람의 일을 처리할 수 있겠나?"
"그것은… 좀 어렵겠습니다."
"왜?"
"저는 경영을 해본 적이 없으니까요."
"그래? 그럼 결론이 났군. 경영자는 언제든지 자네 일을 할 수 있지만 자네는 그가 할 수 있는 일을 하지 못한다고 했어. 일을 처리할 수 없는 사람이 할 수 있는 사람의 말을 듣는 것은 당연한 이치 아닌가? 자네 말대로 사람의 권리는 평등하지만 사람에게는 재능과 경력의 차이가 있으며 인격에도 우열은 있는 법이지. 자기보다 나은 사람에 승복하고 그의 지시를 받아야 본인도 성장하고 질서도 잡히는 것일세."

마오쩌둥은 혹시 이 종업원처럼 잘못 생각하는 사람이 없도록 중국 전역에 이에 대한 홍보를 하라고 지시했다.

그 옛날의 마오쩌둥도 이처럼 인간관계 기술을 터득하고 있었다. 하물며 현대인들이라면 더더욱 지혜로운 인간관계 기술을 익혀야 할 것이다. 자신에게 불리하면 상황이 어떻든지 상대방을 무시하고 자기주장만 펴는 사람이 있다. 또 상황이 좋으면 잘난 체하다가 결정적인 순간에는 피해버리는 얌체족도 있다. 그러나 평소에는 묵묵히 자신의 일을 맡아 하다가 용기를 내야 할 때에는 물불을 가리지 않고 뛰어들어 해결해내는 유형도 있다. 항상 어정쩡한 상태의 사람도 조금은 곤란하다. 이치에 상관 않고 자기주장만을 되풀이하는 사람도 사회의 인정을 받을 수 없다. 어려울 때 꽁무니를 빼는 유형도 바람직한 인간형이라고는 할 수 없다. 떳떳하고 사리가 분명한 사람이 되는 것이야말로 모든 인간관계의 기본 조건이다.

26

분노를
보이지 마라

다양한 가치관을 가진 부하 직원들이 자발적으로 의욕을 갖고서 특정의 공동 목표를 향해 행동하도록 만드는 것이 바로 리더의 임무다. 그러나 자칫 리더가 절제 없이 감정을 발산하는 경우 부하 직원이 리더에 대한 신뢰감을 잃고 일에 대한 열의까지 잃게 하는 원인이 된다. 그 결과 아랫사람의 동기부여에서 막대한 손해를 끼치게 된다.

옛날 무장(武將)들은 '밖에서 쳐들어오는 적도 무섭지만 그보다는 내부의 적, 내 부하의 모반이 훨씬 더 무섭다'는 말을 큰 교훈으로 삼았다. 예컨대 대장이 화를 잘 내는 사람이면 그의 부하들은 의욕을 잃을 뿐 아니라 '이러한 대장 밑에 있느니 차라리' 하는 기분이 들게 만든다. 결국 부하들은 의욕을 잃고 다른 일에 고개를 돌리게 되며 마침내 자체의 해산 같은 비극적 결과를 초래하기도 한다.

즉, 사람이 화를 잘 낸다는 것은 무능이라는 결점보다 훨씬 더 자신을 불행하게 하는 일이다. 그러므로 타인보다 위에 위치하는 사람은 무엇보다도 분노를 잘 절제해야 한다. 이것은 주종(主從)의 관계가 지금보다 엄격했던 봉건 시대에도 중요하게 여겼던 것인데 하물며 만인이 평등한 시대인 오늘날 '분노가 적' 정도가 아니라 '분노는 극약'이 됨을 유념해야 한다.

오래전에 미국 영화로 <부러진 창>이라는 작품이 있었다. 주인공인 리처드 위드마크는 가죽 채찍이 허공을 가르며 몸 위로 떨어질 때마다 살이 찢어지는 아픔에 이를 악물었다. 옷은 갈가리 찢어졌고 온몸은 피투성이가 됐다. 채찍질을 멈추자 그는 가쁜 숨을 몰아쉬며 증오의 눈길로 자신을 때리는 아버지를 쏘아보았다. 아버지 얼굴은 벌겋고 눈에는 증오가 끓어오르고 있었다.

한참을 말없이 두 부자가 서로 노려보고 있었다. 그런데 아버지가 아들에게 모질게 대하는 데는 뚜렷한 이유가 없었다. 지나치게 개성이 강한 큰아들이 싫었는데 어느 순간 그 감정은 증오로 변했고 그래서 틈만 있으면 아들을 학대했던 것이다. 두 사람 사이에서 부자(夫子)의 정은 찾아볼 수 없었다. 아버지 스펜서 트레이시는 큰아들인 리처드 위드마크를 미워하고 학대하는 대신 작은 아들인 로버트 와그너에게는 언제나 친절하고 이해심이 깊었다.

형제는 목장을 경영하는 아버지를 도와 열심히 일했지만 칭찬을 듣는 것은 항상 동생이고 형은 무슨 일을 하든 미움만 받을 뿐이었다. 형의 마음에는 늘 말할 수 없는 울분과 비애가 가득했고 견디다 못한 그는 아버지를 죽이기로 결심한다. 목장 입구의 풀밭에 엎드려 아버지가 나타나기만을 기다리며 총을 겨누고 있는 그는 눈곱만큼도 마음의 가책을 느끼지 않는다.

이 영화는 가족 간의 살벌한 애증의 감정을 표현한 우수한 작품으로 손꼽혀 전 세계적인 흥행에 성공했다. 만일 이 영화 속에서 보이는 이러한 증오심이 현대와 같은 복잡한 조직 사회에서 발동된다면 수습할 수 없는 엄청난 결과를 가져올 것이다. 심리학적으로 볼 때 분노는 일종의 공격성이다. 정신의학적으로는 이런 종류의 사람들도 분열증에 속한다.

실제로 모든 사람이 공감하는 수준의 화는 일상생활에서 흔히 볼 수 있다. 물론 그런 때에도 화를 누그러뜨리는 훈련을 해야 한다. 화란 적게 내든 크게 내든 근본적으로 똑같다. 그런데 진짜 위험한 분노는 공연히 자신의 뒤처짐이나 열등감 때문에 품는 사회적 반감 혹은 주변 사람들과의 경쟁심에서 느끼는 두려움에서 기인한 분노이다. 그런 분노감은 자신을 상하게 할 뿐 아니라 일의 능률을 방해하는 요소이며 성공자의 바람직한 모습이라 할 수 없다. 많은 성공자들의 모습은 인간적이며 자애롭고 여유가 있다는 공통점을 지니고 있음을 볼 수 있다. 그러므로 당신이 진정으로 성공을 원한다면 분노는 적절히 조절해 속히 제거해야 하는 '극약'이다.

27

누군가를
비난하지 않는다

일반적으로 사람을 논리의 동물이라고 생각해서는 안 된다. 심리학적으로 볼 때 사람은 감정의 동물이다. 편견에 가득 차 있고 당치도 않은 욕심을 부릴 뿐만 아니라 자존심과 허영에 따라 행동한다는 것도 알아두어야 한다. 따라서 사람이 사람을 비난한다는 것은 위험한 불꽃을 상대방에게 던지는 셈이다. 그 불꽃은 자존심이라는 화약고의 폭발을 유발하기 쉬운 것이다.

미국의 위대한 사업가 존 워너메이커는 자신의 지난날을 회상하며 이렇게 고백했다.

"30년 전에 나는 남을 비난한다는 것이 얼마나 어리석은 일인가를 깨달았다. 나 스스로의 어리석음도 감당해내지 못하면서 내 어찌 하느님이 만인에게 평등한 지능을 부여하지 않았다는 것에 화를 낼 수 있을 것인가!"

이 말은 깊이 생각해볼 일이다.

사실 일상생활에서 누군가의 흠을 잡는다는 것은 아무 소용도 없는 일이다. 흠을 잡히는 사람은 곧 방어 태세를 갖추고 어떻게든 자기를 정당화하려 할 것이다. 또한 자존심의 상처를 입은 상대방은 더욱 이쪽에 반항심을 갖게 될 것이다. 상대의 흠을 잡고 험담을 하고 욕설을 퍼붓고 제3자에게 소문을 퍼뜨리는 것이 과연 어떤 이득이 있는가를 잘 생각해보라.

인생을 살아가면서 자신에게 이득이 되는 일도 하기 힘든데 굳이 시간 들이고 공 들여서 자신에게 손해가 되는 일을 해야 할 것인가. 과거 독일 군대에서는 아무리 불만스런 일이 생겼다 하더라도 그 자리에서 대뜸 불평을 토로하거나 비판하는 것을 허용하지 않았다고 한다. 이것이 곧 독일 국민들의 국민성이 되었는데 그들은 아무리 화가 치밀어도 하룻밤 자고 나면 마음이 가라앉게 마련이라는 생각을 지배적으로 갖고 있다고 한다.

이것은 매우 바람직한 국민성이 아닐 수 없다. 매일같이 바가지만 긁어대는 아내, 잔소리가 심한 부모, 종업원을 들볶는 주인, 부하 직원들을 못살게 구는 상사, 입만 벌리면 남을 헐뜯는 아낙네, 그밖에 남의 흉만 잡으려 드는 사람…. 이는 모두 부정적인 자세이며 자기 자신에게조차 아무런 득이 될 게 없음을 분명히 알아야 한다.

『성경』은 '비난받지 않으려거든 남을 비난하지 말라'는 말로 대중에게 경고하고 있다. 상대방은 나의 거울이다. 내가 그 사람을 칭찬하면 그도 나를 칭찬하고, 내가 그 사람을 비난하면 그도 나를 비난한다. 이 원칙은 불변의 원리이다. 하나의 실험으로 당신이 누군가를 지목해놓고 번번이 이유 없이 싫어하는 마음을 품어보라. 사람과의 사이에는 텔레파시라는 것이 있어서 당신이 지속적으로 미워하는 사인을 상대방에게 보내면 언젠가 그 사람도 당신에 대해 거부감을 나타내는 반응을 보인다. 다시 말해, 상대방이 원치 않는 일을 한다면 머지않아 당신에게도 그와 똑같은 일이 생긴다. 이것이 바로 인생의 공평한 원리이다.

28

코드가 다른 사람과도
협력하라

움직임(動)이 있으면 반동(反動)이 있고 작용이 있으면 반작용이 따른다. 이는 자연의 법칙이다. 마찬가지로 리더가 있으면 그에 대한 반대자가 나타나는 것은 당연한 일이다. 리더에 반하는 인물이 나타난다는 것은 내 쪽이 강력하게 리드를 하고 있다는 증거다. 물론 반대로 이쪽의 결점이나 부족함을 반영하는 것이기도 하다. 하지만 리더에 대한 반대자의 역할은 오히려 리더의 생각과 노력 여하에 따라 상대방을 움직여 변화시킬 수도 있고 협력자로 변화시킬 수도 있다.

'호적수', '반면교사(反面教師)', '적으로 만만치 않은 사람일수록 내 편을 만들면 그만큼 득이다' 등 라이벌 반대자에게 배우고 이를 자기편으로 끌어들이는 것의 중요성을 강조하는 말은 매우 많다. 한마디로 반대쪽 리더는 내가 갖고 있지 않은 강점을 갖고 있기에 내 편으로 만든다면 강력한 힘을 발휘할 수 있을 것이다. 물론 그렇게 반대자를 협력자로 바꿔놓았다고 해도 다시 새로운 반대자는 나타나게 마련이다.

물론 그렇게 등장하는 인물은 환영해야 한다. 그것은 자기 구성원이 반대쪽 리더로 성장했음을 의미하는 것으로 역시 그에게 배우고 그를 설득하며 협력을 구해 내 편으로 만들면 되기 때문이다. 이러한 식으로 그룹이나 팀은 성장해가는 것이다.

이를 변증법적 사고라고 해도 좋을 것이다. 정(正)과 반(反)의 대립이 지양되어 합(合)이 되는 것이기 때문이다. 즉, '정'이든 '반'이든 함께 성장해서 한 차원 높은 새로운 '합'이 되는 것인데 '반'이 없으면 '합'이 되기도 어려운 일이다.

사람의 집단은 방치하면 '정'이 2, '반'이 2, 중립이 6이 된다는 말이 있다. 중립 멤버는 강력한 자기주장을 하지 않는다. 이른바 '아이 돈 노(I don't know)' 그룹으로 이들은 대세를 따르는 '순응파'이기에 강한 사람을 따른다.

'정'과 '반'이 팽팽히 맞서 있을 때는 움직임이 없지만 균형이 조금이라도 무너지면 중간파는 바로 강한 쪽을 따르게 된다. 따라서 중간파보다는 반대파를 공략해서 그중 유력한 멤버를 내 쪽으로 끌어들이는 것이 훨씬 더 효과적이다. 그러면 2대 2가 2.2대 1.8이라는 형국이 되어 힘의 균형이 흔들리고 결국 중간파는 모두 내 편이 되어 압도적인 세력으로 성장하게 된다.

우리는 대개 사소한 조소와 비판을 너무 심각하게 생각하는 면이 있다. 반대자는 비단 사람뿐만 아니라 사업에 대한 비난이나 조롱 등까지 늘 따르는 것이 인간 사회라는 점을 이해하라.

29

논쟁을
벌이지 마라

사람과 사람이 만나 이야기를 한다는 것은 상호 의사소통을 하면서 나와 뜻이 다른 상대를 설득하는 데 그 목적이 있다. 이러한 소통관계의 기본을 무시하고 자기 뜻만 일방적으로 밀어붙이면 이야기의 목적인 소통은 불통으로 차단된다.

논쟁은 예외 없이 쌍방에게 자기의 생각이 절대적으로 옳다는 종래의 주장을 더 한층 굳게 할 뿐이다. 논쟁에서 내가 졌을 경우는 물론이고 이겼을지라도 역시 진 것이나 진배없다. 가령 상대방을 철저하게 골탕 먹였다고 할 때 그 결과는 어떻게 될까? 골탕을 먹인 쪽은 승리감을 맛보겠지만 골탕을 먹은 쪽은 자존심에 큰 상처를 입었으니 분명 '어디 두고 보자!' 하며 분개할 것이다. 승리의 쾌감은 일시적이고 곧 '야단났구나!' 하는 후회를 하게 될지도 모를 일이다. 새로운 적을 한 명 만든 결과가 되었기 때문이다.

서로 이야기를 한다는 것은 상호 의사소통에 의한 설득에 그 목적이 있다. 이러한 인간관계의 기본을 무시하고 자기만 옳다고 주장하거나 한없이 훈계조로 이야기를 한다면 원활한 소통은 그걸로 끝이다. 사람은 누군가에게 억지로 설득당하는 것처럼 보일지라도 스스로 납득되지 않는 한 절대 상대의 말을 수긍하지 않으려는 감정의 동물이다.

나폴레옹 황실의 수석 집사로 일하던 콘스탄트는 황후 조세핀과 가끔 당구를 즐겼다고 한다. 그때 그는 가슴 깊이 교훈을 새겼다.

"나의 당구 솜씨는 상당하지만 황후에게는 늘 승리를 양보하기로 했다. 그것을 황후께서는 대단히 기뻐하셨던 모양이다."

이것은 일종의 트릭이긴 하다. 그러나 결코 나무랄 수 없고 미워할 수 없는 트릭이다.

상대방을 기쁘게 해주기 위한 커다란 배려일 수도 있다. 지금 일상생활에서 이러한 배려를 얼마나 하고 있는지 생각해보라. 가족, 친지, 친구, 직장 동료를 기쁘게 해주기 위해 자신의 작은 기쁨을 포기하고 있는가? 고객이나 애인 또는 남편이나 부인과 하찮은 말다툼이 벌어졌을 때 승리는 항상 상대에게 양보하면 좋다. '지는 것이 이기는 것이다'라는 옛 속담도 있지 않은가. 그에게 져주면 그것이 그의 기쁨이 되고 결과적으로 그는 나를 편안하고 기분 좋은 상대로 인식하게 되는 것이다. 석가모니는 이렇게 말했다.

"증오는 증오로써는 영원히 사라지지 않고 사랑으로써 비로소 사라진다."

인간관계는 논쟁으로는 영원히 풀리지 않는다. 인간관계의 기술을 잘 익힌다면 얽힌 여러 문제가 의외로 쉽게 풀릴 수 있다. 타인의 견해를 받아들이고 상대방을 대할 때 마음으로부터 사람에 대한 애정을 품고 있으면 인간에 대한 연민과 온정으로써 모든 갈등과 오해는 풀린다.

동료들과 싸움만 일삼고 있던 한 청년 장교에게 링컨은 이렇게 말했다.

"훌륭한 사람이 되고자 결심한 사람일수록 사사로운 언쟁에 시간을 낭비하지 않는 법이네. 언쟁의 결과는 너무나도 자명하네. 결국 몹시 기분을 상하거나 자제력을 잃게 되고 상대의 마음에 깊은 상처만을 주게 될 것이야."

30
시간관리를
철저히 하라

일하는 시간, 가정에서의 시간, 고독의 시간을 균형 있게 관리해야 한다. 일하는 시간은 일에 몰두해야 하는 시간이고, 가정에서의 시간은 휴양이자 가족과 함께 보내는 개인생활의 시간이며, 고독의 시간은 나를 돌아보는 반성의 시간이다.

아침부터 밤늦게까지 일하는 것만으로 하루를 보내는 사람은 얼마 가지 않아 지쳐버릴 것이다. 주객이 전도되어 일이 나를 부리게 된다. 능률도 오르지 않고 나는 지금 어디서 무엇을 하고 있는지 현실 파악도 어렵게 된다. 매일 일에 파묻혀 자기 얼굴(개성)이 보이지 않게 되어버린다.

들이닥치는 일을 요령 있게 처리하는 핵심 포인트는 세 가지다.

첫째, 우선순위를 가린다.

열 가지 일이 있다고 하자. 그중 가장 중요한 것부터 우선순위를 매긴다. 경영자라면 경영자로서, 관리자라면 관리자로서 무슨 수를 쓰든 자기 스스로 하지 않으면 안 된다고 하는 관점에서 우선순위를 매기는 것이다. 이렇게 하면 경영자가 이 사람 저 사람에게 잔소리를 하거나 관리자가 서류 뭉치를 들고 이리저리 뛰어다니지 않아도 된다.

둘째, 짬짬이 시간을 활용한다.

이를테면 5분간이나 10분간을 유효하게 사용하는 것이다. 시간도 돈과 같이 남아도는 것이 아니기 때문에 짜임새 있게 사용할 수 있어야 한다.

셋째, 적기에 집중한다.

가장 머리가 맑을 때 가장 중요한 일을 집중적으로 처리한다. 아침에 일어나 머리가 멍할 때는 간단한 운동을 하라. 머리가 맑아지고 상쾌해질 것이다. 이럴 때 일의 능률 또한 오른다.

누구나 고독의 시간이 절대적으로 필요하다. 하루 단 10분이라도 좋다. 생각하는 시간을 가져라. 차를 타고 있을 때 '여기는 달리는 명상실이야'라고 생각해 보라. 자신과 현재 하고 있는 일, 미래, 깊이 고려하지 않으면 안 될 문제를 고독의 시간에 충분히 생각해보는 것이다.

살아가면서 중간중간 자신을 확인하고 자기 인생을 살펴볼 시간을 가져야 한다. 자신과 자신의 일을 객관적으로 바라볼 시간을 갖는다는 것은 일에 휘둘리지 않고 일을 주도적으로 장악할 수 있는 유일한 수단이다.

그런데 시간은 소리 없이 은밀하게 흘러간다. 그러다 보니 많은 사람이, 시간이 무한정으로 인생에 주어졌다 착각하고 이를 함부로 낭비한다. 낭비하면서 그 시간이 아깝다는 생각조차 하지 않는다. 이제는 직시해야 한다. 시간은 돈이다. 그것도 물리적 돈을 뛰어넘는 엄청난 액수의 돈임을 잊지 마라.

31

먼저
자신을 제어하라

자기 자신을 올바로 안다는 것은 리더에게도 매우 중요한 덕목이다. 존 록펠러는 이렇게 말했다.

"나는 이 세상에서 다른 어떤 능력을 가진 이보다도 사람을 다루는 능력이 있는 인물에게 더 많은 봉급을 지불할 것이다."

또한 에머슨은 이렇게 말했다.

"우리에게 가장 절실한 이는 우리가 훌륭한 사람이 되도록 영감을 불어넣어주는 인물이다."

아이젠하워는 이렇게 말했다.

"리더십이란 당신이 원하는 바를 다른 사람들도 원하도록 만들어 그들로 하여금 그것을 행하게 유도하는 기술이다."

이는 당신의 리더십을 사람들이 원하도록 만들 수 있어야 진정한 리더라는 의미이다.

과연 사람들은 어떤 리더를 따르고 싶어 할까? 권위적이고 카리스마 넘치는 리더? 명령에 절대복종하도록 하는 리더? 아니면 냉혹한 눈빛으로 일거수일투족을 감시하고 감독하는 리더라면 어떨까? 게다가 사소한 잘못에도 신경질적으로 화를 내며 부하 직원을 크게 나무라는 리더라면? 아랫사람은 항상 그의 눈치를 보고 그가 나타나기라도 하면 슬금슬금 자리를 피하며 일하는 척할 것이다.

이렇게 해서 과연 개개인의 소중한 능력을 끌어내고 조직 전체의 목표를 달성할 수 있을까? 아무리 화려한 경력이 있고 능력이 뛰어나고 설득력이 있다 해도 다른 사람들이 자발적으로 협조하지 않는다면 리더로서의 역할은 물 건너간 것이다. 리더란 의견이 서로 일치하는 사람들끼리 사이좋게 지낼 수 있고, 함께 일할 수 있다는 것을 알며, 의견이 일치되지 않는 사람들과도 협력해 최선의 결과를 이끌어내는 사람이다.

물론 각양각색의 사람들이 쉽사리 리더에게 협력하지는 않는다. 개중에는 건건이 발목을 잡는 반대파가 있고 걸핏하면 분위기를 흐려놓는 적색분자가 있게 마련이다. 이런 사람들이 혼합된 하나의 조직을 효율적으로 리드하기 위해서는 우선 리더가 자기 자신을 잘 파악하고 스스로를 제어할 수 있어야 한다.

우선 '나는 과연 어떤 리더인가? 사람들은 나의 어떤 점 때문에 나를 따르는가?'를 생각해보아야 한다. 경영자로서, 부서장으로서, 팀장으로서 지금 가지고 있는 특징은 어떤 것인지 사람들에게 들은 장점과 단점을 모두 기록해보는 것이다.

만일 리더로서의 단점, 즉 리더로서 부적합한 이유가 발견될 때에는 그것을 개선하려는 적극적인 의지를 가져야 한다. 감정을 제어하지 못하는 사람은 인간관계에서도 막대한 손해를 보는 만큼 리더로서는 완전 실격이다.

리더의 자기평가 척도는 다음과 같다.

첫째, 자기 자신에게 관대한가, 엄격한가?

둘째, 어느 정도까지 자기주장을 하는가?

셋째, 자기 자신을 희생할 수 있는가?

넷째, 자신을 얼마나 객관적으로 볼 수 있는가?

이런 것들은 모두 다른 사람에 대한 그 사람의 태도를 말해주는 척도이다. 자기만을 생각하는 리더에게 타인에 대한 배려를 기대할 수 없고 자신을 엄격하게 단련하고 있지 않은 리더는 다른 사람을 올바르게 이끌 수 없기 때문이다.

물론 이와 같은 자세는 오랜 세월에 걸쳐 조금씩 형성되어온 것이므로 간단히 하루아침에 개선될 수는 없다. 그러나 노력 여하에 따라 얼마든지 단기간에 고칠 수는 있다.

아랫사람은 이러한 노력까지도 항상 관찰하고 있음을 알아야 한다. 언동 하나하나에 기뻐하거나 혹은 실망하면서 '그렇다면 믿을 수 있다'라거나 '도저히 기대할 수 없는 사람이다'라는 판단을 하고 있는 것이다.

물론 리더 자신은 타인의 이런 속마음을 헤아리기가 어렵다. 그래서 현실은 동상이몽(同床異夢)의 엉뚱한 상황이 연출되기도 한다. 리더가 무엇인가 새로운 계기를 마련하려고 아랫사람에게 호소하지만 좀처럼 협조가 되지 않아 쩔쩔매는 경우가 있다. 리더는 한숨을 쉬며 '내가 인덕이 없군' 하며 실망하지만 사실 이런 상황이 벌어진 데에는 솔선수범하는 자세를 보이지 않은 리더 자신의 책임이 크다.

세상에 노력 없는 결과란 있을 수 없다. 자기 자신은 편안히 가만히 앉아 있고 아랫사람만 독촉하면 모든 일이 해결될 것이라는 기대는 망상일 뿐이다. 좋은 업무 실적이나 결과가 나오지 않는 이유를 오로지 아랫사람 때문이라고 치부하고 정작 자신은 인덕이 없다고 한탄하는 리더는 리더로서의 자격이 없다.

아랫사람들이 리더를 따르는 이유는 다음 세 가지다.

첫째, 리더라는 권위 때문에 명령을 따르지 않으면 억압당하기 때문이다.
둘째, 리더의 지식이나 경험, 사고방식 등이 자기보다 훌륭하기 때문이다.
셋째, 리더가 좀 더 많은 정보를 갖고 있기 때문이다.

이 중 두 번째 항목은 리더가 꾸준히 자신을 연마하지 않으면 안 되는 근거가 된다. 모름지기 리더는 자신이 과연 아랫사람보다 뛰어난 능력을 갖고 있는지, 아랫사람보다 정보나 지식의 수집이나 축적에 노력하고 있는지를 객관적으로 냉철하게 돌아봐야 한다. 아랫사람에게 신망을 받지 못한다면 진정한 리더라고 할 수 없다. 아랫사람이 자발적으로 믿고 따를 수 있게 하려면 무엇보다 리더 스스로 솔선수범의 노력으로 모범을 보여야 한다.

32

충고할 때는
상대의 가슴을 울려라

몸집은 작지만 활기가 넘쳐흐르는 스코틀랜드 태생의 앤드류 카네기는 몇십 마일 떨어져 있는 곳에서도 돈 벌 기회를 탐지해내는 특별한 재주가 있었다. 그는 지배인들에게 유례없이 많은 월급을 지불하면서 그들의 충성심을 얻어내려고 했다. 결혼 후 명사가 된 그의 아내는 그가 사람을 만나면서 저지르는 실수를 체크했다가 일일이 바로잡아주었다.

그의 가장 큰 단점은 말을 지나치게 많이 하는 것이었다. 그는 상대가 벙어리가 될 정도로 수다쟁이였다. 그의 아내는 늘 이 단점을 지적했다.

"다른 사람에게 말할 기회를 좀 더 많이 주세요. 제가 스커트의 주름을 펴는 척하면 당신은 말을 멈추고 상대방이 이야기할 수 있도록 하라는 사인이에요. 상대방이 말을 시작할 수 있도록 무엇인가를 질문하고 그의 이야기를 조용히 듣도록 해야 해요."

그녀가 남편에게 보내는 다른 신호는 남편이 허풍을 떨고 있으면 스커트를 휙소리 나게 흔드는 것이었다. 이 스커트 소리는 남편에게 화제를 바꾸어 상대방에게 믿음을 줄 수 있도록 하라는 신호인 셈이다. 이러한 신호들은 놀라운 효과를 가져왔다. 결혼하기 전 카네기는 사람들에게 두려움의 존재였다. 그럼에도 불구하고 사람들이 그에게 관심을 갖는 것은 돈 벌 기회를 얻을 수도 있다는 기대감 때문이었다.

결국 부인의 조언과 신호에 따라 점차 사람을 대하는 태도를 바꾸면서 그는 존경받는 인물이 됐다.

회사에서 부하 직원의 보고는 장황하고 지루하기 십상이다. 한참 바쁠 때 우물쭈물 이야기를 시작하면 신경질이 날 때도 있다.

"지금은 바빠. 다음에 듣도록 하지."

"무슨 소리를 하고 있는 거야. 좀 정리해서 보고할 수 없겠나?"

"좀 장황하군. 자네가 하는 말들은 모두가 이미 알고 있는 것들이야."

자기감정을 그대로 드러내며 직원 이야기의 허리를 잘라버리면 그들은 다시는 입을 열려고 하지 않을 것이다.

"어차피 우리 이야기는 들으려고도 하지 않는데, 뭐….'"

직원들이 이렇게 생각하게 되면 하의상달(下意上達)의 길은 막혀버리고 만다.

바쁠 때면 시간을 정해서 구내식당에서라도 직원들의 말에 귀를 기울여주어야 한다. 부하 직원이 장황하게 한 시간쯤 보고를 했다고 하자.

"알았어. 자네가 하고 싶은 말은 첫째는 무엇, 둘째가 무엇, 셋째가 무엇이라는 말이지? 아, 빠진 것이 있으면 말해주게나."

"아니, 드리고 싶은 말씀은 그것이 전부입니다."

"좋아, 그럼 이번에는 내가 한마디하지. 자네는 나에게 한 시간가량 보고를 했는데 나는 자네의 말을 듣고 정리해서 자네에게 다시 묻는 데 삼 분이 걸렸어. 다음부터는 보고 내용을 철저히 정리한 다음 이야기해주게. 그래야 서로 시간을 아낄 수 있을 테니까."

이렇게 조언해준다면 자신의 말을 들어주고 말하는 요령까지 가르쳐준 데 감사하지 않을 부하 직원은 없을 것이다.

어떤 조직이든 규칙이 있고 상벌에 관한 규정이 있다. 사랑하는 부하 직원을 벌한다는 것처럼 괴로운 일은 없으리라. 그러나 나쁜 행동을 해도 벌을 받지 않는다면 좋은 일을 할 사람은 없게 될 것이다. 우리가 '벌권(罰權)'을 행사한다는 것은 선행을 장려하기 위함임을 잊지 말아야 한다. 또한 벌권의 행사는 미리 정해진 규칙에 따라 냉정하게 행사해야 한다. 힐책한다는 것과 노한다는 것은 다르다. 흥분했을 때, 노했을 때는 결코 벌권이 행사되어서는 안 된다.

벌을 서두르는 것도 금물이다. '하루가 지난 다음에 벌하라!'는 가르침을 잊지 말아야 할 것이다. 벌권의 행사에는 리더로서의 책임감과 부하 직원을 아끼는 애정이 전제되어야 한다. 리더에게 이러한 전제가 없기 때문에 아무것도 아닌 일이 커다란 사건으로 발전하고 회사는 물론 본인들에게도 불행이 초래되는 것이다.

우리나라 회사의 리더는 부하 직원을 생각한 나머지 필요 이상으로 벌권 행사를 주저하다가 오히려 엄청난 역효과를 가져오는 경우가 많다. 함부로 벌권이 행사되어서는 안 된다. 그러나 일단 행사하겠다고 결단을 내렸다면 철저하게 행사해야 한다. 용두사미가 되어서는 안 된다. 아끼는 부하 직원에게 벌을 주어 서로 서먹서먹한 관계가 되는 것을 바랄 사람은 없다. 부하 직원이 잘못을 저질렀더라도 그냥 방임해버리고 싶은 것이 인지상정이다. 더구나 사람을 힐책해서 효과를 기대한다는 것은 결코 쉬운 일이 아니다.

벌권의 행사는 최소한 다음과 같은 조건을 갖추지 않으면 성공할 수 없다.

첫째, 리더로서의 책임감을 강력하게 자각한다.

둘째, 부하 직원에 대해 애정을 가진다.

셋째, 부하 직원의 잘못이 어쩔 수 없는 불가항력적인 것이 아니었는지를 확인한다.

넷째, 자기의 징벌에 대해 신념을 가지며, 부하 직원의 과실 원인이 상사 자신의 부적당한 언동에 의한 것이 아니라는 확신을 가진다.

다섯째, 부하 직원으로 하여금 자신의 잘못을 자각시킬 설득력을 가진다.

꾸중을 듣거나 힐책을 당한다는 것이 기분 좋은 일일 수는 없다. 그러나 위와 같은 조건을 갖춘 상사에게 힐책당하면 오히려 고마움을 느끼게 되며 이런 리더가 많은 회사는 반드시 발전한다. 파산한 회사의 공통된 현상은 힐책을 당해보지 않은 사원이 많다는 사실이다. 사랑하는 자식일수록 매를 들고, 달리는 말에 채찍질을 하는 것이다. 같은 맥락이다. 부하 직원을 사랑할수록 다스릴 때는 엄하게 하라. 어느 정도 사랑을 담아 꾸짖는가에 따라 그는 진심으로 자신의 잘못을 뉘우치고 더욱 개선하려는 의지를 가질 것이다.

과장이 부하 직원의 태만을 엄하게 야단쳤더니 그 부하 직원은 그 자리에서 사표를 내던지고 회사를 때려치웠다. 많은 사람이 일하는 공장에서 고참이 어린 후배에 비해 생산성이 떨어지는 것을 본 팀장이 한 번 주의를 주었더니 그 고참은 전보다 더 실수가 많아졌다. 어떤 상사가 어떤 부하 직원을 많은 직원 앞에서 몇 번 야단을 쳤다. 이후 그 상사를 비방하는 고약한 소문이 돌아서 그 진원지를 알아보았더니 발설자는 야단맞은 그 부하 직원이었다.

이런 이야기는 수없이 많다. 이런 경우 누구에게 문제가 있다고 할 수 있을까? 벌을 주는 데도 방법이 필요하다. 야단을 치는 사람의 감정이 앞서면 야단을 맞는 사람 측에서는 반발심을 갖고 눈앞에서는 행동 교정을 할지언정 돌아서면 다시 같은 잘못을 저지르기 일쑤다. 지혜로운 리더라면 이런 원리를 잘 알고 대응해야 한다.

그럼 어떻게 하면 '신상필벌(信賞必罰)'을 하면서도 마음에 상처를 주지 않을 수 있을까? 다음과 같은 방법으로 상사와 부하 직원의 마음이 교류할 기회를 놓치지 않게 해야 한다. 이러한 배려를 통해 부하 직원은 성장해 나아가는 것이다.

첫째, 많은 사람 앞에서 욕하지 마라.

그 사람의 태만이나 잘못을 엄하게 지적하는 것은, 모든 사람 앞에서 분명히 해도 좋다. 그러나 그 사람의 인격을 손상시키고 그 사람의 입장이 난처하도록 면박을 주는 것은 삼가야 한다.

둘째, 부하 직원과 마음의 교류를 갖기 위해 최선의 노력을 다하라.

리더십은 부하 직원들의 지지에 의해서만 이뤄질 수 있는 것이다.

셋째, 서로 이야기를 주고받는 와중에 서투른 일을 한 부하 직원을 경멸하는 태도를 취하지 마라.

넷째, 이유나 원인에 대해서는 단호히 설명을 요구해야 하지만 상대의 결점만을 찾는 태도는 피하라.

다섯째, 상대와 주고받는 이야기는 서로의 입장을 변호하기 위한 말씨름이 되어서는 안 된다.

여섯째, 상대의 잘못이나 태만을 불필요하게 확대해 책망하지 마라.

일곱째, 당사자끼리 주고받는 이야기를 통해 상사와 부하 직원 사이의 간격을 없애고 서로 인간적으로 접근할 수 있도록 하라.

여덟째, 사람은 누구를 막론하고 실패에서 더 많은 것을 배우는 능력이나 의욕이 있다는 신념을 갖고 이야기를 주고받으라.

부하 직원에게 주의를 주었을 경우 사람에 따라 두 가지의 반응이 나타난다. 하나의 유형은 그것을 계기로 해 그 부하 직원은 갑자기 멀어져버리고 서먹서먹한 관계가 된다. 또 하나의 유형은 거꾸로 지금까지보다도 더 친근감을 갖게 되는 경우다. 이런 두 가지의 다른 반응은 부하 직원의 성격에 따른 것이기도 하지만 그 원인의 대부분은 야단치는 쪽에 있다.

상사가 야단쳤기 때문에 그 부하 직원이 상사 곁을 떠나는 것이다. 핵심은 상사에게 부하 직원에 대한 참 애정이 없었기 때문이다. 상사가 부하 직원을 엄하게 야단친 것이 계기가 되어 오히려 마음이 서로 통할 수 있게 되는 것, 거기에 리더십이 있다.

33

사람의 이름을
기억하라

일반적으로 사람들은 타인의 이름 따위에는 별로 유의하지 않으면서도 자기의 이름에는 굉장한 관심을 갖고 있다. 자기의 이름을 기억해두었다가 그것을 불러준다는 것은 매우 기분 좋은 일이어서, 시시한 칭찬의 말 한마디보다도 훨씬 효과적인 경우가 많다. 이와 반대로 상대방의 이름을 잊어버리거나 잘못 쓰거나 하면 대단한 실례가 된다. 이름이란 본인에게는 가장 반갑고 또 가장 큰 영향력을 갖는 것이라는 점을 잊어서는 안 된다.

앤드류 카네기의 성공 비결은 이름과 관련이 깊다. 카네기는 강철왕이라고 불렸지만 정작 본인은 강철에 관해 아는 것이 별로 없었다. 그의 성공 비결은 오로지 강철에 관해 잘 알고 있는 수백 명의 기술자를 고용하고 있었다는 점이다. 그는 사람을 부릴 줄 알고 있었던 것이다. 바로 이 능력이 그를 대부호로 만들었다.

실제로 카네기는 어렸을 적부터 사람들을 조직화하고 통솔하는 데 특별한 재능을 보였다고 한다. 열 살 때부터 사람은 자기의 이름에 대해 특별한 관심을 갖는다는 것을 알고 있었고 여기서 남의 협력을 얻는 데 비상한 재능을 발휘한 것이다.

스코틀랜드에서의 소년 시절 어느 날 그는 토끼 한 마리를 잡았다. 그 토끼는 새끼를 배고 있었다. 이윽고 새끼를 낳았고 토끼우리는 새끼들로 가득 찼다. 자연히 먹이는 부족해졌다. 그때 그에게 훌륭한 아이디어가 떠올랐다. 그는 동네 아이들에게 이렇게 제안했다.

"토끼 밥이 될 풀을 많이 뜯어오면 어린 토끼에게 네 이름을 붙여줄게."

카네기는 장성한 다음에도 그때의 일을 결코 잊지 않고 그 경험을 활용했다. 대개의 사람은 자기의 이름에 대해서는 지극한 애착을 가지면서도 상대방의 이름은 그리 잘 기억하지 못한다. 바빠서 그럴 틈이 없다는 것이 주된 이유다. 그러나 그는 처음 본 사람의 이름을 얼굴과 함께 암기하는 것을 잊지 않았다. 그래서 다음에 만나면 꼭 그의 이름을 정확하게 불러주었다. 당연히 상대방은 '어! 이 사람이 나를 기억하고 있네!' 하면서 기쁨 반 놀람 반으로 다시 한 번 쳐다보게 마련이었다. 확실히 이것은 다른 사람의 심리를 묘하게 자극하는 효과적인 노하우다.

이름을 기억하는 데 일가견이 있는 또 다른 인물은 제2차 세계대전을 미국의 승리로 이끈 프랭클린 루스벨트이다. 루스벨트가 사람들의 호감을 사는 방법

역시 간단했다. 그는 상대의 이름을 기억해주면서 그 자신으로 하여금 중요한 인물임을 스스로 느끼게 했다. 루스벨트 대통령은 이렇게 말했다.

"반드시 선거인의 이름을 기억해두어야 한다. 그것을 잊어버린다는 것은 곧 자신이 유권자들에게서 망각돼버린다는 것을 의미한다."

이것은 정치가가 배워두어야 할 첫 번째 조항이지만 어찌 정치가뿐이겠는가? 사람을 움직이고 사람을 지도하려는 이라면 누구나 이 철칙을 반드시 기억해야 한다.

사람에게는 누구나 자기 이름이 있다. 이름에는 그 사람의 철학과 사상과 인간적 품격이 농축되어 있다. 바로 그 사람의 특징을 표현하는 것이 이름이기 때문이다. 사람은 보통 자신이 타인과 다른 존재라는 사실을 분명히 해주는 자신의 이름을 중시한다. 따라서 그 이름이 불리면 유쾌함을 느끼는데 당연히 자기 이름을 불러주는 사람에게는 친근감을 갖는다.

교도소에 들어가 자신의 이름 대신 번호 등으로 불리게 되면 자존심에 큰 상처를 받는다고 한다. 만약 국민 모두를 이름이 아닌 주민등록번호로 부르자는 법이라도 제정된다면 아마 굉장한 반감을 살 것이다.

인간관계에 능숙한 사람은 이러한 사람의 심리를 정확히 파악해 이용하고 있다. 아침 인사도 그냥 "안녕하세요?"가 아니라 "○○ 씨, 안녕하세요?"라고 한다.

오랜만에 만난 친구와 서로의 가족 안부를 물을 때에도 그저 "아이들은 잘 자라지?"라고 하는 것보다 아이들의 이름을 기억하고 있다가 "○○는 공부 잘해?", "○○는 어때?" 하고 묻는다면 자상한 배려에 친구는 더욱더 친근감을 느낄 것이다.

어떤 사람은 자신이 팀원의 이름을 부르는 횟수를 매일 집계해 특정한 사람을 소홀히 대했다면 그만큼 그 사람의 이름을 더 불러서 부족한 횟수를 보충해주었다고 한다. 좀 지나친 것 아니냐고 할 사람도 있을지 모른다. 그러나 누구나 자신의 이름을 중요시하고 있는 만큼 상대방의 이름을 친절하게 불러주는 마음가짐을 잊지 말아야 한다.

중소기업의 경영자나 대기업의 부장이 되어 직속 직원만 백 명이 넘게 되면 모든 팀원의 이름을 기억하려는 노력을 포기해버리기 십상이다. 그러나 이런 경우에도 진정한 프로라면 "자네!"라고 부르는 대신에 "○○ 씨!"라고 직원의 이름을 불러주는 노력을 해야 한다. 그래서 길거리에서 마주치더라도 그 사람의 이름을 부르며 가족 안부를 물을 수 있게 되는 것이다. 이런 성의가 직원에게 진한 감동을 안겨준다.

평사원의 입장에서 생각해보면 계장과 과장을 거쳐 그보다 한 단계 위에 있는 부장이 자기를 알아봤다는 사실만으로도 얼마나 기분이 좋겠는가! 그는 틀림없이 부장의 인격을 자기 동료에게 이야기할 것이고 이러한 이야기가 퍼져나가면 그 부서의 업무 실적은 틀림없이 향상될 것이다. 그 부장은 모든 직원으로부터 존경과 신뢰를 받을 것이고 분명 직장은 밝고 생산적인 분위기가 될 것이다.

어떤 고등학교의 교감선생님은 1,000명이나 되는 전교생의 이름을 모두 외우고 앉는 자리까지 안다고 한다. 또 어느 회사의 상무 부인에 대한 사원들의 평판이 대단히 좋았다. 그 이유는 한 번이라도 자기 집을 방문한 적이 있는 사원의 얼굴과 이름을 모두 기억하고 있었기 때문이다. "당신 기억력은 대단해!"라는 상무의 칭찬에 부인은 이렇게 대답했다.

"우리 집까지 찾아와주는 사람들은 모두 당신에게 귀중한 이들이잖아요. 그러니 열심히 외울 수밖에요."

34

반대자를
내 편으로 만드는 비결

"될 수 있는 한 남보다 현명해져라. 그러나 결코 자신의 현명함을 남에게 과시해서는 안 된다."

영국의 정치가 필립 체스터필드가 자신의 아들에게 보낸 처세 지침의 한 구절이다. 상대의 결점이나 잘못을 지적하거나 공격하는 사람들은 흔히 이런 생각을 한다. 그렇게 지적해주면 상대방은 "아차, 미안. 내가 잘못했군" 하면서 자신의 잘못을 솔직하게 인정할 것이라고…. 그러나 천부당만부당한 말씀이다. 그렇게 자신의 잘못을 솔직하게 인정할 사람은 흔치 않다.

누구나 자존심이 밑에 깔려 있고 자신의 잘못을 감추려는 본능이 있다. 따라서 설령 그런 일이 벌어져도 상대방으로부터 직접적인 지적을 받게 되면 얼굴이 벌게지면서도 방어 태세를 갖추게 마련이다. 그럴 때 지적보다는 은근한 미소로 감싸준다면 상대방은 점차 긴장을 풀면서 도리어 자신의 잘못을 슬그머니 인정할 수도 있다. 도대체 무엇 때문에 상대방의 잘못을 노골적으로 지적하는가? 상대방이 자기의 잘못을 인정하도록 하기 위해서? 그렇지 않다. 상대방은 자신의 지능, 긍지, 자존심에 상처를 입고서 도리어 마음의 문을 굳게 닫아버릴 것이다.

그러면 그 유명한 플라톤의 변증법으로 설득하려고 해도 아무런 효과가 없다.

상처를 입은 것은 논리가 아니라 감정이기 때문이다. 남의 잘못을 지적하기 전에 먼저 자신의 생각이 정말로 옳은지를 다시 한 번 생각해야 한다. 설사 다시 생각했는데 자신의 판단이 옳다고 생각되더라도 '그럼 자네에게 그 까닭을 설명하지'라는 식으로 이야기를 꺼내서는 안 된다. 이것은 '나는 너보다 잘난 사람이니까 내가 너를 잘 설득해서 네 마음을 바꿔보겠다'라는 말과 다르지 않다. 그야말로 상대방에 대한 도전이 될 수 있는 것이다.

이러한 태도는 상대의 반항심을 유발하여 관계를 어색하게 만든다. 타인의 마음을 바꾸기란 부드럽고 우호적인 분위기에서도 어려운 일이다. 그런데 무엇 때문에 일을 어렵게 만드는가? 이러한 태도는 결국 스스로 자기의 손발을 묶는 결과를 낳을 뿐이다. 누군가를 설득하려고 하면 상대방이 눈치채지 못하게 진행해야 한다. 상대방이 알아차리지 못할 만큼 재치 있고 민첩하게 행동해야 한다는 뜻이다.

또 한 가지 기억해야 할 것은 상대방이 마음속으로 자신의 잘못을 인정하면서도 그에 대한 변명을 늘어놓을 때도 있다는 점이다. 변명에는 거짓말이 섞여 있기 쉽다. 그렇다고 그 변명을 듣고 화를 내서는 안 된다. "아, 그래" 하고 잠자코 듣고 있다 보면 스스로 거짓말에 감추어진 진상을 밝히게 된다. 상대방은 신나서 떠들어댈지 모르지만 그에게도 양심은 있다.

상대방은 마음속으로는 스스로의 잘못을 인정하면서도 체면 때문에 변명을 늘어놓는 것이다. 이쪽에서 잠자코 들어준다면 사람들에게 "그 사람은 이해해 주더군!" 하고 말하며 오히려 감사와 호의를 갖게 될 것이다. 상대방이 잘못을 인정하는 이상 결코 추궁해서는 안 된다. 항상 한쪽에 상대방이 피할 수 있는 길을 만들어주는 것이 인간적이며 현명한 태도이다.

35

사람 보는 능력을 길러라

옛말에 '무사는 자기를 알아주는 사람을 위해 죽는다'고 했다. 이를 현대식으로 표현한다면 '사람은 자기를 이해하고 능력을 인정해주는 사람을 위해 일할 의욕을 갖는다'라고 말할 수 있다.

상부에 있는 사람이 아랫사람을 제대로 보는 안목이 없으면 아랫사람은 절대로 일할 의욕을 갖지 않으며 윗사람을 따르지도 않는다. 관리자가 공평하고 객관적으로 사람을 평가함으로써 유능한 인재를 발탁하고 그 인재를 적재적소에 배치해가는 것이야말로 리더가 갖추어야 할 가장 중요한 조건이다. 그러나 사람을 평가한다는 것보다 어려운 일은 없다. 따라서 대개 그 사람의 실질이 아니라 겉모양이라는 선입견에 의해 사람을 평가하기 십상이다.

직장 안에서 '누구를 어디에 배치할 것인가?', '누구를 발탁할 것인가?'를 의논하는 경우에 말도 안 되는 편견이나 선입관에 사로잡혀 있는 경우가 많다. 이를테면 '눈썹 사이가 좁은 사람은 정직하다'든가 '턱이 네모진 사람은 의지가 강하다'고 하는 인물 하마평이 유포된다. 이것은 외관의 조건으로 사람을 보는 것이다. 이처럼 외관에만 의지해 사람을 배치하든가 발탁해서는 참다운 인재를 찾을 수 없다.

사업은 사람이라고 한다. 따라서 누구를 쓰느냐, 어떻게 관리하느냐에 따라 사업의 성패가 결정된다. 그러나 이 참뜻을 정말로 이해하고 이를 실천하는 경영자는 의외로 많지 않다. 우리나라의 회사 대부분은 여전히 학력주의와 연공서열형에 의한 인사 방침을 고수하고 있다. 사실 이러한 요소도 중요하지만 더 중요한 것은 그 사람의 실력이다.

올바르게 인재를 평가해야 할 경영자들은 그 의무와 책임을 회피하고 학력과 연공이라는 두 개의 형식적 기준을 기초로 삼아 기계적이고 천편일률적으로 승급이나 승진과 같은 인사 문제를 결정한다. 이러한 인사관리가 만연하면 회사는 그 활력을 잃고 세계화 경쟁에서 살아남지 못할 것임은 자명하다. 왜냐하면 사원이 아무리 능력을 개발하더라도 그 능력을 테스트하고 실제로 이를 활용할 기회를 공평하게 얻지 못하기 때문이다.

에스컬레이터에 올라타면 아무리 발 빠르게 위 칸으로 올라타려 해도 위에 탄 사람은 빠른 속도로 올라가고 뒷사람은 자꾸만 처지게 되어 있다. 사회에서 어떤 연유로 뒤처진 사람은 아무리 노력해도 앞사람을 추월할 수가 없는 구조가 있다. 따라서 먼저 탄 사람은 기득권 위에서 편안하게 안주할 수 있다. 이런 구조 속에서 누가 남보다 더 노력하려고 하겠는가?

학력주의를 반대하는 이유는 학력이 쓸데없는 것이어서가 아니라 학력이라는 형식적인 조건만으로 사람을 평가하는 방법이 바람직하지 않기 때문이다. 요즘 대기업에서도 유머 감각, 성실성 같은 능력 외적인 면모를 채용 기준으로 삼기 시작했다. 물론 이러한 추세가 있다고 해서 실력 쌓기를 게을리해서는 안 된다. 이제는 실력과 자질을 겸비한 사람만이 현대 사회에서 선두주자가 될 수 있다.

요즘은 30대 사장도 있고, 20~30대 임원도 많다. 능력이 있다고 인정되면 지금까지 한낱 과장에 불과했던 사람이 일약 사장으로 취임하는 경우도 볼 수 있다. 뛰어난 능력과 회사 발전에 큰 공로를 인정받아 부장 수준을 뛰어넘어 그 위에 자리 잡고 있는 상무, 전무, 부사장 등 몇 자리를 건너뛰어 곧바로 사장이 되고 대회사를 이끌어가는 경우조차 있다.

비즈니스의 세계뿐 아니라 공무원 사회 또한 그렇다. 연공서열식으로 승진하던 오랜 전통을 깨고 선배들을 제치고 몇 단계씩 뛰어오른다. 능력주의가 우리 사회에도 뿌리내리고 있는 것이다. 이러한 발탁 인사는 무엇보다도 조직의 여성적 체질을 바꾸는 데 두 가지의 커다란 효과를 가져온다.

첫째, 질투심을 깨끗한 경쟁심으로 바꾸어놓는다.

지금까지는 한 사람이 두각을 나타내는 것을 상사도 동료도 질투어린 눈초리로 흘겨보았다. 모두가 힘을 합해 그 사람의 발목을 붙잡아 끌어내리려 했다. 따라서 발탁은 이뤄질 수 없었다. 모난 돌은 정을 맞는 법! 능력이 있음에도 능력을 제대로 발휘하지 못한 채 정년퇴직을 맞아야 했다. 발탁이 이뤄지지 않는 조직체에서는 상사는 부하 직원의 태도가 나쁘다든가 의자에 앉는 자세가 바르지 않다는 등 시종 표면적인 일에만 신경 쓴다. 그리고 부하 직원이 하는 일의 성과나 그 능력의 신장에 대해서는 도통 관심이 없다. 이는 상사의 질투심과 무능이 가져다준 산물이다. 그러나 실적주의에 의한 발탁을 조직의 관행으로 만듦으로써 이러한 질투심은 없어진다. 이에 대신해 깨끗하고 발랄한 경쟁심이 생겨나는 것이다. 질투심은 서로의 발목을 잡아당기는 극히 비생산적인 인간 감정이다. 그러나 발랄한 경쟁심은 그 조직의 구성원들로 하여금 앞을 향해 나아가도록 한다. 그리하여 인간이 갖고 있는 가장 생산적인 정열에 불붙이게 된다. 여기에는 당연히 생산적 구성원들의 생각이 필요하다.

둘째로, 이러한 발탁에 의해 체질 개선이 가능해진다.

가령 어떤 회사의 상무가 부사장이나 전무를 제치고 사장이 됐다고 하자. 그리고 새로운 사장이 취임하자 곧바로 문제점이 많던 부문에 대개혁을 단행했다고 하자. 이럴 경우 연공서열에 의해 새 사장이 취임했다고 하면 그 사람은 전 사장을 가까이 모시면서 그와 똑같은 방침과 태도로 문제를 처리해온 사람이므로 사장이 바뀌더라도 회사의 체질이나 방침을 대담하게 개혁할 수 없다. 이것은 과장이나 부장의 단계에서도 마찬가지다. 한 부문의 업적이 나쁠 때는 대담하게 사람을 발탁하지 않고서는 그 부문의 체질을 근본적으로 개혁할 수 없다. 발탁하는 용기를 가질 때 공평하고 객관적인 실적주의에 따라 사람을 보는 능력을 기를 수 있다. 이것이야말로 현대에 걸맞은 리더십의 첫째 조건이라고 할 수 있다.

36

상대의 말에
귀 기울여라

타인이 말할 때 그의 말허리를 가로채어 말하는 사람이 있는가 하면 상대가 한마디할 때 자신은 백 마디를 하는 사람도 있다. 말하는 것보다 상대의 말에 더 귀를 기울이면 상대방은 청자를 이해심 많은 사람으로 인지한다. 물론 청자는 상대방의 말에 귀를 기울임으로써 상대를 좀 더 이해할 수 있다.

대다수 사람에게는 남 이야기를 하기 좋아하는 습성이 있다. 이로 인해 두 사람이 만나 이야기를 하는데 제삼자에 대한 화제로 시간을 보내는 경우도 적지 않다. 누구나 타인과 이야기를 주고받으면서 정신적 풍요로움을 느낀다. 금전적으로나 인간관계가 풍요로워져서 성취감은 물론 만족감과 행복감을 느낄 수 있게 되는 것이다.

사람의 말을 귀 기울여 잘 들어주는 경청은 상대방을 즐겁게 한다. 참을성 있게 경청함으로써 상대방에게 '당신의 말은 주의 깊게 들을 만한 가치가 있는 사람'이라는 인상을 심어주는 것이다. 사람은 누구나 자신을 '그럴 만한 가치가 있는 존재'라고 생각하기 때문에 상대방은 충분히 자존심을 세울 수 있어 만족할 것이다. 반대로 상대방의 자아를 위축시키는 것은 그의 말을 들으려 하지 않는 태도다.

거듭 말하지만 인간은 주목받는 것을 좋아한다. 이 세상에서 발생되는 대부분의 불행은 '누군가가 들어주지 않은' 것이 최대 원인이다. 상대방이 무엇을 원하고 필요로 하는가를 그의 입장에서 듣고 이해해준다면 인간관계는 좋아질 수밖에 없다. 이 간단한 원칙을 알고는 있지만 정작 실천에 옮기며 사는 사람은 많지 않은 것 같다. 사람들을 자세히 관찰해보면 유능한 사람은 상대방이 이야기를 하도록 유도한 뒤 자신은 그 이야기를 경청하는 데 비해 그렇지 못한 사람은 상대방의 이야기는 듣지도 않고 자신의 논리만 펴며 이야기를 늘어놓는다. 결론적으로 말해 유능한 사람은 듣는 데에 열중하며 그렇지 못한 사람은 말하는 것에 치중한다.

최고의 리더는 어떠한 경우에도 조언을 하는 것보다 조언을 구하는 데 많은 시간을 할애하고 있다. 그들은 어떤 의사를 결정하기 전에 여러 사람에게 의견을 물어 신중하게 결정한다. 인간관계의 대가인 엘마 호일러는 '거꾸로 가는 룰(Role)'을 제창했다. 이것은 흔히 세상에서 이뤄지고 있는 것과는 반대로 하는 것이 상대방과의 관계를 훨씬 좋게 한다는 원리이다.

첫째, 얘기하고 싶을 때에는 침묵을 지키고 둘째, 상대방에게 얻고 싶은 것이 있을 때에는 먼저 주며 셋째, 의견을 말하고 싶을 때에는 상대방의 의견을 먼저 들으라는 것이다. 이 원칙들은 대부분의 사람에게 적용되기 때문에 인간관계를 유지하는 데 매우 유용한 원칙이다. 미국 전역을 돌며 '효과적인 말하기 방법(대화술)'을 강연한 데일 카네기 역시 자신의 성공 요인으로 상대방의 말을 경청하는 것을 꼽았을 정도로, 다른 사람의 말에 귀를 기울이는 것은 그 어떤 인간관계 기술보다도 중요하다. 그는 이렇게 말한다.

"거래상으로나 사교상으로나 책략을 쓰는 것은 위험한 짓이다. 상대방은 결코 호감을 갖지 않으며 오히려 뒤에 쓴맛을 남기게 한다."

그러므로 먼저 상대방의 말을 잘 듣고 자신의 생각을 말할 때는 어디까지나 공손하고 정중해야 한다. 상대방과 자신의 생각이 어긋날 때에는 조용히 나의 의견을 피력하는 것은 무방하다. 상대방의 말을 들으면서 적당한 때에 적당한 질문이나 머리를 끄덕임 또는 '으음' 정도의 추임새를 넣어주면 훨씬 더 상대방의 말을 경청하는 느낌을 준다.

남북전쟁이 한창일 때 링컨은 고향인 스프링필드에 있는 옛 친구에게 편지를 보내어 워싱턴에 오도록 요청했다. 링컨은 중요한 문제에 대해 그와 토론하고자 했다. 그 친구가 백악관을 방문했을 때 링컨은 몇 시간 동안이나 줄곧 노예해방 선언을 발표하는 것이 얼마나 효과적인가를 그에게 이야기했다. 링컨은 그 방침에 대한 의견을 말하고 나서 이번에는 각종 투서와 신문 기사를 읽어주었다.

어떤 사람은 노예해방에 반대하고 어떤 사람은 찬성하고 또 어떤 사람은 찬성도 반대도 아닌 어정쩡한 태도를 취하고 있다는 내용이었다. 이렇게 몇 시간을 이야기한 뒤 링컨은 그 친구와 작별 인사를 나누고는 그의 의견은 한마디도 듣지 않고 돌려보냈다. 이렇게 링컨은 처음부터 끝까지 자기 할 말만 했다. 이렇게 함으로써 그의 마음은 후련해졌을 것이다. 물론 링컨은 처음부터 상대방의 의견을 바랐던 것이 아니다. 다만 그는 그의 마음 부담을 덜어줄 만한 친근하고 동정적인 경청자가 필요했던 것이다.

마음에 고민이 있을 때는 누구나 그러하다. 링컨과 같은 위대한 인물도 그러한데 보통 사람들이야 더 말할 것도 없으리라. 흔히 화를 내고 있는 고객, 불만을 품고 있는 직원, 상심한 친구 등 모두가 마음속으로는 좋은 경청자를 바라고 있는 것이다. 세상에는 자기 말을 들어주기를 바라는 마음에서 의사를 원하는 환자가 의외로 많다.

상담 성공의 비결에 대해 어떤 실업가는 이렇게 말하고 있다.

"상담의 성공에는 별다른 비결이 없다. 다만 상대방의 말에 귀를 기울이는 것이 가장 중요하다. 이보다 더 효과적인 방법은 없을 것이다."

옳은 말이다. 상대방의 말을 경청하며 여기에서 정보를 얻어 효과적으로 사용해야 한다는 사실은 누구나가 알고 있을 것이다. 그런데도 비싼 집세를 물고 점포를 빌려서 상품을 들여놓고 사람들의 눈을 끌기 위해 화려한 진열장을 꾸며놓을 뿐만 아니라 광고에 많은 비용을 쓰면서도 정작 고객의 말을 귀담아 들어주는 직원교육 부실로 결국 실패를 보는 사업주가 많다.

고객이 하던 말을 중단하게 하고 고객의 말에 반항해 성나게 하는 등 마침내

한 사람도 그 가게에 발을 들여놓지 않게 만드는 직원을 태연히 고용하고 있는 것이다. 세상에는 상대방의 이야기를 절대로 오래 들으려 하지 않고 처음부터 끝까지 자기 말만 해대는 사람이 의외로 많다. 더욱 놀라운 것은 저명인사 중에도 그러한 사람이 적지 않다는 사실이다. 그러한 부류의 사람은 지루하기 짝이 없다. 자아에 도취되어 자기만 잘나고 자기 말만 옳다고 생각하는 태도는 상대방에게 거부감만 줄 뿐이다.

무릇 사람 위에 서서 남을 리드해야 할 자는 무엇보다도 먼저 좋은 경청자가 되어야 한다. 상대방이 자꾸만 자신의 이야기를 하고 싶도록 맞장구를 쳐줄 수 있어야 한다. 그렇게 인내심을 갖고 느긋하게 상대방의 이야기를 들어주어야 한다.

37

웃음의
효능

웃을 때는 가능한 한 온몸으로 특히 오장육부로 웃어야 한다. 허리가 끊어지고 배가 아플 때까지 웃는 요절복통과 박장대소, 폭소는 제일 훌륭한 웃음이다. 이렇게 웃을 때 잡념이 사라지고 긴장도 해소되어 스트레스가 사라진다. 그리고 혈류량이 증가해 성인병 예방에 탁월하며 혈액순환을 도와주며 질병에 대한 면역력도 길러준다.

지난 1987년 코간 박사는 <행동의학 저널>의 '불편을 느낄 때 소리 내는 웃음의 효과'라는 논문에서 소리 내서 웃는 것은 통증의 고통을 없애준다고 발표했다. 크게 소리를 내서 웃으면 통증을 느끼는 신경계를 마비시키는 진통제 엔케팔린과 엔도르핀이라는 두 개의 신경 펩타이드 분비가 촉진되는데 이것은 통증을 억제하는 호르몬이기도 하다.

간혹 웃을 때 생기는 주름 때문에 걱정하는 사람들이 있다. 하지만 그런 것은 걱정하지 않아도 된다. 다 웃고 나면 사라지는 얕은 주름이기 때문이다. 하지만 화를 낼 때 생기는 주름은 깊고 딱딱하고 강해서 오랫동안 남는다. 특히 이마 가운데 '추미근'이 생겨 보기 싫은 주름이 만들어진다.

웃음 연습을 처음 하게 되면 머리가 아프고 어지럼증이 오고 평소 사용하지 않던 얼굴 근육이 아플 수도 있는데 여러 번 반복하다 보면 나중엔 아프지 않게 된다. 그뿐만 아니라 소리 내서 웃는 것은 유산소 운동과 같은 효과를 가져온다. 몸통, 폐, 심장, 어깨, 팔, 복부, 횡격막, 다리 등의 모든 근육이 움직이는 효과도 누릴 수 있다. 그렇기 때문에 우리는 억지로라도 웃을 필요가 있다.

오른손에 신 과일(레몬, 석류, 자두)이 있다고 가정하고 실제처럼 한입 먹어보자. 그러면 바로 침이 고인다. 생각만 해도 침이 계속 나오게 되어 있다. 이처럼 우리 뇌는 실제로 먹지 않아도 상상만으로도 침이 나오게 되어 있다.
지금 뇌를 주먹으로 살살 때려보라. 정말로 우리 뇌는 골 때린다. 하하. 이처럼 억지로라도 한번 웃어보라. 바로 마음도 웃음으로 바뀔 것이다. 요즈음 우리 국민들 '웃을 일이 있어야 웃지'라고 말하지만 우리가 웃을 일만 찾아 웃는다면 영원히 웃음을 잃어버릴지도 모른다. 힘들어도, 부족해도, 아파도 일단 한번 웃어보라. 그러면 바로 해결되고 치료되는 일도 의외로 많다. 그래서 웃음을 만병통치약이라고 말하는 것이다.

나는 억지로 2초만 웃어도 눈가에 눈물이 고인다. 이 눈물은 너무 기뻐서 나온 눈물이다. 웃음도 훈련이 필요하며 마음먹기에 달려 있다. 억지로 웃는 것도 실제로 웃는 것과 똑같은 효과가 있다.
미국 캘리포니아대학교 로스앤젤레스캠퍼스(UCLA) 통증치료소의 데이비드 브레슬로우 박사는 통증이 심한 환우들에게 한 시간에 2회씩 거울을 보고 웃

게 하였는데 억지로 웃는 환자들에게도 효과가 있었다고 한다. 크게 웃는 억지 웃음도 90퍼센트 효과가 있다는 게 사실로 증명된 셈이다. 정말로 웃든, 억지로 웃든 간에 효과는 분명 있다는 결론이다.

미국 펜실베이니아대학교 마틴 셀리즈맨 교수도 『학습된 낙천가』라는 저서에서 96명을 면밀히 조사한 결과 비관적인 사람으로 분류된 16명 중 15명이 사망했으며, 낙천적인 16명은 5명만이 죽은 것으로 나타났다고 밝혔다. 그것이 어떤 웃음이든 간에 웃음은 바이러스처럼 강한 전파력이 있기 때문에 다른 사람의 마음까지도 즐거운 기분으로 바꾸는 힘을 갖고 있다.

가능한 한 혼자 웃는 것보다는 여럿이 웃자. 여럿이 웃으면 혼자 웃는 것의 33배의 효과가 있다. 눈물이 나고, 배가 아프고, 얼굴이 빨개지고, 콧물을 흘리더라도 참을 필요가 없다. 손뼉을 치고 발을 구르며, 양팔을 하늘 위로 벌려 큰 소리로 한번 웃어보라. 세상이 편해 보일뿐더러 불가능한 일이 사라진다.

38

컴백 홈

잠시 나의 이야기로 돌아갈까 한다. 나의 아버지는 독실한 기독교 신자이셨는데 중학교 졸업 후 방황하던 나에게 교회에 가면 용돈도 주고 다양한 특혜를 준다고 해서 나는 억지로 교회 출석을 했다. 교회에는 중고등부 예배 후 친교 시간에 자기소개를 하는 시간이 있었다. 각자가 "어느 학교 누굽니다. 취미는 뭐고, 특기는 뭐고" 하면서 자기소개를 멋지게 했다. 교회에는 여학생이 더 많았는데 곧 내가 소개할 차례가 돌아왔다.

'뭐라고 소개하지?'

이미 내 얼굴은 시커멓게 타버렸고 심장은 잠깐 동안 멈춰 있었다. 나는 할 수 없이 사실대로 소개했다.

"저는 재수생 한광일입니다."

감수성이 가장 예민한 시절이었다. 31년 전 일이지만 지금도 생생하다. 당시 너무 가혹했다. 이후 재수해서 고등학교를 졸업하고 교회에 다니지 않던 나에게 아버지가 교회 가기를 또 부탁했다. 간곡한 부탁을 뿌리칠 수 없어서 한 번만 간다고 했다. 청년부 예배 후 친교 시간이 돌아왔다.

또다시 각자 자기소개 시간이 돌아왔다.

"어느 대학 누구입니다."

"어느 직장 누굽니다."

그때 가장 학벌 좋은 학생은 연세대학교 대학원생이었는데 그 사람이 입은 양복, 시계, 말솜씨, 인상, 모든 게 나에게는 최고로 보였다. 그가 너무나 부러웠다. 드디어 내 소개 시간이 되었다. 그런데 얼굴이 벌써 새파랗게 굳어버렸다.

"저는 재수생 한광일입니다."

4년 전 악몽이 또 왔구나. 가는 날이 장날인가? 나는 운도 없는 사람인가 보다. 그때 교회를 나서던 나를 따라와 다정하게 상처받은 내 가슴을 어루만져주었던 여학생이 불치병을 가진 소녀였는데 현재 어디 살고 있는지 한번 만나보고 싶다.

그런 상처를 안고 나는 내 방식대로 열심히 최선을 다해 살았다. 그런데 우연일지 몰라도 15년 후 그때 우상처럼 보였던 대학원생처럼 나도 연세대학교 대학원생이 되었고 전 과목 A에 100점 만점으로 성적 우수상을 받고 졸업했다. 또 기적이라고 할 수 있는데 최근 방송에 가장 많이 나왔던 대형병원에는 큰 강당이 없어 직원들의 월례 직원교육을 그 교회에서 하고 있었다. 그런데 그 병원에서 인기강사 투표를 했는데 내가 1위를 해서 특강 강사로 초빙됐다. 27년 만에 컴백 홈을 하여 바로 그 자리에서 그 시절을 추억하며 강연을 하고 왔다.

어떤 모임이든지 자기소개 시간에 단 한 명이라도 주눅이 들어 소개를 못하는 사람이 있을 거라는 생각을 갖고 배려를 해야 한다. 우리의 자랑이 당연한 것이지만 그 자랑 속에 몇 사람은 주눅 들지 않나 신중한 처신 또한 필요하다. 그런 배려 역시 매력형 인간의 장점이다.

Chapter 6

칭찬의
기술

01
칭찬을 칭찬하고,
칭찬을 노래하라

▶ 칭찬이 약이다.

▶ 칭찬이 답이다.

▶ 칭찬은 등대다.

▶ 칭찬은 멘토다.

▶ 칭찬은 힘이다.

▶ 칭찬은 산소다.

▶ 칭찬은 밥이다.

▶ 칭찬은 참깨다.

▶ 칭찬은 공짜다.

▶ 칭찬은 꽃이다.

▶ 칭찬은 창조다.

▶ 칭찬은 센스다.

▶ 칭찬은 날개다.

▶ 칭찬은 달이다.

▶ 칭찬은 향기다.

▶ 칭찬은 아트다.

▶ 칭찬은 환희다.

▶ 칭찬은 매직이다.

▶ 칭찬은 합창이다.

▶ 칭찬은 힐링이다.

▶ 칭찬은 보약이다.

▶ 칭찬은 등대이다.

▶ 칭찬은 사랑이다.

▶ 칭찬은 나눔이다.

▶ 칭찬은 태양이다.

▶ 칭찬은 폭포수다.

▶ 칭찬은 고향이다.

▶ 칭찬은 온천이다.

▶ 칭찬은 금맥이다.

▶ 칭찬은 성장제다.

▶ 칭찬은 여행이다.

▶ 칭찬은 생명이다.

▶ 칭찬은 직거래다.

▶ 칭찬은 체온이다.

▶ 칭찬은 용돈이다.

▶ 칭찬은 보너스다.

▶ 칭찬은 거울이다.

▶ 칭찬은 배터리다.

▶ 칭찬은 에센스다.

▶ 칭찬은 분수대다.

▶ 칭찬은 생일이다.

▶ 칭찬은 신혼이다.

▶ 칭찬은 신발이다.

▶ 칭찬은 우산이다.

- ▶ 칭찬은 윤활유다.
- ▶ 칭찬은 첫 키스다.
- ▶ 칭찬은 웬 떡이다.
- ▶ 칭찬은 애인이다.
- ▶ 칭찬은 막걸리다.
- ▶ 칭찬은 난향기다.
- ▶ 칭찬은 커튼이다.
- ▶ 칭찬은 무지개다.
- ▶ 칭찬을 선물하라.
- ▶ 칭찬을 파티하라.
- ▶ 칭찬을 지금 하라.
- ▶ 칭찬을 노래하라.
- ▶ 칭찬은 유쾌하다.
- ▶ 칭찬은 최선이다.
- ▶ 칭찬은 공감이다.
- ▶ 칭찬은 유레카다.
- ▶ 칭찬은 소화제다.
- ▶ 칭찬은 사우나다.
- ▶ 칭찬을 처방하라.
- ▶ 칭찬은 초콜릿이다.
- ▶ 칭찬은 인테리어다.
- ▶ 칭찬은 유산균이다.
- ▶ 칭찬은 모기장이다.
- ▶ 칭찬은 해우소이다.
- ▶ 칭찬은 자신감이다.
- ▶ 칭찬은 합격증이다.
- ▶ 칭찬은 번지점프다.
- ▶ 칭찬은 달이다.

▶ 칭찬은 사기 충전이다.

▶ 칭찬은 아침햇살이다.

▶ 칭찬을 들으면 홍콩 간다.

▶ 칭찬은 레일바이크다.

▶ 칭찬은 가위바위보다.

▶ 칭찬은 한 편의 영화다.

▶ 칭찬은 최고의 유머다.

▶ 칭찬은 빛과 소금이다.

▶ 칭찬은 맑고 향기롭다.

▶ 칭찬은 칭찬을 낳는다.

▶ 칭찬은 화끈후끈하다.

▶ 칭찬은 사랑의 기술이다.

▶ 칭찬은 인생의 줄거리다.

▶ 칭찬은 베스트 습관이다.

▶ 칭찬은 아름답고 멋지다.

▶ 칭찬은 최고의 소통이다.

▶ 칭찬은 별처럼 찬란하다.

▶ 칭찬은 잘 익은 와인이다.

▶ 칭찬은 축사이며 찬가다.

▶ 칭찬은 행복이며 축복이다.

▶ 칭찬이 상쾌, 유쾌, 통쾌다.

▶ 칭찬은 죽은 자도 살게 한다.

▶ 칭찬 받으면 가슴이 부푼다.

▶ 칭찬은 매력적인 선물이다.

▶ 칭찬은 마술이며 예술이다.

▶ 칭찬은 자비롭고 사랑스럽다.

▶ 칭찬은 최고의 성형수술이다.

▶ 칭찬은 우울증의 특효약이다.

▶ 칭찬은 킹카와 퀸카를 만든다.

▶ 웃음은 강이고 칭찬은 바다이다.

▶ 웃음이 해라면 칭찬은 달이다.

▶ 칭찬으로 너를 조각하고 싶다.

▶ 여자는 남자의 칭찬에 넘어간다.

▶ 남자는 여자의 칭찬에 쓰러진다.

▶ 칭찬으로 샤워하고 마사지하라.

• 칭찬은 찬란한 언어다.

• 최고의 칭찬은 웃음이다.

• 웃음은 나고 칭찬은 너다.

• 칭찬, 너는 고품격 유머다.

• 칭찬은 예술이며 와인이다.

• 가장 맛있는 식사는 칭찬이다.

• 나는 너의 칭찬조각가가 되고 싶다.

• 웃음은 멋지고 칭찬은 아름답다.

• 웃음은 봄이라면 칭찬은 가을이다.

• 웃음은 화려하고 칭찬은 수려하다.

• 웃음이 꽃이라면 칭찬은 벌나비이다.

• 웃음은 폭포이고 칭찬은 무지개이다.

• 웃음으로 샤워하고 칭찬으로 닦아내자.

• 1분간의 허튼 말보다 10초의 칭찬이 낫다.

• 칭찬하면 천국 가고 칭찬 들으면 홍콩 간다.

• 웃음은 행복의 언어이고 칭찬은 행복의 메아리이다.

• 남자는 여자의 웃음에 쓰러지고 여자는 남자의 칭찬에 죽는다.

02

아름다운 말 vs.
아름답지 않은 말

1) 세상에서 가장 아름다운 소리

당신을 사랑합니다.

당신이 있어 행복합니다.

함께해줘서 고마워요.

2) 가장 아름다운 말(미고사잘당내)

미안해, 고마워, 사랑해, 잘했어, 당신 덕분에, 내가 잘못했어.

3) 부부가 가장 받고 싶은 선물(사랑의 편지)

예전에는 통신 장비라고 할 게 없으니 서로 사랑하는 이들의 의사소통은 당연
히 편지로 했다. 밤새 사랑하는 이를 그리며 쓰고 찢고를 반복하면서 밤새운
경험이 50대 이상이면 있을 것이다.

그렇게 써서 부친 편지, 다시 답장을 받으려면 족히 1주일 이상은 걸렸다. 그러
나 요즘은 어떤가? 삐삐가 나왔고, 핸드폰이 출연했고, 이제 스마트폰이 대세

인 시대가 되었다. 모든 것이 말 그대로 스마트해진 세상이다.

현재는 사랑하는 사람이 생겨도 편지를 쓰는 사람은 드물 것이다. 네트워크가 너무도 잘 발달되어 카카오톡, 라인 등 메신저의 활용은 이제 생활의 필수 아이콘이 되었다. 그렇다 보니 종이를 이용한 편지는 이제 옛 향수를 불러일으키는 단어가 돼버렸다.

그래서 그런지 부부들을 대상으로 조사한 결과 가장 받고 싶은 선물이 바로 '사랑의 편지'라고 한다. 아마도 신세대 이야기는 아닌 듯하다. 좀 어색할지라도 한번 배우자에게 사랑의 편지를 써보는 것은 어떨까? 색다른 감흥이 있으리라.

4) 부부들이 배우자로부터 가장 듣고 싶은 말(임종·지금)

부인 : 여보! 당신만을 사랑했어.

남편 : 여보! 고생 많았어.

부인 : 당신을 믿어요.

남편 : 힘들지요?

5) 연인들이 가장 듣고 싶은 말

1위 : 보고 싶어.

2위 : 사랑해.

3위 : 너밖에 없어.

4위 : 네가 최고야.

5위 : 고마워.

6) 부모님이나 선생님으로부터 가장 듣고 싶은 말

1위(70%) : 사랑한다.

2위(16%) : 자랑스럽다.

3위(8%) : 똑똑하다.

4위(6%) : 착하다.

7) 10대 자녀가 가장 듣기 싫어하는 말

공부 좀 해라.

○○는 잘하는데 ○○의 반만 닮아라.

넌 왜 그렇게 생각이 없니?

몇 번을 말해야 알아듣겠니?

나중에 뭐가 될래?

넌 누구 닮아서 그 모양이니?

8) 직장에서 가장 듣기 싫은 말

1위(38%) : 당신 왜 이래?

2위(29%) : 빨리빨리 좀 할 수 없어?

3위(18%) : 이것밖에 안 돼?

4위 : 한심하다!

5위 : 어이!

9) 직장에서 가장 듣고 싶어 하는 말

1위(46%) : 고생했어요. 수고했습니다.

2위(28%) : 역시 이 일에는 ○○ 씨밖에 없어.

3위 : 요즘 많이 힘들지?

4위 : 일찍 퇴근해라.

5위 : 밥 먹으러 갑시다.

6위 : 같이 해보자!

7위 : 자네 생각대로 일을 추진하게나.

8위 : 자네 의견은 어떤가?

9위 : 끝나고 술 한잔하자.

10) 상사가 후배 직원에게 가장 듣고 싶어 하는 말

1위 : 역시 선배는 다르시네요.

2위 : 많이 힘드시죠?

3위 : 덕분에 잘 지내요.

4위 : 선배는 못하는 게 없으시네요.

5위 : 선배님만 믿어요.

6위 : 계속 같이 일하고 싶어요.

7위 : 많이 가르쳐주세요.

8위 : 술 한 잔 사주세요.

9위 : 개인적인 일로 상의를 드리고 싶은데요.

03

칭찬 게임

- 마주 보고 외적 다섯 가지, 내적 다섯 가지
- 한 원으로 칭찬 릴레이 암기 게임

누구나 칭찬에 목말라 있고 인정받고 싶어 하는 욕구가 있다. 명쾌하게 칭찬해 주는 것이 '칭찬 경영'이다. 칭찬은 소통의 도구이며 생산성을 높여주는 경쟁력이다.

1) 칭찬의 뜻

사전적 의미는 '좋은 점이나 착하고 훌륭한 일을 높이 평가함. 또는 그런 말'이다. 비슷한 말로는 찬칭, 칭미, 칭양, 칭예, 상미, 상양, 치사, 가탄, 갈채, 찬양 등이 있다. 반대말로는 질책, 걱정, 책망 등이 있다.

2) 칭찬은 치료제다

불평하거나 책망을 계속 들으면 스트레스 과부하가 생겨서 아드레날린이나 코르티솔이 증가해 신장 위 내분비샘인 부신이 커진다. 반면 칭찬을 하거나 들으면 뇌 속에서 도파민이라는 신경전달물질이 분비되면서 쾌감을 높이고 이를 지속시킨다. 또한 행복호르몬인 세로토닌도 분비된다.

알파파 상태가 되어 안정감을 강화시키고 베타파를 증진시키고 아세틸콜린이라는 호르몬이 나와 학습의 이해력과 집중력을 높여주기도 한다. 특히 혈액에서 인터류킨, 엔도르핀, 엔케팔린 등 각종 면역강화물질의 분비를 촉진시킨다. 칭찬은 사랑의 호르몬인 옥시토신, 도파민, 페닐에틸아민도 분비되어 칭찬 마사지를 받는 사람은 사랑에 빠질 수밖에 없다.

칭찬 샤워를 한 사람은 감동을 받게 되어 엔도르핀보다 4천 배 강력한 감동 호르몬인 다이돌핀이 생성되어 면역체계가 활성화된다. 이를 통해 질병에 걸릴 확률이 낮아지고 심신이 편안해져 건강한 생활을 영위할 수 있다.

3) 칭찬의 위력

'콩 심은 데 콩 나고 팥 심은 데 팥 난다', '부름이 크면 대답도 크다'라는 속담이 의미하듯 인간은 칭찬에 따라 행동으로 반응한다. 개인의 역기능을 순기능으로 행동 수정하려면 의도적인 칭찬도 해야 한다.

사마천의 『사기(史記)』에 '사위지기자사(士爲知己者死), 여위열기자용(女爲悅己者容)'이라는 말이 있는데 이는 '선비는 자기를 알아주는 사람을 위해 목숨을 바치고, 여자는 자기를 기쁘게 해주는 사람을 위해 얼굴을 가꾼다'는 뜻이다. 관심을 갖고 인정을 해주면 그 사람은 긍정적으로 행동하게 되어 성공에 이르게 된다. 이것이 바로 칭찬의 위력이다.

로마 시대의 정치가이자 철학자였던 시세로(Marcus T. Cicero)는 "우리는 칭찬이라는 사랑스러운 말을 들음으로써 무엇인가를 시도할 마음이 생겨나게 된다"라고 했고 미국의 소설가 마크 트웨인(Mark Twain)은 "칭찬 한 마디에 나는 두 달을 거뜬히 살 수 있다"고 했다. 이는 모두 칭찬의 위력과 위대함에 관한 말이다.

중국 춘추전국 시대의 모수라는 지략가에 관한 고사에는 '세 치 혀끝이 백만 군사보다 강하다'라는 말이 나온다. 우리 옛 속담에도 '말 한 마디로 천 냥 빛을 갚는다', '가는 말이 고아야 오는 말이 곱다'라는 말이 있다. 이는 모두 말 한 마디 한 마디에 신중을 기해야 한다는 의미다.

'설화(舌禍) 입는다'라는 말처럼 주변에서 과거 말 때문에 공직이나 유명한 직책에서 물러나는 사례를 많이 보았을 것이다. 돈과 말은 조심할수록 좋다. 언행일치 속에서 가능한 한 덕담을 즐기며 말을 겸손하게 잘하면 축복의 삶을 살 수 있을 것이다.

4) 칭찬은 플라세보 효과보다 더 강하다

미국의 의사들 중 95퍼센트가 믿고, 53퍼센트가 처방한다는 플라세보는 가짜 약이다. 그런데 칭찬은 이 플라세보보다 더 강한 약이다. 따뜻한 칭찬 한마디에 마음이 움직여 몸까지 전이된다. 심장과 전신이 달아올라 혈액순환이 잘되어 질병을 치유할 수 있다. 심신은 일체이기에 사랑스런 칭찬 한마디에 몸과 마음이 행복해지고 건강해진다.

5) 칭찬은 피그말리온 효과다

칭찬은 자녀와 학생, 직원들에게 자신감을 갖고 잘하도록 유도하는 심리적 화법이다. 누구나 원초적인 칭찬 욕구가 있는데 그것을 통해 적극적인 동기부여를 할 수 있다. 피그말리온 효과는 로젠탈 효과(관심과 기대에 따라 효과 상승), 자성적 예언(무비판적으로 바라보는 관점), 자기충족적 예언이라고도 한다. 피그말리온 효과는 그리스 신화에 나오는 조각가 피그말리온의 이름에서 유래한 심리학 용어이다.

조각가였던 피그말리온은 아름다운 여인상을 조각하고 그 여인상을 진심으로 사랑하게 된다. 여신(女神) 아프로디테는 그의 사랑에 감동해 여인상에게 생명을 주었다. 이처럼 타인의 기대나 관심으로 인해 능률이 오르거나 결과가 좋아지는 현상을 말한다.

심리학에서는 타인이 나를 존중하고 나에게 기대하는 것이 있으면 기대에 부응하는 쪽으로 변하려고 노력해 그렇게 된다는 것을 의미한다. 특히 교육심리학에서는 교사의 관심이 학생에게 긍정적 영향을 미치는 심리적 요인이 된다는 것을 말한다. 그래서 부모, 교사, 상사 들은 구성원들을 칭찬으로 조각하고 칭찬으로 샤워할 수 있는 도량을 품어야 한다. 그 아름다운 칭찬 조각에 생명이 부여될 것이다.

04

칭찬 경영

칭찬은 뇌 속의 베타파를 증진시켜 기억력과 집중력을 높인다. 그래서 이해력과 기억력은 물론 직장에서의 작업 환경과 작업 능률도 향상시킨다. 또한 칭찬은 스트레스 레벨을 줄여주고, 권태와 무력감을 예방하고, 사기 진작을 시켜주며, 생산성을 증가시키고, 구성원 간의 의사소통을 원활하게 하고, 창의력을 향상시키고, 자신감을 증진시킨다.

한국은 34개 OECD 국가 중 행복지수는 32위, 직무의 만족도와 흥미도는 34위, 산업재해와 스트레스지수는 1위로 조사됐다. 산업재해를 예방하고 스트레스를 줄여 즐거운 직장 행복한 고객을 만들기 위해 칭찬 요법으로 칭찬 경영을 해야 한다.

1) 직원의 사기 진작 요인

다음의 표처럼 경영자의 생각과 직원의 생각에는 큰 차이가 있다. 가장 효과적인 경영은 '칭찬과 격려'라는 것이다. 이를 통해 조직을 활성화해 생산성을 높여야 할 것이다. 칭찬을 통해 직원들이 바람직한 태도와 사기 진작, 자신감을 갖도록 해야 한다.

	경영자의 생각	직원의 생각
1위	높은 임금	칭찬과 격려
2위	안정된 일자리	상사의 이해심
3위	승진	회사 일 참여
4위	근무 환경	안정된 일자리
8위	칭찬과 격려	쾌적한 근무 환경
10위	회사 일 참여	교육 훈련

2) 신나는 일터 만들기

'이제는 웃어야 산다. 한 개인뿐 아니라 수많은 기업도 이제는 직원들을 웃겨야 생산성을 높이고 매출을 신장시킬 수 있다는 확고한 신념을 갖게 됐다.'

펀 경영은 직원들이 펀 리더십 훈련을 체계적으로 받음으로써 직장 내 활기와 즐거움을 넘치게 해 회사의 생산성을 높이게 하는 프로그램을 말한다.

외국이나 국내에서도 펀 경영을 실천해 성공한 사례가 많다. 지난 1990년대 초 미국에서 일기 시작한 펀 경영 열풍은 점차 유럽과 아시아까지 확산되었고 현재는 세계적인 경영 트렌드로 인기를 모으고 있다. 이런 펀 경영은 원료 없이 공장을 움직이는 유비쿼터스 시대의 최적의 방법이라고 할 수 있다.

실제로 지난 1996년 '직원의 사기가 15퍼센트 상승하면 생산성은 40퍼센트 향상된다'는 캐나다의 캐드릭 펜위크의 보고가 있었다. 그에 따라 변화 적응력이 향상하고, 구성원 간 의사소통이 원활해지고, 창의력이 향상하고, 자신감을 증진시켜 직원들의 작업에 추진력과 성취도를 향상시킨다고 발표했다.

펀 경영의 요점은 기업의 최고 고객은 바로 함께 일하고 있는 직원들이며 직원들이 만족해야 고객 또한 만족할 수 있다는 마인드이다. 따라서 고객을 섬기듯이 직원들을 섬기면 그 회사는 성공할 수밖에 없다. 아울러 칭찬과 웃음은 스트레스 수치를 줄여주고 권태와 무력감을 예방해 변화에 대한 적응력, 의사소통, 창의력, 자신감, 추진력, 성취도를 향상시킨다.

웃음이 주는 경제적 가치를 돈으로 정확히 환산할 수는 없지만 산업재해, 노사분규, 의료비 등이 1/3로 감소하고 생산성은 배가된다는 조사 결과가 있다. 따라서 기업의 경우 펀 경영을 도입했을 때 시너지 효과를 발휘할 수 있다.

펀 경영의 실천 운동으로는 연 1회 펀 경영 워크숍, 칭찬대회, 운동회, 야유회, 축제, 송년회를 개최 등이 있으면 이에 따라 업무 능률이 오르고 즐거운 일터를 만들 수 있다. 이제 펀 경영이 개인의 삶이나 기업 모두에게 이익을 가져다주고 성공을 가져다준다는 사실을 모르는 사람은 없다. 펀 경영으로 성공을 거두고 있는 기업들의 예는 매우 흥미롭다.

세계적 추세를 타고 우리나라 기업에서도 바야흐로 펀 경영이 붐이다. 기왕이면 신나고 재미있는 직장생활을 하자는 것이다. 그래야 능률이 오르고 매출이 오르고 사업 실적이 현격히 증가한다는 얘기다. 이제는 기업주가 변해야 산다. 변화하는 CEO들의 마인드가 혁신적인 개혁을 꾀하고 있다.

3) 직원들의 사기 진작에는 칭찬과 웃음이 최고다

실제로 웃음을 경영에 접목한 펀 경영 전문가들은 "웃음을 자아내는 위트와 유머는 화폐 가치로 환산할 수는 없지만 이로 인해 얻게 되는 수익은 분명히 있다"고 말한다. 특히 기업을 이끄는 총수들에겐 이런 한순간의 위트와 재치가 그룹의 존망을 좌우하는 경제적 가치를 지니기도 한다. 음식점에서는 유머러스한 점포명 하나가 수천, 수만 장의 홍보물보다 더 위력이 있다. 또 낙타가 바늘구멍에 들어가는 것 같은 취업난 속에서는 엄청난 경쟁을 뚫는 막강한 위력을 발휘할 수도 있다.

펀 경영은 즐거운 직장생활을 통해 기업의 궁극적 목적인 생산성을 높이자는 것이다. 그래서 펀 경영은 즐거운 생활을 통해 개인뿐만 아니라 나아가 국가 경영까지 스며들어야 하는 최상의 마음 경영이라고 볼 수 있다. 웃음은 뇌 속의 베타파를 증진시켜 기억력과 집중력을 향상시키고 기억력을 높여주는 것은 물론이거니와 직장에서는 작업 환경과 작업 능률을 향상시킨다.

'훌륭한 일터(GWP, Great Work place) 운동'의 창시자인 로버트 레버링 박사는 이렇게 말했다.

"회사의 가장 중요한 자산은 직원이라는 인식이 전 세계적으로 빠르게 확산되고 있다. 회사들이 고객, 거래처 등 외부 가치보다 종업원과 기업 문화라는 내부 가치를 중시하는 시대가 열리고 있는 것이다."

레버링 박사가 말하는 훌륭한 일터는 구성원들이 상사와 경영진을 신뢰하고 자기 일에 자부심을 느끼며 함께 일하는 구성원들 간에 일하는 '재미(Fun)'를 느낄 수 있는 곳이다. 여기서 우리는 훌륭한 일터는 대부분 흑자 경영을 하고 있다는 사실에 주목해야 한다.

4) 칭찬 제도를 도입하라

펀 경영을 어렵게 생각하지 말자. 정말 단순하고 쉬운 것이 바로 펀 경영이다. 가령 옆에 앉아 있는 동료 직원의 어떤 점을 칭찬해 잠시 잠깐이라도 웃을 수 있다면 즐겁게 일을 하는 동기를 부여했다는 점에서 그 역시 펀 경영이라고 할 수 있다.

W 기업의 경우에는 직원들에게 책을 읽고 독후감을 써내게 하는 방법으로 펀 경영을 실시하는 것 외에도 '칭찬상'이라는 제도를 마련해 동료들 간의 화기애애한 분위기를 도모하고 있다.

펀 경영을 이루기 위해서는 일하기 좋은 직장 환경을 만든 것이 우선이다. 그리고 직원들 스스로가 신명나게 일할 수 있도록 즐거움과 재미를 줄 수 있어야 한다. 더불어 직원들의 불편한 점을 헤아릴 줄도 알아야 한다. 마지막으로 칭찬하는 CEO가 되어야 한다. 나를 칭찬해주는 사람 앞에서 얼굴을 붉힐 사람은 아무도 없다. 칭찬은 웃음을 불러들이는 가장 직접적이고 확실한 방법이다. 되로 주고 말로 받을 수 있는 정말 마진이 남는 장사이다. 돈 안 들이고 이런 톡톡한 이득이 떨어지는 일을 왜 마다하겠는가!

05

칭찬 웃음의
다섯 가지 효과

누구나 칭찬과 웃는 능력을 갖고 있다. 이는 사람의 기본적 본능 중 하나이다. 다만, 사람마다 차이가 있을 뿐이다. 그렇다면 칭찬과 웃음이 인간관계에서는 어떤 효과를 발휘할까?

첫째, 친화 작용이다.

서로가 칭찬과 웃음으로 대하면 한결 부드러운 사이가 될 수 있다. 긴장을 풀고 같은 평면상에 서서 웃음을 나누는 것이다. 첫 대면인 상대와 마주보고 회의할 때도 처음에 누군가가 웃고 나면 그때까지의 긴장이 단숨에 풀리면서 친밀감이 생겨난다. 싸우다가도 한편에서 웃어버리면 싸움이 성립되지 않는다. 비웃음이 아닌 협조로써 친화를 의미하는 웃음은 싸움의 포기이자 화해를 의미하므로 싸움이 될 수 없는 것이다.

인간관계가 순조로우면 자연히 웃음도 나오고 대화도 부드럽다. 하지만 살다 보면 그 반대인 경우도 많은데 사실 이런 때야말로 웃음을 창출하려는 노력이 필요하다. '웃음은 삶의 윤활유'라는 말이 있다. 이 말은 일상생활을 하다 보면 그다지 마음 내키지 않는 사람들과도 대화를 나누거나 관계를 계속 유지해야 하는 경우가 있는데 웃음은 그럴 때 매우 효과적인 윤활유 역할을 한다는 뜻이다.

둘째, 유인 작용이다.

칭찬과 웃음이 있는 곳엔 자연히 많은 사람이 모이게 마련이다. 재미있는 듯해 '뭘까?' 하고 그 무리에 다가가고 가능하면 슬그머니 그 속에서 어울리고 싶어 한다. 일본에서는 어느 기업이나 신입사원 연수 과정에서 반드시 웃음의 중요성을 설명한다고 한다. 이것은 대인관계에서 웃음 띤 얼굴이 얼마나 중요한가에 중점을 둔 정책이라 하겠다.

재미있는 일이 없는데 웃을 수 있겠느냐고 묻는 사람이라면 대인 관련 업무에는 부적합하다. 대학을 졸업하고도 취직하기 어렵다는 요즘에 아무런 연고도 없고 뛰어난 성적도 아닌데 취직됐다는 사람을 만나보면 그가 가진 해맑은 미소 때문임을 직감하게 된다. 인상 좋은 웃음에는 상대방을 끌어당기는 힘이 있기 때문이다.

셋째, 정화 작용이다.

사회에 응어리진 '독소'를 정화해주는 것은 풍자적 웃음이다. 권력의 부패, 사회의 부정이나 모순을 백일하에 끌어내고 그것들을 향해 웃음의 화살을 퍼붓는 공격으로써의 웃음을 던지는 것이다. 풍자로 대중의 웃음을 사고 그로써 반성이 촉구된다면 풍자는 사회의 정화 작용에 크게 기여하는 셈이다.

넷째, 해방 작용이다.

어떤 대학의 한 교수가 너무나 권위적인 나머지 학생들은 그 앞에 나가면 완전히 얼어붙어 말조차 더듬거렸다. 그러던 어느 날 교수가 교단에서 '뿡' 하고 방귀를 뀌었다. 강의를 듣던 모든 학생의 횡격막이 크게 자극을 받았을 것은 뻔하다. 이후로 학생들은 속박에서 풀려난 듯 가벼운 마음으로 교수를 만날 수 있게 됐다. 그렇다고 엄격한 교수라고 생각하던 그 생각이 변한 것은 아니다. 다만, 불필요한 장막이 웃음으로 없어졌을 뿐이다.

다섯째, 칭찬과 웃음의 전염 작용이다.

웃음이란 공연스레 일어나기도 한다. 또 필요하다면 살짝 웃는 얼굴을 지을 수도 있고 갑자기 '와하하하' 하고 웃기 시작할 수도 있다. 한자리에 모인 사람들이 동시에 웃자고 약속을 하고 동시에 억지웃음이나마 웃다 보면 그렇게 웃음 짓는 사람의 표정이 우스워 이번에는 진짜 웃음이 터진다. 그것이 우습다고 또 웃고, 다시 또 웃고….

이렇듯 칭찬과 웃음에는 강력한 전염성이 있다. 웃음은 불쾌한 마음을 즐거운 기분으로 전환해주고 모든 인간관계를 원만히 해주는 것이라는 인식을 좀 더 깊이 할 필요가 있다. 웃음은 행운도 끌어들이는 힘이 있다. 행운은 신이 내린다고 한다. 그렇다면 웃음이 신을 끌어들여 복을 내리게 한다는 말이 되니 결국 인간은 스스로 행불행을 창조한다고 해도 과언이 아니다.

유교 사상이 깊이 뿌리박힌 우리나라 사람들은 예부터 '희노불형어색(喜怒不形於色)', 즉 기쁨과 노여움을 함부로 나타내지 말라는 교육을 받아왔다. 그러나 칭찬과 웃음을 자아내게 하고 있는 두뇌야말로 우리의 미래를 맡길 두뇌라고 생각하라.

고려 광종 때 균여대사가 지은 10구체 향가 '칭찬여래가'는 여래를 칭찬하기 위한 노래인데 여래는 석가모니를 성스럽게 일컫는 말이다. 석가여래의 공덕을 한없이 칭송하는 내용대로 여래 보는 것처럼 중생을 서로 아끼고 항상 다정다감하게 친근한 칭찬으로 상대를 기쁘게 해야 한다는 말이다.

1) 칭찬의 목표

- 개인 : 웰빙, 창의력, 사회성, 유연성, 긍정적, 자신감, 표현력, 성취감
- 집단 : 친밀감, 팀 빌딩, 네트워킹
- 가족 : 평안하고 행복한 삶
- 기관 : 펀 경영, 커뮤니케이션
- 종교 : 심신과 영혼의 안녕
- 국가 : 건전한 문화 창조, 창달

2) 잘못된 칭찬의 유형

비현실적이거나 전혀 객관적이지 않은 칭찬, 잘못한 상황에서도 항상 하는 칭찬, 잘 모르면서 아는 체하며 하는 칭찬, 결점이 있음에도 아부하면서 하는 칭찬, 사기를 위한 속임수의 칭찬, 비난이 바로 이어지는 칭찬 등은 모두 잘못된 것이다.

3) 칭찬을 잘하는 요령

- 대상에 관계없이 친근하게 대하며 바로 칭찬하라.
- 모든 아이와 자주 놀아주라.
- 가정, 놀이터, 학교, 단체, 모임 등에서 함께 즐겁게 생활하라.
- 긍정적인 사고를 하라.
- 운동을 즐기고 노래를 흥얼거려라.
- 멋을 내라.
- 여유를 즐겨라.
- 소리 내어 잘 웃고, 재미있는 사람들과 자주 어울려라.
- 실수도 즐겁게 받아들여라.
- 웃기는 책, 영화, 방송을 보라.
- 집안 환경을 밝게 바꿔라.

- 거울을 자주 보고 자화자찬하라.
- 직장에서 칭찬과 웃음을 유발하는 방법을 의도적으로 시도하라. 예컨대 마주치면 하이파이브를 하기, 악수하기, 포옹하기, 등 쳐주기, 웃어주기, 칭찬해주기, 회의 시간에 웃기, 안마하기, 농담하기, 자랑하기, 덕담하기, 개인기 보여주기 등이다.

4) 칭찬이 주는 효과

- 자신감을 준다.
- 잘 성장하도록 해준다.
- 모든 일에 의욕을 만들어준다.
- 삶의 방향을 새롭게 해준다.
- 주변을 밝게 만들어준다.
- 마음을 따뜻하게 해준다.
- 마음을 넓어지게 해준다.
- 긍정적인 삶을 살게 해준다.
- 적극적인 삶을 살게 해준다.
- 인간관계를 잘 이루게 해준다.

06
칭찬의
열 가지 기술

1) 구체적으로 칭찬하라

칭찬을 할 때는 뭉뚱그려 애매모호하게 "미인이십니다", "미남이십니다"라고 하기보다는 구체적으로 어느 한두 부분을 지목해서 하라. 예컨대 "얼굴이 예쁜데 눈이 매력적이십니다" 하는 식으로 말이다.

2) 부드럽게 칭찬하라

부드럽게 칭찬을 하라는 말은 칭찬이 진심에서 우러나오는 자연스럽고 부드러운 분위기를 만든 후 칭찬하라는 의미이다.

3) 직책·이름을 불러주고 바로 칭찬하라

사람들은 존재감을 자신의 지위와 위치에서 찾는다. 아마도 이것은 자신의 정체성에도 영향을 주는 것이므로 가능한 한 직책과 이름을 부르면서 칭찬해주는 것이 좋다. 특히 직책을 불러준다는 것은 그만큼 상대에게 대접을 받고 있다는 느낌을 주기 때문이다.

4) 진지하고 진실하게 칭찬하라

칭찬하는 사람의 어투와 태도에서 진실함이 묻어나야 한다. 마지못해 분위기에 휩쓸려서 혹은 이해관계 속에서 하는 칭찬이 아닌 진심으로 마음에서 우러나는 솔직하고 담백한 칭찬이 필요하다.

5) 자신 있게 칭찬하라

진심에서 우러난 칭찬은 그 목소리에 힘이 있다. 즉, 자신감을 갖고 칭찬을 하게 되는 것이다.

6) 의미 있게 공개적으로 칭찬하라

칭찬을 하되 아무 의미 없는 칭찬보다는 명분 있는 칭찬이 더 좋다. 또한 그런 칭찬에는 다른 사람들의 칭찬 동참을 유도할 수 있다. 따라서 가능하면 공개적으로 의미 있는 칭찬을 하는 것이 좋다.

7) 공손하게 극적으로 칭찬하라(무표정 고마워. 진지 표정 고마워)

칭찬은 말로만 하는 것은 아니다. 칭찬하는 사람의 어투, 억양, 태도, 손짓, 몸짓, 분위기 등 다양한 경로를 통해 칭찬을 하게 되는 것이다. 즉, 칭찬하는 사람의 마음이 진심이라면 누가 웃으며 칭찬하라고 강요하지 않아도 웃는 얼굴로 기꺼이 기쁜 마음으로 칭찬 샤워를 하게 될 것이다.

8) 시작과 과정을 칭찬하라

시작과 과정을 칭찬하라는 것은 그 사람을 전폭적으로 칭찬하라는 의미이며 그 사람의 일거수일투족에 관심을 갖고 배려하라는 의미가 포함된다. 상대에게 관심을 갖게 되면 어느 한 부분이 아니라 그 사람의 모든 것을 다 주의 깊게 볼 것이고 칭찬하게 될 것이기 때문이다.

9) 늘 습관이 되도록 칭찬하라

칭찬에 인색한 사람은 칭찬하기가 쉽지 않다. 칭찬을 하려면 망설이게 되고 결국 입 밖으로 칭찬을 한 마디도 내뱉지 못한다. 칭찬도 연습이 필요하다. 칭찬이 습관처럼 내 몸에 마음에 입술에 배게 해야 한다. 어느 장소 어느 누구에게든 칭찬을 위해 관찰을 하라. 그러면 기어코 칭찬할 면을 찾아 칭찬을 할 수 있을 것이다. 칭찬도 습관이다. 긍정적이고 바람직한!

10) 긍정적으로 칭찬하라

앞서 언급했듯이 긍정 마인드, 오픈 마인드를 갖고 칭찬을 아끼지 말고 하라.

07
칭찬
포인트

매력 있는 남자, 매력 있는 여자는 과연 어떤 사람을 말하는 것일까? 대개 다음과 같은 정도의 모습을 매력 있는 사람이라고 생각할 것이다.

- 외적 : 스타일, 외모, 복장, 두발, 신발, 액세서리, 넥타이, 모자, 친구, 인맥
- 내적 : 에티켓, 심성, 업적, 명예, 가문, 학벌, 직업, 직책, 봉사, 성실, 열정, 자신감

따라서 이런 부분을 칭찬하면 좋을 것이다.

- 잘생긴 남자 – 아름다운 여자
- 포용력 있는 남자 – 애교 있는 여자
- 건장한 남자 – 튼튼해 보이는 여자
- 멋진 남자 – 세련된 여자
- 열정적인 남자 – 자신감 넘치는 여자
- 지적인 남자 – 청순한 여자
- 친절한 남자 – 교양 있는 여자

- 유머러스한 남자 – 미소 짓는 여자
- 다정다감한 남자 – 부드러운 여자
- 배려하는 남자 – 매너 있는 여자
- 카리스마 넘치는 남자 – 몰입하는 여자
- 모험적인 남자 – 창의적인 여자
- 건장한 남자 – 날씬한 여자
- 악기를 연주하는 남자 – 노래를 불러주는 여자
- 성실한 남자 – 진지한 여자
- 칭찬 잘하는 남자 – 칭찬을 즐기는 여자

눈여겨보면 위에서 나열한 면들은 어렵지 않게 발견할 수 있는 이미지다. 이미지는 그 사람의 외형적인 모습이나 겉으로 나타나는 분위기를 말한다. 이런 이미지의 복합으로 그 사람에게 우리는 호감을 느끼기도 하고 비호감을 느끼기도 한다.

사람은 누구나 다른 사람에게 호감을 받고 싶어 하는데 이는 다시 말해 좋은 이미지로서 보이기를 원하고 매력 있는 사람으로 평가되고 싶어 하는 인간의 본능 때문이다. 흔히 말할 수 있는 매력 요소를 한번 나열해보면 건강하다, 멋있다, 카리스마 넘친다, 노래를 잘한다, 춤을 잘 춘다, 집념이 강하다, 의지가 강하다, 명쾌하다, 유머러스하다, 따뜻하다, 소박하다, 독특하다, 지혜롭다, 매혹적이다, 아름답다, 열정적이다, 미래 지향적이다, 긍정적이다, 사고방식이 순수하다 등이 있겠다.

또 그 사람이 매우 독특한 개성을 가지고 있다든가, 의외성, 카리스마, 자신감, 섹스어필, 신용, 노력하는 모습 등도 그 사람의 매력 요소가 된다. 이것은 모두 성공적인 승리의 이미지이다. 육체적으로, 정신적으로 건전하고 건강하게 무장되어 있는 사람이야말로 이런 이미지를 갖기에 충분하다.

그러므로 인생의 성공과 행복을 얻고 타인에게 호감의 이미지로 다가가며 매력형 인간으로서 승리의 깃발을 들고 싶다면 우선 승리의 이미지에 관심을 가져야 한다. 또한 타인에게 좋은 인상을 주려면 먼저 자기 스스로 좋은 이미지를 가져야 한다. 자신의 좋은 이미지를 잃어버린 사람은 다른 사람에게 승리의 이미지를 나타낼 수가 없다. 이런 사람은 당분간 일부의 사람들에게 호감을 얻을 수는 있지만 얼마 못 가 다른 사람과의 호의적인 관계를 맺기가 어려워진다.

지금 주변의 이미지가 좋지 못한 사람과 어울리고 싶겠는가를 생각해보면 절감할 수 있을 것이다. 우리가 보통 말하는 사랑스러운 이미지, 귀여운 이미지, 강인한 이미지, 부드러운 이미지, 믿을 만한 이미지 등은 그 사람의 매력 요소다. 개인의 매력은 그 사람의 어떤 이미지가 강한가를 결정짓는다. 회사의 매력 또한 그 이미지에 따라 달라진다.

지금 어떤 자리에 있든 간에 모든 가치는 현재 갖고 있는 이미지에 달려 있다. 행복마저도 그 이미지에 바탕을 두고 있다고 해도 과언이 아니다. 운동선수에게는 육체적인 노력이 성패를 좌우하는 법인데 그러한 노력의 바탕이 되는 것은 바로 승리에 대한 확신이다.

권투 경기를 유심히 관찰해보면 육체적으로는 상대방보다 부족하지만 승리를 확신하는 선수는 실제로 링 위에서 현저한 이점을 갖게 된다. 이것을 보통 '투혼'이라고 부르는데 바로 승리의 이미지이다. 승리의 이미지는 아드레날린의 분비를 촉진시켜 초인적인 힘을 발휘하게 한다. 그리고 여분의 체력을 주어서 강력하며 무엇이든 잘할 수 있다는 것을 믿게 한다.

몸과 마음이 완전히 함께 움직일 때 승리할 수 있다. 골프에서도 게임의 승패 99퍼센트는 마음에 달려 있다고 프로 골퍼들은 말한다. 체중이 적은 사람이 고도의 체중을 가진 사람보다 볼을 더 멀리 치고 더 잘 치는 경우가 많은 것이 그 방증이다. 역시 게임의 승부는 승리의 이미지에 의해 결정되는 것임을 알 수 있다. 이처럼 좋은 이미지는 성공과 행복의 기초가 된다. 승리의 이미지를 만들기 위해 자신의 개조부터 시작하라.

나는 그 누구보다 더 승부욕이 강했다. 특히 무술 영화를 좋아하다 보니 싸움 욕구가 불타올랐다. 초등학교 때부터 집에서 복싱 연습을 했고 씨름으로 몸을 단련했다. 싸움을 좋아했고 지면 이길 때까지 싸웠다. 상대가 대부분 나이와 체격에서 나보다 위였음에도 불구하고 3~5년간 긴 결투 끝에 내가 다 이겼다.

친구와도 1년간 하루도 거르지 않고 싸운 기억이 있는데 논두렁에서 눈이 퉁퉁 붓고 쌍코피가 터지도록 싸웠다. 그때는 싸움 자체가 나쁘다는 것을 몰랐다. 그저 무작정 싸웠는데 항상 이겼다. 이길 때까지 했기 때문이다. 나는 한 번이라도 '내가 질 것이다'라는 생각을 안 했고 '반드시 이길 것이다'라는 신념이 있었다.

이러한 용기 때문에 군대에서는 좋은 일을 많이 했다. 헌병대에서 근무했는데 군대에서 헌병대는 가장 군기가 세고 구타가 많은 부대라고 해도 과언은 아니다. 감히 고참 앞으로 지나가지도 못하고 입도 벌려서는 안 된다. 매일 밤마다 잠도 못 자게 만들고 얼차려가 심해 공포심이 가장 큰 부대이다.

그런 곳에서 나는 훌륭한 사고를 쳤다. 성남 지역에서 출퇴근하는 방위병(요즈음 공익요원)들이 현역 군인들에게 본인들도 쉽게 먹지 못하는 쌀밥과 김치를 매일 상납하는 것이었다. 나는 병장으로 진급할 때 거사를 했다. 나에게도 상납이 들어오기에 던져버리며 고참들 앞에서 엄포를 놓았다. "나도 상납 안 받을 테니 그 누구도 상납을 받거나 상납하면 용서하지 않겠다"고 으름장을 놓았고 나쁜 관행이 사라지게 됐다. 뜻이 있는 곳에 길이 있게 마련이다. 나의 매력을 소극적으로 생각할 게 아니라 적극적으로 나를 위해 대드는 정신, 나는 그것도 개인의 매력이라 생각한다.

08

칭찬
감탄사

오쇼 라즈니쉬가 "웃음은 무심의 경지로 들어가는 아름다운 문이다"라고 했듯이 웃는 일은 모든 것을 잊고 깨끗하고 맑은 처음으로 돌아가는 것이다. 웃음은 목과 입으로만 웃는 것이 아니라 온몸으로 웃어야 한다. 따라서 하루에 10분쯤 시간을 내어 처음 5분 동안은 몸을 가볍게 풀고 나머지 5분 동안은 무념무상으로 큰 소리를 내며 웃는 연습을 하자. 그러고 나면 저절로 기분이 좋아지고 온몸에서 열이 나며 혈액순환도 좋아졌음을 느낄 것이다. 칼로리 소모로 인해 체지방 분해 효과까지 얻을 수 있다.

얼굴에는 80개의 근육이 있는데 그중 입꼬리당김근, 구각하제근, 대협골근, 구륜근 들이 표정에 직접적으로 관여하는 근육들이다. 이 다섯 근육을 집중 단련시키는 웃음 트레이닝 방법은 거울을 보며 입꼬리가 올라가도록 활짝 웃는 훈련을 하는 것이다.

'아, 에, 이, 오, 우' 소리를 내며 입을 크게 벌리는 연습과 다양한 표정을 규칙적으로 연습하다 보면 차츰 입꼬리가 예쁘게 올라가는 자신을 발견하게 될 것이다. 이 연습을 지속적으로 하면 매력적이고 아름다운 웃음을 가질 수 있음은 물론 얼굴 근육에 탄력을 주어 노화 방지도 되는 이중의 효과를 누릴 수 있다.

- '아' 소리를 내며 칭찬하기 : 아~ 대단하군요!

"아, 아" 하고 소리를 내며 턱이 움직일 정도로 크게 입을 벌려 웃는다.

- '에' 소리를 내며 칭찬하기 : 예~ 스! 맞아요.

"에, 에" 하고 소리를 내며 입꼬리에 힘을 주며 웃는다.

- '이' 소리를 내며 칭찬하기 : 이~ 럴 수가 놀라워!

"이, 이" 하고 소리를 내며 입꼬리를 잡아당긴다.

- '오' 소리를 내며 웃기 : 오! 멋져!

"오, 오" 소리를 내며 입술을 내밀고 크게 웃는다.

- '우' 소리를 내며 웃기 : 우~ 훌륭해요.

"우, 우" 하고 소리를 내며 입술을 살짝 앞으로 내밀고 웃는다. 뽀뽀를 해달라고 할 때처럼 입 모양을 만들면 된다.

09
감동을 주는
일곱 가지 칭찬 방법

1) 막연하게 하지 말고 구체적으로 칭찬하라
구체적이고 근거가 확실한 칭찬을 하면 칭찬뿐 아니라 나에 대한 믿음도 배가 된다.

2) 본인도 몰랐던 장점을 찾아 칭찬하라
그런 칭찬을 받으면 기쁨이 배가되고 상대는 나의 탁월한 식견에 감탄한다.

3) 공개적으로 하거나 제삼자에게 전달하라
남들 앞에서 듣는 칭찬이나 제삼자에게서 전해들은 칭찬이 기쁨과 자부심을 더해주며 더 오래 지속된다.

4) 차별화된 방식으로 칭찬하라
남다른 내용을 남다른 방식으로 칭찬하면 나는 특별한 사람으로 기억된다.

5) 결과뿐 아니라 과정을 칭찬하라

성과에만 초점을 맞추지 않고 노력하는 과정에 초점을 맞춰 칭찬하면 상대는 더욱 분발하게 된다.

6) 예상 외의 상황에서 칭찬하라

질책을 예상했던 상황에서 문제를 지적한 다음 칭찬으로 마무리를 지으면 예상 외로 효과가 크다.

7) 다양한 방식으로 칭찬하라

말, 편지, 문자메시지를 이용하여 칭찬하라. 다양한 방식으로 칭찬을 하면 그만큼 멋진 사람으로 인식된다.

10
상대를 사로잡는
말하기 법칙

1) 짧게 말하고 길게 들어라

말을 많이 하면 말을 적게 하는 것보다 실수할 확률이 높아진다. 상대방의 마음을 사로잡기 위해서는 말을 많이 하기보다는 말수를 줄이고 상대의 말에 귀를 기울여 경청하는 태도를 갖는 것이 바람직하다.

2) 칭찬으로 시작해서 칭찬으로 끝내라

칭찬을 아끼지 마라. 칭찬으로 시작해서 칭찬으로 끝내라는 것은 처음 만남이든 자주 만나는 사람이든 그 빈도수와 상관없이 상대를 만나면 사소한 것이라도 자세히 살펴 칭찬을 아끼지 마라는 뜻이다. 상대도 그런 나를 다시 보게 될 것이다.

3) 얼굴에는 미소를 잃지 않는다

'웃는 얼굴에 침 못 뱉는다'는 말이 있듯 누구를 만나든 상대의 뇌리에 좋은 인상을 남기려면 웃는 얼굴로 대해야 한다. 빼어난 미모의 소유자가 아니라면,

특별한 재주나 기능이 있지 않다면, 박식한 자가 아니라면, 그냥 평범한 한 개인에 지나지 않는다면, 더더욱 웃는 상냥한 얼굴로 대인관계를 맺어야 한다. 웃는 얼굴은 바로 그 사람의 긍정 마인드, 긍정 에너지가 겉으로 드러난 표현이다.

4) 잘못은 언제나 자신에게서 찾아라

어떤 일이든 간에 일을 하다 보면 실수를 저지를 때도 있고 실패할 때도 있다. 그럴 때는 신속하게 잘못의 원인을 자신에게서 찾는 습관을 가져라. 그것이 내가 발전할 수 있는 지름길이다. 남 탓을 자주 하는 사람은 그 어떤 일을 하든 발전할 수 없다. 늘 부정적이고 불만이 가득 찬 마인드의 소유자이기 때문에 일에 함께 참여한 자들로부터도 환영받을 수 없는 인격의 소유자로 전락할 뿐이다.

5) 쓸데없는 말은 하지 마라

앞서 말을 적게 하라는 것과 같은 맥락이다. 그토록 많이 하는 말 중에는 필요치 않은 쓸데없는 말이 상당수 포함되어 있다. 따라서 가능하면 말수를 줄이고 꼭 장소, 모임의 목적에 맞는 쓸데 있는 말만 하도록 노력하라.

6) 재미있고 즐거운 사람이라는 인상을 남겨라

어느 모임에서든지 환영받는 사람의 유형은 대동소이하다. 분위기를 재미있게 유도하고 대중의 마음을 휘어잡을 수 있다면 참여자들로부터 그 목적은 잊더라도 나의 존재감은 분명히 심을 수 있을 것이다. 이후 모임을 계획할 때 사람들은 내 존재감을 떠올리게 될 것이고 자연히 나를 찾게 될 것이다.

7) 상대에 관한 정보를 잘 기억하라

상대에 대한 정보를 잘 기억하라는 것은 그만큼 상대에게 관심을 기울이라는 의미다. 인연은 바로 관심으로부터 출발한다. 누군가 나에게 관심을 갖고 내가 갖고 있는 나의 정보를 인정하고 기억해준다면 그만큼 대인관계에서도 유리할 것이다.

8) 한두 마디라도 상대방을 웃게 만들라

누군가를 만났을 때 상대로부터 단 한 번의 미소도 짓지 않게 한다면 그 만남은 분명 다시는 기억하기 어려운 만남이 될 것이다. 특히 한두 마디의 말로라도 상대를 웃을 수 있도록 한다는 것은 바로 상대에게 즐거움을 주었다는 뜻이다. 만남이 즐거우면 다음 만남의 기회도 쉽게 얻을 수 있을 것이다.

9) 항상 긍정적인 맞장구를 쳐주라

상대가 무슨 말을 하든 특별히 틀린 부분이 없다면 긍정적인 마인드와 오픈 마인드로 상대의 말에 맞장구를 쳐주라. 그만큼 상대는 나로부터 자신이 인정받고 있다고 느낄 것이다. 그러면 반대로 상대 또한 나의 존재감을 인정해줄 것이다. 서로 긍정적인 마인드를 갖고 만난다면 분명 그 만남은 성공적인 일과도 쉽게 연결될 것이다.

11

성공을 위한
플러스 이미지 만들기

1) 나에게 맞는 이미지를 찾아라

나에게 맞는 이미지를 찾는 것은 중요하다. 즉, 나에 대한 콘셉트를 잡는 것이다. 늘 긍정적인 에너지가 넘치는 사람은 항상 긍정 에너지의 이미지를 상대에게 심어줄 것이고 상대의 기억에 그렇게 남게 될 것이다.

2) 남의 이미지를 모방하지 마라

성공하기 위해 모방이 창조를 낳는다고 하지만 이미지만큼은 남의 이미지를 모방해서는 안 된다. 모방해서 내가 그 사람보다 더 낳은 칭찬과 지위를 얻을 수 있다면 그보다 좋을 수는 없을 것이다. 그러나 반대의 결과가 온다면 성공을 향한 노력은 말 그대로 짝퉁에 그치고 말 것이다.

3) 상황에 따라 이미지를 바꿔라

상황에 따라 이미지 변신은 필요하다. 항상 고정된 이미지를 유지하는 것도 필요하지만 때에 따라서는 분위기와 상황에 맞는 이미지 변신도 필요하다.

4) 장기적 비전을 보고 이미지를 관리하라

당장 어떤 이미지나 분위기가 인기를 끈다고 해서 그것을 따라간다면 그 인기가 식을 경우 바로 나의 존재감도 함께 식을 것이다. 그러므로 단발마적인 인기 영합에 힘을 뺄 것이 아니라 가능한 한 긴 안목으로 장기적 비전을 향해 이미지관리, 이미지 메이킹을 하라.

5) 이미지와 직결되는 만큼 용모를 관리하라

용모는 이미지와 당연히 직결된다. 첫인상이 그래서 중요한 것이다. 내가 빼어난 미모나 캐릭터 등 특별히 내로라할 것이 없다면 더더욱 최소한의 용모관리에 힘써라.

6) 이미지는 곧 나의 인격임을 명심하라

이미지는 인격이라는 말을 잊지 마라. '생긴 대로 논다'는 우스운 말도 들어봤을 것이다. 어떤 한 이미지를 유지하기 위해서는 그만큼의 부단한 노력이 뒤따라야 한다. 그렇게 해서 굳힌 이미지가 바로 나의 인격을 대변하게 된다.

7) 첫인상과 끝 인상을 좋게 남겨라

첫인상을 좋게 남겼다면 그 좋은 에너지를 끝까지 갖고 가라. 쉽지 않을 것이나 노력은 해야 할 것이다. 첫인상이 좋다고 해서 끝 인상까지 좋을 수는 없다. 그럼에도 끝까지 좋은 인상을 남기기 위해 최선의 노력을 기울여라.

12

병문안을 갈 때 쓰는
칭찬 화술

병이 초기일지라도 환자의 온 신경은 '병의 정도'에 집중되어 있으므로 다른 사람의 위로의 말이 그저 건성으로만 들릴 수 있다. 그런데 병석에 있는 시간이 장기화될 때에는 기분이 상당히 초조하고 불안해지므로 문병객의 말 한 마디 한 마디에도 온 신경을 곤두세우게 된다.

- 아직도 안색이 좋지 않으시군요.
- 상당히 쇠약해 보이네요.
- 듣자니까 한때는 위독했다죠?
- 사촌이 자네와 같은 병으로 사망해서 퍽이나 근심했어.
- 내장을 떼어냈어요?
- 회사 일은 염려 말고 몸조리나 잘하시오!

이런 말들은 언뜻 듣기에는 위로의 말 같지만 실은 환자의 입장에선 상당히 거슬리는 것들이다. 그중에서도 특히 엉겁결에 모르고 이런 말을 하는 사람이 있다.

"당신과 같은 병으로 내가 아는 사람이 사망했다는데 정말 조심하세요."

대체적으로 말하는 사람의 본심을 의심케 하는 말이지만 일반적으로 많이 사용하는 인사말이다. 정말 아이러니하지 않을 수 없다.

지금부터라도 쓸데없는 겉치레식 인사말은 걷어치우자. 대신 암시적인 말로 무의식중에 건강한 기분이 샘솟도록 다음과 같은 말을 해주자.

- 안색이 아주 좋아졌네요.
- 뺨에 살이 올랐는데요.
- 예정보다 퇴원이 빠르겠어요.
- 회사 일은 그런대로 진행되고 있지만 모두 빨리 나오기를 기다리고 있어요.

13

칭찬 'ㅇㅇ게' 운동,
표현 운동

칭찬도 미쳐야 한다. 그럴 때 미친 만큼 행복해진다. 칭찬하는 방법도 다양하지만 우선 생각을 하면서 온몸으로 표현하자. 우리가 자주 사용하는 욕 중에 '개ㅇㅇ'라는 욕이 있는데 이제부터는 '개'를 '게'로 해보자. 그리고 단어 뒤로 배치해보자. 소리를 크게 지르면서 해야 재미있다. 최대한 온몸으로 표현하면서 한다. 표현할 때 잠재되어 있던 에너지가 많이 나온다.

칭찬할 때 표현하는 방법들

- 신나게 칭찬하자! 하하하~ 양팔을 크게 벌리며 크게 하하하!
- 미치게 칭찬하자! 하하하~ 춤을 추면서 하하하!
- 멋있게~ 양손을 허리춤에 놓고 귀엽게 하하하!
- 기쁘게~ 양손을 입가에 놓고 하하하!
- 놀라게~ 양손을 뒤집어 가슴 앞에서 올리며 하하하!
- 예쁘게~ 양손을 얼굴 양쪽 옆에 두고 하하하!
- 향기 나게~ 양손을 코에 대고 하하하!
- 대단하게~ 양손을 양쪽 팔과 어깨를 두들기며 하하하!

- 크게~ 양손을 얼굴과 가슴 앞에서 크게 원을 만들며 하하하!
- 시원하게~ 얼굴과 눈을 크게 하는 표정을 하면서 하하하!
- 화끈하게~ 어깨를 들썩이며 하하하!
- 후련하게~ 가슴을 치면서 하하하!
- 상쾌하게~ 양팔을 벌리며 입을 크게 벌리며 하하하!
- 유쾌하게~ (여기서부터는 직접 만들어본다)
- 통쾌하게~ _____
- 즐겁게~ _____
- 후끈하게~ _____
- 톡 쏘게~ _____
- 귀엽게~ _____
- 깜찍하게~ _____
- 생생하게~ _____
- 짜릿하게~ _____
- 따뜻하게~ _____
- 힘차게~ _____

14

칭찬과
웃음

1) 칭찬과 웃음은 뇌의 집중력을 향상시킨다

우리가 하루에 섭취하는 열량의 1/4이 뇌에서 소비된다. 뇌는 몸무게의 2퍼센트밖에 차지하지 않지만 뇌가 사용하는 산소의 양은 전체 사용량의 20퍼센트이다. 뇌는 우리가 섭취한 음식물의 20퍼센트를 소모하고, 전체 피의 15퍼센트를 사용한다. 보편적으로 어린이는 7분, 중·고등학생은 10분, 성인들은 15분 이상 하나의 일에 집중하기가 힘들다고 한다. 그러나 칭찬과 웃음이 개입하면 이야기는 달라진다. 뇌 속에 알파파가 증가해 집중력, 기억력, 기민성이 향상되기 때문이다. 또 산소 공급이 두 배로 증가해 머리가 좋아질뿐더러 자신감까지 생겨난다.

2) 웃음과 칭찬은 성공이며 행복이다

누구나 성공하기를 원하며 장수하기를 바란다. 하지만 그것이 말처럼 그리 쉬운 일은 아니다. 물론 그 방법을 어디서 찾느냐에 따라 절대적으로 어려운 일도 아니다. 그 방법은 바로 웃음과 칭찬에서 찾을 수 있다. 웃음과 칭찬은 성공과 장수, 두 가지를 가장 쉽게 해결할 만병통치약일 뿐만 아니라 지름길이다.

그런 까닭에 웃음은 일을 즐겁게 하고 상호관계를 부드럽고 편하고 재미있게 해주며 가정은 물론 직장까지도 밝게 해주는 삶의 필수 요소이다. 그러므로 웃음이 있는 곳엔 항상 많은 사람이 모인다.

우리는 성공하는 사람들이 인상이 좋거나 항상 웃는 얼굴을 하고 있다는 사실에 주목해야 한다. 웃음이야말로 최고의 마케팅이다. 웃음에는 상대방을 당기는 힘이 있으며 상대의 허물까지도 용서하게 만든다. 이 말을 실증하는 좋은 예가 하나 있다.

말콤 쿠슈너의 저서 『깡통들도 웃기면서 성공하는 사람』의 첫머리에 나오는 일화다.

디누치가 디지털사 영업이사로 임명됐을 때 각 분야의 이사들과 가진 저녁 식사 자리에서 기술이사가 이렇게 말했다.

"앞으로 삼 년 내에 세계에서 가장 뛰어난 워크스테이션을 개발할 수 있을 것입니다."

그러자 디누치가 대꾸했다.

"이 년 안에 개발하지 못하면 후발 제품이 되고 말 겁니다."

이에 기술이사가 발끈하고 나섰다.

"당신이 세상을 마음대로 조절하는 모양이구만."

순식간에 분위기는 싸늘해졌고 아무도 입을 열지 못했다.

그때 디누치가 이렇게 말했다.

"그걸 뛰어난 혜안이라고 하지요. 대부분은 그 사실을 깨닫기까지 몇 달이 걸리는데 당신은 사십오 분 만에 눈치채셨군요."

난데없는 칭찬에 기술이사는 웃음을 터뜨렸고 식사가 끝날 즈음 디누치에게 완전히 매료돼 동기부여에 관한 강연을 부탁했다고 한다. 2년 뒤 그 회사는 신제품 생산에 성공해 세상의 이목을 집중시켰다.

위기 상황일수록 유머의 가치는 더 커지는 법이다. 아무것도 아닌 것 같지만 사실 그 자연스러운 분위기 때문에 천 냥 빚도 갚게 되는 것이 바로 유머이다.

그뿐인가? 즐거운 환경과 웃음은 경제 가치와 맞바꿀 수 있는 훌륭한 자원이요 재산이다. 첫만남에서 첫인상이 결정되는 시간은 불과 6초 정도라고 한다. 이 짧은 시간 안에 신뢰와 결정과 판단이 모두 이뤄지는 것이다. 첫인상을 결정짓는 요소로는 외모, 인상, 목소리 등 여러 조건이 있겠지만 그중에서도 웃는 인상의 힘은 아무리 강조해도 지나치지 않을 정도로 중요하다.

오늘 하루 머리 아픈 일을 처리해야 하거나 투자에 대한 소득을 극대화하고 싶다면 유머 파일을 한번 만들어보라. 그리고 호시탐탐 그것을 활용할 기회를 노려라. 신문의 카툰, 적절한 비유와 역설적 정의, 격언이나 속담을 활용하는 것도 좋은 방법이다.

웃음의 보물창고야말로 아무리 퍼내어도 줄어들지 않는 성공의 엔도르핀 저장소이다. 모든 것이 급변하는 무한 경쟁의 시대에 실력만이 전부가 아니다. '호감 가는 사람'으로 나를 이미지 메이킹하는 가장 빠른 지름길은 바로 멋지게 미소를 짓는 것이다.

진정한 성공은 사람을 많이 얻는 것이다. 사람을 많이 얻으려면 사람의 마음을 얻어야 한다. 사람의 마음을 얻는 첫 조건이 바로 웃음이다. 성공하려면 먼저 웃어라. 항상 부드러운 미소가 얼굴에 감돌도록 노력하라. 표정이 아름다워야 일과 사랑에서도 성공할 수 있다.

3) 칭찬의 원천은 감사다

나는 감사하는 마음에서 칭찬이 시작된다는 것을 깨달았다. 힘들고 고통스러워도 감사하라. 작은 것에도 감사하는 사람은 큰 것에도 감사할 줄 안다. 누구든지 만나면 웃어주자. 그리고 칭찬해주자. 그러면 행복해질 것이다. 행복은 성취 대상이 아니다. 행복은 저 멀리 있는 환상도 아니다. 행복은 지금 우리 마음속에 와 있다. 다만, 우리가 깨닫지 못하고 있을 뿐이다. 그것을 깨닫는 순간 비로소 행복이 시작된다.

4) 칭찬 테크

우리는 칭찬과 웃음이 돈이고 브랜드이며 힘인 시대에서 살고 있다. 긍정적인 사고와 부정적인 사고를 가진 사람 중 누가 더 발전 가능성이 있느냐고 묻는다면 그에 대한 답은 너무나 빤할 것이다. 사고방식의 차이가 결국 인생 자체에 큰 차이를 만들기 때문이다.

물이 반쯤 담긴 컵을 보고 '물이 반이나 있구나' 하는 것과 '물이 반밖에 없구나. 이거 큰일 났는데' 하는 것의 차이, 알래스카에서 냉장고를 파는 사람과 팔지 못하는 사람과의 차이는 하늘과 땅 차이다.

이러한 사고의 차이는 결국 인생 전반에 걸친 가치관을 바꿔놓기도 한다. 인생이 괴롭고 무의미하다고 생각하면 자신도 모르는 사이 점점 무의미해지고 비관적인 삶이 된다. 하지만 반대로 인생이 참 즐겁고 재미있다고 생각하면 실제로 즐겁고 낙관적인 삶이 된다.

자신에게 플러스적으로 해석하는 사람은 현재의 삶을 좀 더 나은 방향으로 개선해 나아가지만 그렇지 못한 사람은 자기 성장의 기회를 놓쳐버리기 십상이다. 그러므로 매사 긍정적으로 사고하는 훈련과 습관을 기르는 노력이 필요한

데 이를 위한 유용한 도구가 바로 칭찬 테크이다.

사람이 사람을 좋아하는 이유는 의외로 간단하다. 특히 이성 간의 경우는 더더욱 그렇다. 상대의 부드러운 웃음과 배려, 매너와 상냥한 말씨에 쉽게 끌린다. 그중에서도 매력적으로 웃는 얼굴은 이성에게 더없이 강한 마력을 발휘한다. 이는 얼굴이 잘생기고 못생긴 것과는 크게 상관없다. 얼굴은 평범하게 생겼는데 왠지 웃는 모습이 매력적이고 자꾸 끌리는 사람을 우리는 어렵지 않게 볼 수 있다. 이렇듯 웃는 얼굴이 아름다운 사람은 웃음의 효력을 한껏 발휘할 수 있기 때문에 그만큼 인생에서 성공할 가능성이 크다.

사람의 얼굴 표정은 무려 7천여 가지나 된다고 한다. 얼굴 표정은 사람의 내면을 그대로 드러내주는 거울이다. 기쁨, 슬픔, 사랑, 분노, 두려움, 공포 등의 감정을 고스란히 반영하는 것이 바로 얼굴인 것이다.

웃는 모습이 매력적이려면 가장 편하고 온화하며 그 웃음 만면에 충만한 아우라가 있어야 한다. 윗니가 약간 드러나면서 입술 사이가 살짝 벌어지는 스마일 라인이 U 자형일 때 가장 아름다운 웃음이 된다. 안타깝게도 우리나라 사람들은 거의 일(一) 자 라인에 가깝다. 사람마다 웃는 모양은 모두 다르지만 그 모습이 좋은 인상과 이미지를 준다는 데는 모두 동의할 것이다. 이를 위해 우리에게 필요한 것은 노력을 전제로 한 웃음 테크닉과 칭찬 테크닉이다.

15

칭찬 웃음 운동

1) 하루 종일 신나게 칭찬하며 사는 법
- 아침 : 아침부터 하하하 – 오늘 하루를 주셔서 감사합니다.
- 점심 : 점점 크게 하하하 – 맛있는 점심을 먹을 수 있어서 감사합니다.
- 저녁 : 저절로 하하하 – 즐거운 하루가 되어서 감사합니다.

2) 1주일 내내 칭찬하며 사는 법
- 월요일 : 월(원)래부터 칭찬하고
- 화요일 : 화가 나도, 화장실에서, 화사하게 칭찬하고
- 수요일 : 수수하게, 수려하게, 수줍게 칭찬하고
- 목요일 : 목숨 걸고, 목 터지게, 목젖이 보이게 칭찬하고
- 금요일 : 금방 칭찬하고 또 칭찬하고
- 토요일 : 토하도록 토실토실 칭찬하고
- 일요일 : 일없이, 일찍 일어나서, 일부러 칭찬하고

3) 1년 내내 웃고 사는 법

- 1월 : 일없이 일 삼아 칭찬하고
- 2월 : 이유 없이, 이판사판 맘대로 칭찬하고
- 3월 : 삼삼하게 칭찬하고
- 4월 : 사정없이, 사근사근 칭찬하고
- 5월 : 오지게, 오붓하게, 오순도순, 오줌 싸며 칭찬하고
- 6월 : 유쾌하게 칭찬하고
- 7월 : 칠칠하게 칭찬하고
- 8월 : 팔팔하게 칭찬하고
- 9월 : 구수하게 칭찬하고
- 10월 : 시끌벅적, 시원하게 칭찬하고
- 11월 : 일일이, 열 번 칭찬하고 한 번 더하고, 시비 걸어도 칭찬하고
- 12월 : 십이지장이 끊어지도록 칭찬하고

4) 칭찬 10계명(가정, 직장, 학교)

- 1계명 : 일어나자마자 오늘도 '상쾌하게 칭찬'
- 2계명 : 세수할 때 거울 보며 '예쁘게 칭찬'
- 3계명 : 아침 식사할 때 '거뜬하게 칭찬'
- 4계명 : 집을 나설 때 '활기차게 칭찬'
- 5계명 : 직장에서 만나는 사람과 하이파이브하면서 '신나게 칭찬'
- 6계명 : 점심 식사할 때 '맛있게 칭찬'
- 7계명 : 일하면서 아랫배 두들기며 뱃살대소(배를 두드리며 크게 웃는 웃음)로 '튼튼하게 칭찬'
- 8계명 : 퇴근할 때 박장대소로 '보람차게 칭찬'
- 9계명 : 저녁 운동 시작하며 요절 복통으로 '건강하게 칭찬'
- 10계명 : 잠자기 전 홍소(哄笑)로 '감사하게 칭찬'

5) 칭찬 7대 운동 (가정, 직장, 학교)

- 칭찬 Bow : 1단계(안녕하세요), 2단계(악수), 3단계(하하하), 4단계(칭찬)
- 칭찬 Line : 칭찬 라인을 지정해 그 선을 넘거나 밟을 때마다 웃기
- 칭찬 Time : 9시, 12시, 18시 등 특정 시간을 정해 전체가 칭찬
- 칭찬 Zone : 칭찬 지역을 선정하여 그 장소에서 머물거나 통과할 때 칭찬
- 칭찬 Leader : 가장 많이 칭찬하는 직원에게 칭찬 킹, 퀸 선정, 왕관 수여
- 칭찬 비타민 Day : 과일, 비타민, 피자, 아이스크림 등을 먹으면서 칭찬
- 칭찬 Mail : 칭찬 게시판, 휴대전화, 이메일, 카드, 칠판, 홈페이지 게시판 등을 통해 칭찬

6) 직장에서 칭찬데이

- 회의 시간 웃기 : 개인기, 퀴즈, 농담하기, 노래하기, 칭찬하기, 10초간 웃기, 10초간 박수 친다.
- 맵시데이 : 매월 1일에는 캐주얼 복장 혹은 독특한 복장으로 출근하고 '맵시상'을 수여한다.
- 호프노래방데이 : 매월 말일경에 부서별로 호프집이나 노래방을 간다.
- 칭찬데이 : 칭찬 운동으로 칭찬 카드, 폰 메일을 보낸다.
- 촌극데이 : 1년 중 창립기념일이나 단합대회 때 부서별로 촌극 발표를 한다.
- 프리데이 : 매주 수요일은 결재나 야근이 없고 가정에 봉사하는 날로 한다.
- 문화데이 : 부서별로 영화, 공연, 전시장을 찾는다.
- 비타민데이 : 아이스크림, 과일, 과자, 피자, 드링크 등을 나눈다.
- 사다리데이 : 사다리를 그려 선택해 걸리면 적절한 것을 한턱 낸다.
- 역할바꾸기데이 : 1년에 한 번씩 사장과 직원 간의 역할을 바꾼다.
- 스킨십데이 : 오후 나른한 시간에 서로에게 안마를 해준다.
- 크레이지데이 : 미치는 날을 정해 노래방, 나이트클럽, 호프, 산행, 새벽 산책, 특별 강좌 개설 등으로 그 시간은 그 일에 미치는 날을 만든다.
- 단합대회 : 연 1회 편 경영 워크숍, 운동회, 야유회, 축제, 송년회를 개최한다.

- 운동, 경연데이 : 피구, 족구, 축구, 포켓볼, 온라인 게임데이를 정한다.
- 파이팅데이 : 소리를 지르며 '파이팅'을 하는 날로 누군가 선창하면 따라 한 다(예 : 기쁘게, 예쁘게, 겁나게, 신나게, 섹시하게, 유쾌하게, 통쾌하게, 상쾌하게).

16

칭찬의
심리 문화적 기능

칭찬은 심신의 피로를 회복해주고, 사회의 구성원으로서 사회성과 책임성을 길러주며, 활달하고 명랑한 성격을 갖게 해준다. 또한 집단 활동 속에서 '나도 할 수 있다'라는 자신감을 갖게 해주고, 창의력을 개발할 수 있게 해준다. 무엇보다 칭찬은 인간관계를 원만히 할 수 있도록 하는 합리성과 중용의 도리를 배울 수 있게 해준다.

칭찬은 다양한 사회생활 속에서 창의적이고 도전적인 생각, 여유로운 긍정적 시각, 창조적인 사고를 통해 건전한 문화사회를 만들어갈 수 있게 한다. 특히 건전한 집단의 결속을 도모해 바람직한 사회적 성취를 가능케 하는 원동력이 된다. 한편, 사회의 각 문제에도 쉽게 접근해 예방과 치료적인 기능으로 활용되고, 문화적인 측면에서도 창의적 프로그램을 통해 한 국가의 생산적인 문화 창조와 창달에 공헌하기도 한다.

1) 직장 칭찬 지도의 효과

- 자발적인 참여도 향상
- 생산능률 향상

- 협동 정신 향상
- 친교 도모, 노사 간 관계 개선
- 애사심 향상
- 인성 및 적성 판단 후 적절한 부서 배치
- 즐거운 직장 이미지 홍보
- 산업재해 감소, 파업 예방, 결근 예방
- 심신의 피로 회복 및 휴양
- 스트레스 해소, 단조로운 업무 해방

2) 학교 칭찬 지도의 효과

- 자기표현력 향상
- 취미생활, 서클 활동, 건전한 여가 선용
- 비행청소년 예방
- 에너지 발산, 심신 단련
- 소질 및 잠재적 능력 개발
- 학업능률 향상
- 교양, 인격 향상, 협동 정신 향상
- 입시 불안 해소, 정서적 욕구 충족
- 진취적 성격 형성
- 졸업 후 직업 선택과의 연계

3) 개별 칭찬 지도의 효과

- 신체 놀이를 통한 기능 회복
- 음악, 작업 요법 등을 통한 정신 치료
- 불안 해소, 심리적 안정
- 자신감 향상

- 환자의 상태 파악

4) 지역사회 칭찬 지도의 효과

- 오락시설 제공, 공공시설 활성화
- 애향심, 공동체의식 향상
- 상부상조의식 향상
- 사회생활 명랑
- 환경공해 추방, 유해업소 추방
- 건전한 여가 선용
- 휴양
- 경로 정신 향상
- 가족 및 사회적 역기능 해소
- 지역사회 봉사 정신 고취

5) 교정 칭찬 지도의 효과

- 건전한 문화시민 의식 함양
- 재비행 방지
- 스트레스 해소
- 상호 존중 및 인간관계 이해와 개선
- 규범에 대한 인지 및 습득
- 불안 심리 파악 및 치료
- 즐거운 생활 경험
- 인간 존중 정신 고취
- 가정, 학교, 사회, 직장으로 적응학습
- 자신감 향상
- 여가 선용의 방법 교육

• 전인적인 사회교육(몸, 마음, 정신)

6) 노인 칭찬 지도의 효과

• 정신건강 회복
• 부자유스런 신체 기능 회복
• 소외와 고독에서 해방
• 새로운 취미생활 경험
• 사회 봉사, 참여 의식 고취
• 즐거운 생활, 표현력 및 잠재력 향상
• 자신감 향상
• 사회적 기능 회복
• 소속감 향상
• 긍정적 사고 향상
• 외출에 대한 두려움 해소
• 영양 및 건강 상태 파악
• 이성, 주거, 취업, 봉사, 종교, 건강, 사회보장 제도 등에 관한 상담도 가능

17

성공한
사람

성공한 유명인사들은 모두 표정이 밝거나 늘 웃는 인상이라는 공통점이 있다. 한 가지 일에 몰두하며 어떠한 일을 하더라도 자기가 맡은 일에 미치도록 몰입한다.

재능 있는 사람은 노력하는 사람 못 따라가고, 노력하는 사람은 즐기는 사람 못 따라가고, 즐기는 사람은 미친 사람 못 따라간다.

인간은 사회적 동물이기에 타인과의 관계, 그 중요성은 아무리 강조해도 지나치지 않다. 인간관계를 어떻게 맺느냐에 따라 사람의 행불행, 성공과 실패가 갈린다. 지금 나 자신은 인간관계를 잘 맺고 있는지 한번 생각해보라. 평소 얼굴이 지나치게 굳어 있다는 평을 받는지, 늘 말주변이 없어서 사람들의 뒤에서 존재감이 없는지, 발표 한번 못해보고 회의를 마감한다든지…. 과연 지금 나의 현재 모습은 어떠한지 살펴보라.

밝은 표정으로 유머를 곁들여 대화한다면 상대방을 설득시킬 수도, 나 자신을 강하게 어필할 수도, 나의 주장을 관철시킬 수도 있다. 그러니 이제 유머 화술로 무장하라. 이것은 일상에서 농담을 활용하며 상대와 말을 나누는 실습 훈련을 통해 익힐 수 있는 아주 쉬운 대화술이다. 그 방법론으로 좋은 이야깃거리를 찾고 효과적으로 전달하는 방법을 익히는 것이면 충분하다.

유머 감각을 익히는 비법은 여섯 가지다.

- 할 수 있다는 자신감을 가져라.
- 적절한 타이밍을 포착하라.
- 많은 정보를 수집하라.
- 분위기를 잘 이용하라.
- 상대의 말을 끝까지 듣고 재치 있게 답하라.
- 주변에 있는 것을 활용하라.

18

칭찬 전문가는
낙천적이다

낙천적인 사람들은 잘 웃고 여유가 있는 만큼 칭찬도 많이 한다. 이런 사람들에게는 어떤 악조건도 잘 헤쳐나갈 능력이 있다. 극한 상황을 이겨내는 데는 간과할 수 없는 그 무엇인가가 있다. 똑같은 조건일지라도 개인의 건강 상태나 마음가짐에 따라 버티는 정도가 달라진다.

은어와 가물치를 비교해보자. 은어는 성질이 급한 탓에 똑같이 물 밖으로 건져내도 느긋한 가물치보다 먼저 죽는다. 좀 뭐한 비유이긴 하지만 사람의 경우도 마찬가지다. 물에 빠진 사람 대개는 놀라고 당황한 나머지 지나치게 허우적거리다가 체력을 소진하면서 오히려 죽음을 재촉한다.

편안한 마음가짐은 심장박동과 호흡수를 줄여 결과적으로 산소의 소모를 최소화한다. 심한 두려움과 절망감으로 인한 자율신경계의 흥분은 근육을 과도하게 긴장시키고, 신체 에너지를 고갈시키며, 면역체계를 붕괴시킨다. 그렇기에 극한 상황에서도 느긋한 성격을 갖고 낙천적으로 생각하는 사람이 공포와 절망감에 압도되는 사람에 비해 더 오랫동안 버틸 수 있다.

낙천적인 성격을 지닌 사람들은 비관적 성향의 사람에 비해 스트레스 상황에서 엔도르핀의 분비 또한 더 많다. 엔도르핀은 통증을 감소시킬 뿐만 아니라 신체의 면역 기능을 증가시키는 등 신체의 기능을 효율적으로 유지시켜 생존

가능성을 높여준다.

심리학자 패터슨의 연구 결과에 의하면 비관주의자들은 낙관적인 성격의 사람에 비해 전염성 질병에 두 배 정도 많이 걸린다고 한다. 심지어 암세포를 이식한 쥐들에게 공포감과 절망감을 경험하게 하면 암세포의 번식 속도가 증가된다는 연구 결과도 보고된 바 있다.

삼풍백화점 사고에서 수백 명이 사망했지만 극적으로 살아남은 세 명은 인간의 한계를 뛰어넘었다. 그들은 낙천적인 성격의 소유자였다.

기분이 나쁘면 속이 상한다. 사촌이 땅을 사면 배가 아픈 법! 기분이 나쁠 때 우리는 "속상해"라고 말한다. '개도 먹을 때는 건드리지 않는다'라는 말이 있다. 그만큼 스트레스와 소화의 관계는 밀접하다.

스트레스를 받으면 신체 에너지를 스트레스 대처에 최대한 동원해야 하기 때문에 침과 소화액의 분비가 억제되고 위장의 운동이 줄어든다. 그래서 속이 더 부룩하거나 쓰린 것이다.

긴장하거나 초조할 때 그리고 겁먹을 때는 입이 마른다. 무엇인가 몰래 엿보거나 충분하게 관계가 진전되지 않는 남녀가 호젓한 곳에서 단둘이 있을 때도 입이 탄다. 그만큼 스트레스를 받고 있다는 증거다.

19

칭찬관계
훈련

1) 목적

칭찬관계 훈련은 개인과 집단 상호 간의 경험 학습을 통해 자신의 장단점을 발견하고, 타인과의 대화·생각·행동을 통해 상대를 이해함으로써 사람마다 생각과 가치관이 다른 것을 알며, 그 다름을 수용하면서 자기의 가치관을 건전하게 확립하는 데 그 목적이 있다. 즉, 관계 훈련은 바람직한 인성 확립, 타인 이해와 관심 그리고 관계 개선 및 증진, 공동체적 삶을 살 수 있도록 도와주는 일이다.

2) 사용 기법

- 대화 : 소개하기, 설명하기, 피드백
- 침묵 : 묵상, 만지기, 느낌의 표현, 사물과의 대화
- 그림 : 감정의 표현, 생각과 내면세계의 표현, 과거와 미래
- 작문 : 자서전, 편지, 느낌과 생각의 기록, 결단
- 노래 : 춤
- 드라마 : 역할극, 주어지는 작업

3) 진행상 유의해야 할 점

- 공평한 참여 기회를 부여한다.
- 부드럽고 부담감이 없는 분위기를 조성한다(시작과 평가까지).
- 진행 중 느낌이 필요한 순간은 느낄 수 있도록 분위기를 조성한다.
- 매 과제마다 피드백을 실시한다.
- 단계별·과정별로 진행한다.
- 자리 배열은 최소한 가깝게 배치한다.
- 발표는 '서서, 앉아서'를 번갈아 한다(발표와 표현의 훈련의 장).
- 적절한 의식 노래는 가능하다.
- 무관심한 참가자와 하위집단을 참여토록 자연스럽게 유도한다.
- 대화가 정체될 때는 활달한 사람부터 시작한다.
- 아래와 같은 약속을 서로 지키도록 한다.
  ① 처음부터 끝까지 경청한다.
  ② 사소한 이야기라도 진지하게 경청한다.
  ③ 들은 이야기의 느낌을 그대로 다 표현한다.
  ④ 다른 사람의 슬픔이나 기쁨을 함께 나눈다.
  ⑤ 다른 사람의 이야기가 나오도록 기다린다.
  ⑥ 상호 상처를 주는 말은 하지 않는다.

4) 프로그램

- 자기소개
  ① 이름, 별명, 고향, 장래의 희망 소개, 직업관, 소지품 소개
  ② 나는 누구인가?(10개의 답으로 나열)
  ③ 좋아하는 우선순위(혈연, 물건, 사람)
  ④ 좋아하는 것(월, 시간, 장소, 음식, 산, 나라)
  ⑤ 기쁜 일, 슬픈 일
  ⑥ 자기 인생에 영향을 준 사람, 책, 영화

⑦ 자화상 그리기(5, 10, 20, 30, 60년 후)

⑧ 3분 연설(내가 대통령이라면, 남은 인생 1주일 전, 내가 남자 혹은 여자라면)

• 감정의 만남

① 인사, 악수

② 팔 부딪치기

③ 안마하기, 껴안기

④ 기대어 앉기, 등 비비기

⑤ 이마 맞대기, 눈으로 감정 교류하기

⑥ 예, 아니오

⑦ 눈 감고 얼굴 더듬기

⑧ 거울 속의 나

⑨ 사물의 촉감 나누기

• 신뢰의 회복

① 허리와 다리 펴고 뒤로 넘어지기

② 무릎의자 만들기

③ 눈 가리고 산책하기

④ 피라미드 쌓기

⑤ 그대의 다리가 되어

⑥ 종잇조각 맞추기

• 몸으로 감정 교환

① 그룹 만들기(2·4·5명, 동성, 이성, 취미 등)

② 손, 발 씻겨주기

③ 신문지 위에 서기

④ 음악에 맞추어 흔들기

⑤ 인사(열 꼬마 내 친구)

⑥ 머리 위로 사람 들기, 나르기

• 인생 설계와 다짐

① 소감문, 다짐의 글

② 관심과 가치관의 우선순위

③ 나는 누구인가?

④ 구체적 목표의 계획표 작성

⑤ 자화상 그리기(5, 10, 20, 30, 60년 후를 다시 그려본다)

• 새로운 출발

① 서로 마음의 선물 전달

② 축복의 기도, 석별의 인사(껴안으며)

③ 고향을 향해 함성 지르기

칭찬관계 훈련 I : You에게 보인 나의 첫인상과 칭찬해줄 점은?

이름	칭찬해주고 싶은 말	써준 사람 이름

예> 자기 이름 : 한꽝일(ㅎ, ㅏ, ㄴ, ㄱ, ㅗ, ㅏ, ㅇ, ㅇ, ㅣ, ㄹ)

ㅎ : 성이나 이름에서 ㅎ 자가 들어간 친구에게 악수를 청하며 자기소개를 한다음 본인에게 첫인상이나 칭찬, 덕담을 해 기록해달라고 한다(성 : 한, 하, 현, 함씨 등 / 이름 : 숙희, 희숙, 진현 등).

점수판 : __점 + __점= __점

칭찬관계 훈련 II : 친구에게 사인(Sign) 받기

☞ 아래의 문항은 같은 친구에게 한 번 이상 사인을 받을 수가 없으며 사인은 이름으로 정확히 써주시길 바랍니다.

1. 꼭 사귀고 싶은 친구(이성)를 찾아가 사인을 받으세요. (   )

2. 친구에게 외적인 칭찬 세 가지를 해주고 사인을 받으세요. (   )

3. 친구에게 다섯 종류 이상의 동물 흉내와 울음소리를 내세요. (   )

4. 남의 신발(양말)을 벗겨서 거꾸로 신기세요. (   )

5. 친구의 다리털이나 흰머리 한 개를 수집하세요. (   )

6. 친구에게 강제로 팔굽혀 펴기 다섯 번을 시키세요. (   )

7. 다른 친구에게 내적인 칭찬 다섯 가지를 해주고 사인을 받으세요. (   )

8. 친구에게 본인 이름으로 삼행시를 짓게 하세요. (   )

9. 친구의 어깨와 장딴지를 안마하세요. (   )

10. 바지 입고 있는 친구의 바지 한쪽을 무릎 위로 걷어올리세요. (   )

11. 친구의 남자 친구나 여자 친구 이름을 크게 세 번 부르게 하세요. (   )

12. 친구에게 춤을 추면서 노래를 불러주세요. (   )

13. 친구에게 앉았다가 일어서기를 열 번 시키세요. (   )

14. 친구의 주머니에 있는 10원짜리나 먹을 것을 받아 가지세요. (   )

15. 정동진이나 강구항을 가본 친구에게 사인을 받으세요. (   )

16. 생월이 같은 사람에게 사인을 받으세요. (   )

17. 같은 색의 양말을 신은 친구를 찾고 야호를 세 번 크게 하세요. (   )

18. 수첩 속에 애인, 친구, 가족사진이 있는 사람을 찾으세요. (   )

19. 남자는 여자의, 여자는 남자의 손을 잡고 한쪽 무릎을 굽힌 채 "당신을 처음 본 순간 저는 정신을 잃고 말았어요"라고 말하세요. (   )

20. 위 1~19번까지 사인을 받지 못한 친구를 찾아가서 인사를 나누고 아래의 빈칸에 사인을 받으세요.

				Bingo			
			Bingo				

인간관계 훈련 Ⅲ : You에게 나는 어떤 모습으로 보였을까?

자기 이름			써준 사람 이름
you는 나를 어떤 동물로 비유하고 싶나요? 예 : ○○ 같은 ○○로 보입니다.			
1		너는	
2		너는	
3		너는	
4		너는	
5		너는	
6		너는	
7		너는	
8		너는	
9		너는	
10		너는	
You는 나를 어떤 꽃으로 비유하고 싶나요?			
1		너는	
2		너는	
3		너는	
4		너는	
5		너는	
6		너는	
7		너는	
8		너는	
9		너는	
10		너는	

☞ 인간관계 훈련 I처럼 이름을 자음과 모음을 분리해 아래처럼 기록한다.

예> 자기 이름 : 한광일(ㅎ, ㅏ, ㄴ, ㄱ, ㅗ, ㅏ, ㅇ, ㅇ, ㅣ, ㄹ)

ㅎ : 성이나 이름에서 ㅎ 자가 들어간 친구에게 악수를 청하며 자기소개를 한 다음 본인이 동물과 꽃 중 무엇으로 보이는지 써달라고 한다(성 : 한, 하, 현, 함 씨 등 / 이름 : 숙희, 희숙, 진현 등).

☞ 아래의 예화 중 동물과 꽃 한 가지씩만 선택하거나 아니면 본인이 적당한
단어를 생각해 위 인간관계 훈련 III에 적어주세요.

성실한, 듬직한, 가냘픈, 푸짐한, 포근한, 가련한, 똑똑한, 통통한,

감상적인, 드센, 잘난, 미친, 무서운, 웃기는, 날쌘, 기똥찬,

철없는, 새침데기 같은, 용맹스러운, 지저분한, 얄미운, 믿음 가는,

바람 같은, 표정 없는, 친근한, 바위 같은, 복스러운, 속빈, 지혜로운

청국장 같은, 된장 같은, 철없는, 심난한, 폭포수 같은

원시인 같은, 호기심 많은, 똘똘한, 귀여운, 상냥한, 징그러운,

열정적인, 살살거리는, 재미있는, 찜찜한, 깐깐한, 영리한,

야망의, 정의로운, 착실한, 순한, 착한, 기타 등등

싱싱한, 싱그러운, 따뜻한, 그윽한, 풋풋한, 청순한, 향기로운,

감미로운, 자비로운, 사랑스러운, 매혹적인, 포근한, 차가운,

취한, 농염한, 섹시한, 철없는, 가엾은, 시적인, 복스러운, 우아한,

철없는, 속빈, 얄미운, 친근한, 샘물 같은, 샛별 같은, 달콤한,

달덩이 같은, 신비로운, 영롱한, 아침이슬 같은, 불같은, 꿀 같은,

상큼한, 상냥한, 질투 많은, 산뜻한, 담백한, 단아한,

다정스러운, 바다 같은, 불꽃같은, 착한, 촉촉한, 기타 등등

20

친절
언어

- 네, 어서 오세요. 반갑습니다. 환영합니다.
- 여기 앉으세요. 차 한 잔 드릴까요? 어떤 차를 드릴까요?
- 녹차, 둥굴레차, 커피, 아이스커피, 핫커피
- 무엇을 도와드릴까요?
- 제가 직접 해드릴게요?
- 죄송합니다. 다시 해드릴까요?
- 감사합니다. 고맙습니다. 덕분입니다.
- 기다려주셔서 고맙습니다.
- 불편한 점은 없습니까?
- 더 필요한 점은 없습니까?
- 안녕히 가세요.
- 또 뵙겠습니다.

[한광일 카스] 2014년 2월 19일 오후 8:29

작은 약속이라도 반드시 지켜요
지금까지 나의 24권의 저서, 6만 권 정도 무상 증정했어요.
돈으로 따지면 7억은 되겠지요.
사랑은 주는 거, 받을 때보다 더 좋지요.
그런데 받았다고 감사하다고 하시니 내 가슴이 더 찡하네요.
진정 이런 기쁨에 삽니다.
이대성 선생님 진정 영웅이십니다.
열정, 진정, 긍정의 불 질러라! 피워라!
– 한광일 –

옆의 내용은 카스에 공개된 내용입니다.

참고로 이대성 님은 대한민국 최고의 명강사가 되기 위해 오늘도 열심히 배우는 분으로 기타도 잘 치시고, 노래도 잘하시고, 강연도 잘하십니다.

다양한 교육을 배워 접목해 융합하는 최강의 강사가 될 것입니다.

매우 겸손하고 대성하실 강사님입니다.

이대성 스타강사, 기대하세요.

[이대성 님 카스에 올라온 감동의 글] 2월 19일 오후 7:35

진짜 리더, 진짜 멘토

오후에 운동을 하고 사무실에 들어왔는데 등기우편물이 와 있었습니다. 한광일 국제웃음치료협회 회장님이 배송해주신 도서 두 권이었습니다.

얼마 전 약속하신 책을 진짜로 보내주셨네요. 아무것도 해드린 것 없고 아무것도 할 능력 없는 현재의 나 같은 사람과 하신 약속을 잊지 않고 지켜주셨습니다.

저는 지금 웃음 치료사 활동도 안 하고 그냥 원래 제가 하는 일을 하고 있는 사람입니다. 웃음치료협회에 기여하는 것도 없고, 유명하지도 않고, 학식이 있지도 않으며, 돈이 많지도 않습니다.

그저 그런 사람에 대한 존중과 배려는 아무나 하지 못합니다. 자본주의, 물질문명 사회, 시장경제에서 사는 우리 주변이 온통 그런 것 같더군요.

그런데 그런 저에게 이렇게 약속을 지켜주셨습니다. 바쁘고 바쁜 2월 14일 밸런타인데이에 직접 친필로 사인까지 해주셨네요. 한 권도 아닌 두 권 모두에!

오늘을 잊지 않겠습니다.

★ 진짜 리더, 진짜 멘토 한광일 총재님

★ 사소한 약속도 지켜내고,

★ 별볼일없는 자와도 소통하는 리더십을 장착하고,

★ 우쭐함 없이,

★ 늘 웃음을 잃지 않는 분이시네요.

Self-Branding

Part
2

강사 셀프 브랜딩과
홍보를 위한
모바일 및 SNS 활용

01

자기 PR은
네이버에서

일반인 강사 전성 시대라고 할 정도로 다양한 분야의 강사가 활동하고 있지만 자신을 홍보하는 방법을 모르는 경우가 많다. 그냥 교육 담당자들에게 전화가 오기만 기다리는 경우가 많은 것이다. 기업이나 공공기관에서 강사를 섭외할 때 교육 담당자들은 네이버·다음·구글 검색창에서 웃음 치료, 스마트폰 교육, 리더십 교육 등의 다양한 키워드를 검색한다.

예를 들어 '스마트폰 교육'을 네이버에서 검색해보면 다음과 같이 나온다.

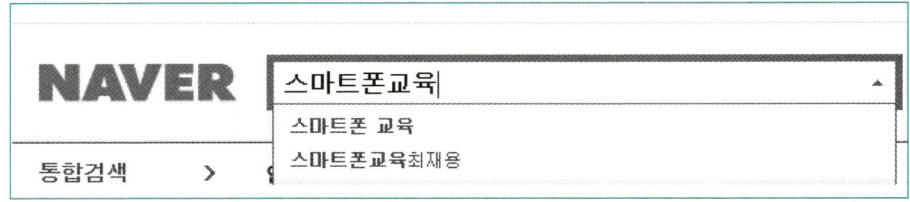

[그림 1] 네이버 검색창에서 스마트폰 교육 검색 시

교육 담당자가 '스마트폰교육최재용'을 누르면 다음과 같은 창이 뜬다. 대한 민국 국민들이 가장 많이 검색하는 네이버 포털사이트에 사이트 등록을 한 것이다.

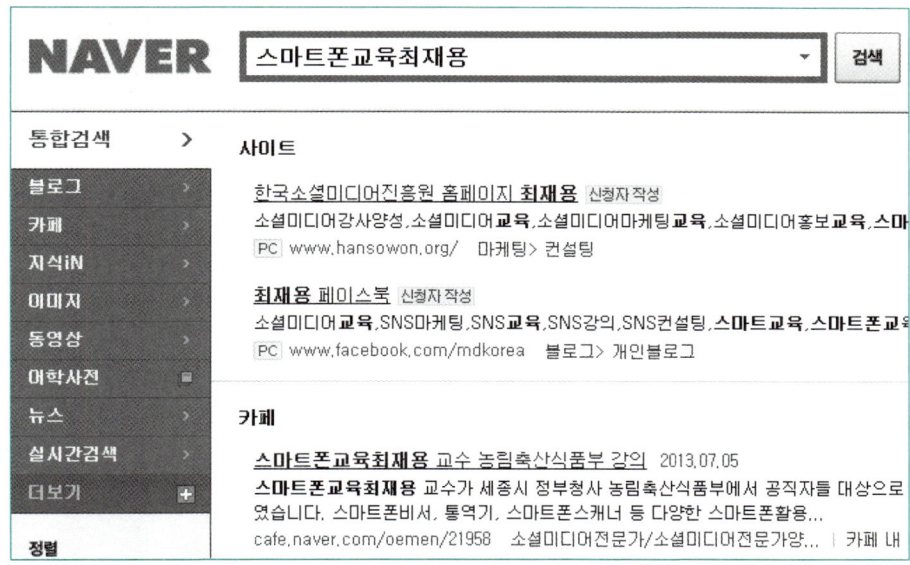

[그림 2] 스마트폰교육최재용 검색 시

1) 네이버 검색등록

다양한 분야의 강사들이 페이스북, 트위터 등을 사용하고 있지만 네이버에 사이트 등록을 하는 방법을 모른다. 그 방법을 살펴보면 네이버에서 '네이버 검색 등록'을 검색한다.

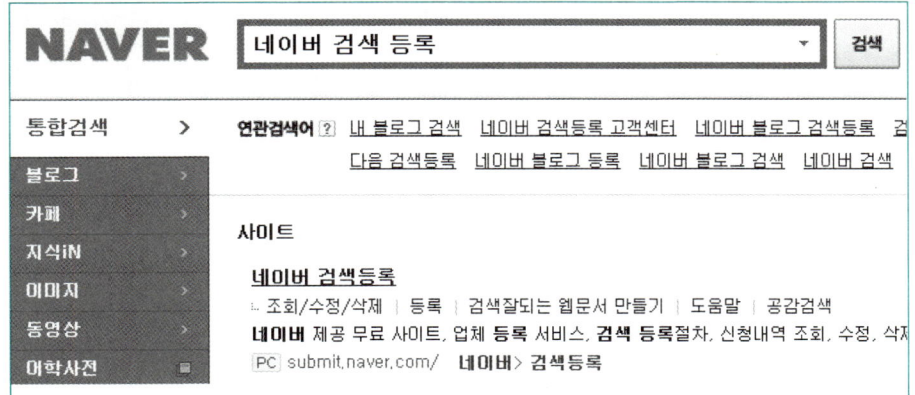

[그림 3] 네이버에서 사이트 등록 검색

'네이버 검색 등록'을 누르면 다음과 같이 '사이트 검색 등록을 네이버 검색 등록에서 무료로 한 번에!'라는 글이 나온다. 여기에서 신규 등록을 선택한다.

[그림 4] 네이버 검색 등록에서 신규 등록 ↑

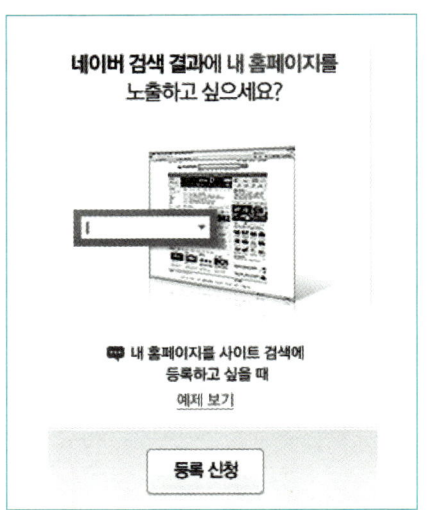

[그림 5] 등록 신청 클릭 →

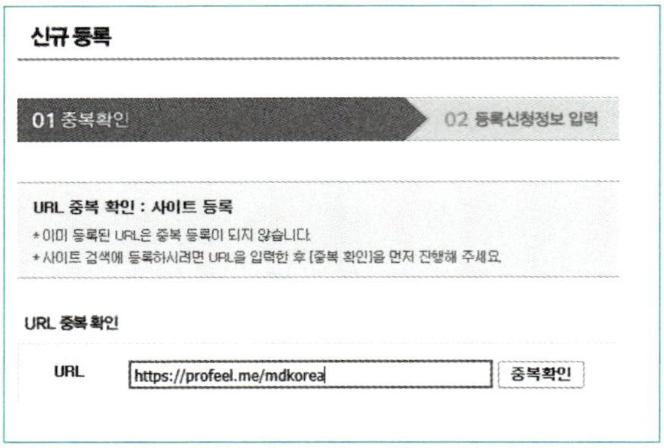

[그림 6] 등록할 사이트 주소 넣기

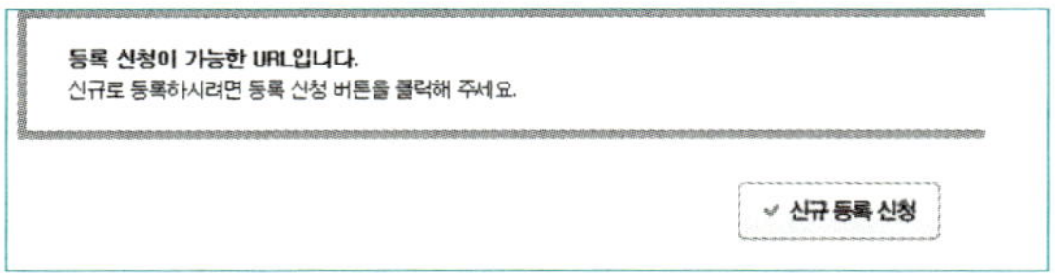

[그림 7] 신규 등록 신청

[그림 5]와 같은 화면에서 하단의 등록 신청을 누른 후 [그림 6]의 화면에서 등록할 사이트의 URL을 넣고 '중복확인'을 누른다. [그림 7]과 같이 등록 신청이 가능한 URL이라고 뜨면 하단의 신규 등록 신청을 누른다.

기본 정보 입력을 하고 확인을 누른다.

[그림 8] 기본 정보 입력

아래와 같이 '○○○ 님의 등록 신청이 완료되었습니다'라는 화면이 뜨고 1주일 이내에 등록 여부를 메일로 알려준다.

[그림 9] 등록 신청 완료

2) 모바일 웹페이지 개설

대한민국 국민 중 스마트폰 사용자가 85퍼센트가 넘는 상황에서 이제 홍보는 손안의 스마트폰으로 전달해야 효과적이다. 또한 76퍼센트 이상의 국민들이 궁금한 것이 있으면 스마트폰으로 네이버 검색을 통해 알고자 하는 정보를 얻는다. PC로 검색하는 사람들보다 스마트폰으로 검색하는 사람들이 점차 늘어가는 추세에 맞춰 스마트폰으로 검색하면 중요한 내용만 노출되는 '모바일 웹페이지'를 만들어 셀프 브랜딩을 하는 것도 효과적인 방법이다.

옆의 [그림 10]은 '최재용'의 모바일 웹 페이지 화면이다. 스마트폰으로 검색하면 가장 필요한 내용들만 간결하고 크게 보인다. 모바일 웹페이지를 보고 강의 의뢰를 하는 경우도 많다.

그러면 모바일 웹페이지를 쉽게 만드는 방법들을 알아보자. 네이버에서 '모바일팜'을 검색해서 회원 가입을 하고 무료로 만들 수 있다.

'모바일팜'이란 네이버에서 무료로 제공하는 모바일 웹페이지 제작 도구로, 회원 가입하고 스스로 제작하거나 디자인 업체에 제작을 의뢰하면 된다. 모바일팜으로 모바일 웹페이지를 제작하면 네이버에 '사이트 등록'을 할 수가 있다.

[그림 10] 최재용의 모바일 웹페이지

[그림 11] 모바일팜

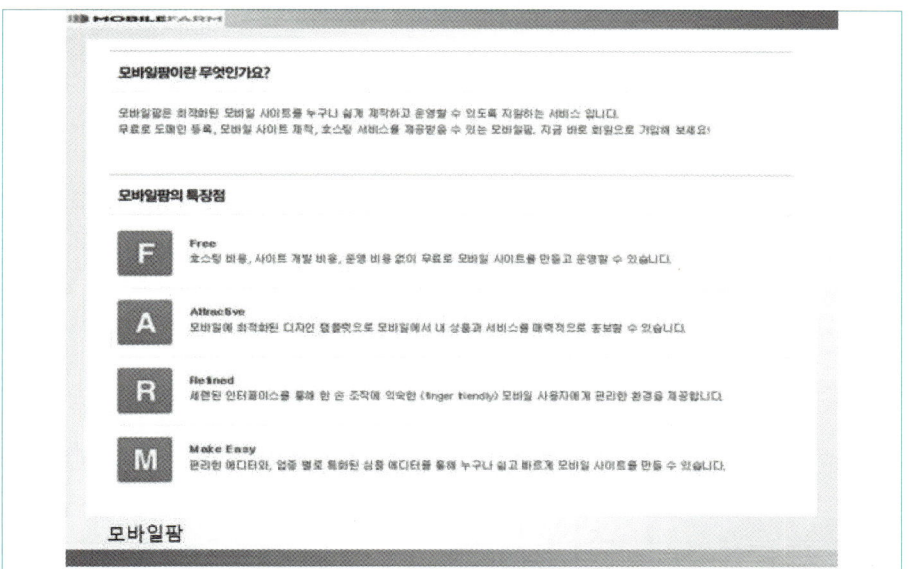

[그림 12] 모바일팜 설명

모바일팜은 네이버에서 도메인을 무료로 제공하며 아래와 같이 도메인 신청을
할 수 있다.

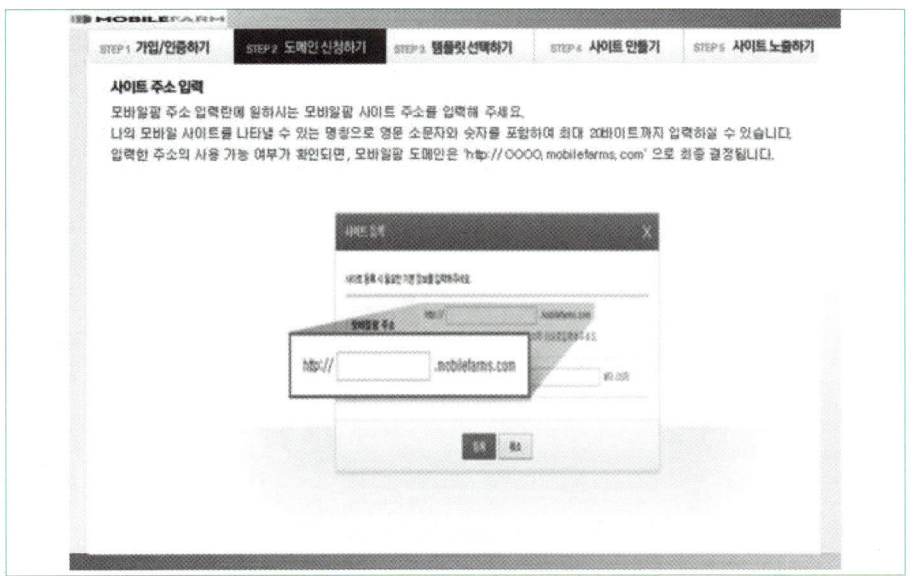

[그림 13] 모바일팜 도메인 신청

직접 만들 수 없다면 모바일 웹페이지 디자인 회사에 의뢰해 제작하고 네이버에 사이트 등록을 하면 된다.

아래의 업체와 상담해 제작하고 네이버에 사이트 등록을 하면 네이버 검색을 통해 강의 의뢰가 늘어날 것이다.

OK114 전화) 1577-0906 http://ok114.co.kr/	**노노스** 전화) 02-2051-1806 http://nonosd.com	**디몬스터 (시호기획)** 전화) 070-7621-0572 http://www.mobilefarmer.co.kr/	**디자인아트** 전화) 070-7945-7700 http://www.designart.co.kr
디자인위브 전화) 1566-6681 http://www.designwib.co.kr	**디자인팩토리** 전화) 070-8258-0875 www.design-factory.co.kr	**레드닷** 전화) 070-4348-1856 http://vmon.kr	**로터스포트** 전화) 02-2107-6334 http://www.mopact.co.kr
모두 전화) 02-4112-7830 http://modoo.kr	**블루캔버스(스페셜로그)** 전화) 070-7807-5470 http://specialog.co.kr	**비움** 전화) 02-408-1113 http://viewm.kr	**와켓** 전화) 070-7012-0390 http://waket.net
와플즈 전화) 070-4170-1822 http://www.waplez.com	**이안** 전화) 010-9375-7794 http://iaan.net	**인피아드** 전화) 1688-9785 http://inpiad.com	**토탈미디어그램** 전화) 070-4659-0409 www.mediagram.co.kr
프로토타입 전화) 02-2015-2137 http://prototype.co.kr	**하이앱** 전화) 070-4129-9906 http://www.hyapp.co.kr	**한국거래소시스템즈(KMS)** 전화) 02-866-2976 http://mfarm.kmswb.kr	

02
모바일 활용 동영상 제작, 유튜브 및 SNS 등록

이제 사람들은 글자나 그림보다는 움직이는 영상에 더욱 반응하게 된다. 예전에는 캠코더로 영상 촬영을 하고 어려운 편집 프로그램을 이용하여 시간과 노력을 들여 동영상을 만들었다. 그러나 요즘에는 간단하게 스마트폰 어플리케이션을 사용해 강의 동영상을 제작하고 유튜브나 SNS에 등록할 수 있다.

유튜브에서 '최재용'을 검색하면 강의를 녹화해 올려놓은 것들을 볼 수 있다.

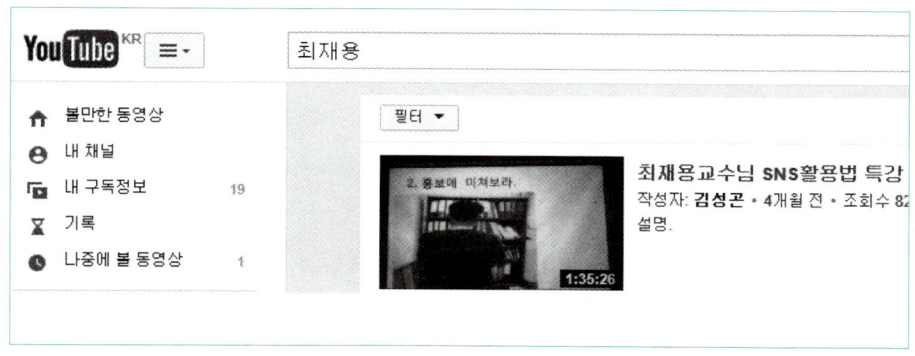

[그림 16] 유튜브에서 최재용 검색

[그림 17] 매지스토 앱 설치

[그림 18] 지금 가입하기

가장 많이 사용하는 스마트폰 동영상 제작 앱으로는 '매지스토(Magisto)'가 있다. 매지스토 앱은 구글 플레이나 애플 앱스토어에서 찾아 설치한다.

[그림 18]과 같은 그림이 나오면 '지금 가입'을 누른다.

그리고 [그림 19]와 같이 이메일로 연결을 누른다.

[그림 20]과 같이 이름과 이메일 주소를 적고 비밀번호를 만든다.

[그림 21]과 같은 설명이 나오면 화면을 왼쪽으로 끝까지 민다.

[그림 22]와 같은 그림이 나오면 'GET STARTED'를 누른다.

[그림 19] 이메일로 연결하기

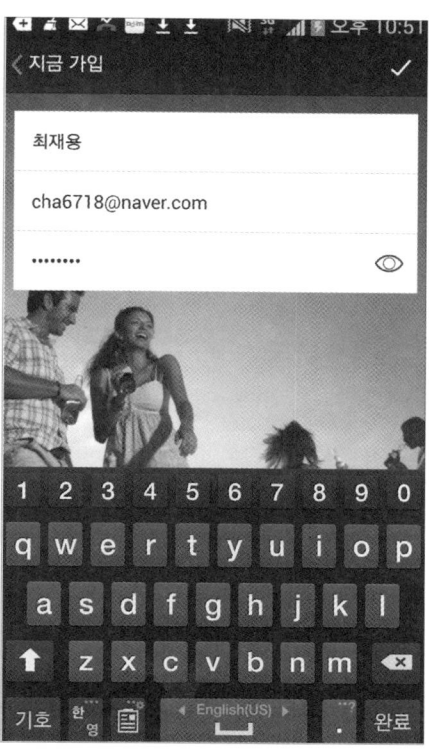

[그림 20] 비밀번호 입력

[그림 21] 화면 밀기

[그림 22] 'GET STARTED' 를 누르기

[그림 23]처럼 오른쪽 상단의 '만들기'를 누른다.

만들기를 클릭하고 나면 [그림 24]처럼 스마트폰 속 내 갤러리의 사진들이 나온다. 이때 보이는 사진들은 촬영 일자별로 정렬되는데 여기서 동영상으로 만들고 싶은 사진을 골라 체크한다.

갤러리에서 사진을 선택하고 다음을 누른다. 이때 [그림 25]와 같은 메시지가 뜨면 사진이 부족한 경우이므로 촬영된 사진을 추가한다. 더 추가할 사진이 없으면 '계속'을 누르면 된다.

사진 추가가 완료되면 [그림 26]과 같이 '테마 편집을 선택합니다'라는 것이 나온다. 여기서 다양한 효과를 보이는 테마 중 내가 원하는 테마를 선택한다. 그러면 편집 화면으로 전환된다. 테마마다 사양과 표현 방법이 다르니 다양하게 활용해보는 것도 좋을 듯하다.

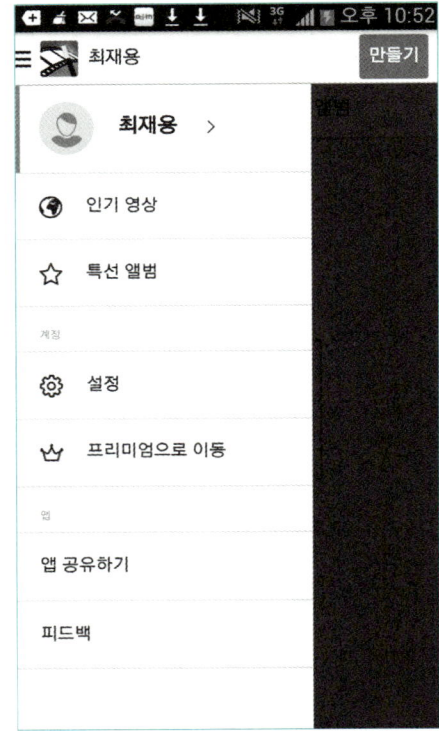

[그림 23] 만들기

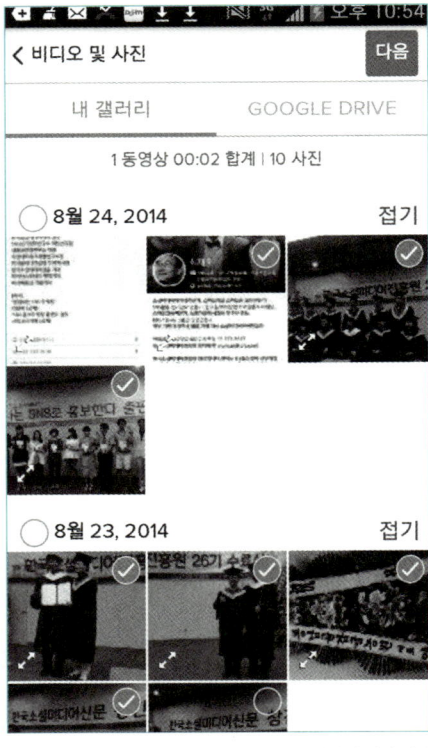

[그림 24] 갤러리 사진 선택

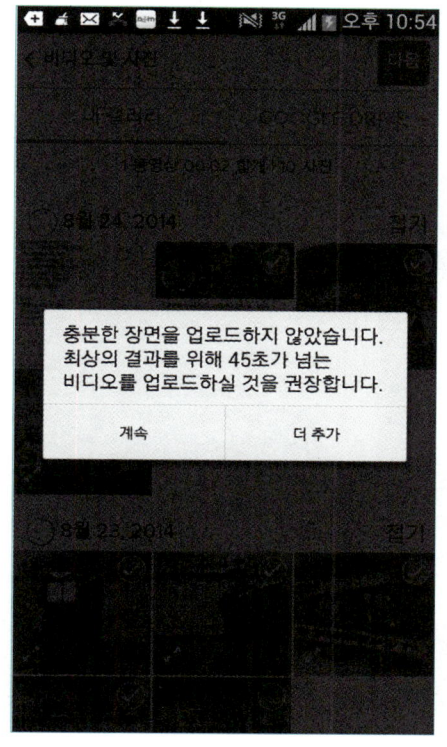

[그림 25] 사진 추가하기   [그림 26] 테마 선택

테마 선택이 끝나면 [그림 27]과 같이 '음악을 선택합니다'라는 화면이 나온다. 이 중에서 원하는 음악을 선택한다.

음악을 추가하고 다음 화면으로 넘어가면 [그림 28]과 같이 영상의 제목을 정할 수 있는 '제목 추가' 화면이 나온다. 이때 원하는 제목을 적어넣는데 너무 길지 않게 10자 정도로 한다. 제목을 다 적었으면 같이 '내 동영상을 만드세요!'를 클릭한다.

만들기를 시작하면 '동영상을 만드는 중입니다'라는 멘트가 나온다.

잠시 기다리면 '업로드중 + 제목'이라는 창이 뜨며 진행 표시줄에 진행 사항이 파란색 바로 표시된다. 어느 정도 진행이 되면 [그림 30]과 같이 '동영상 제작 중'이라고 표시된다.

[그림 27] 음악 선택

[그림 28] 제목 추가

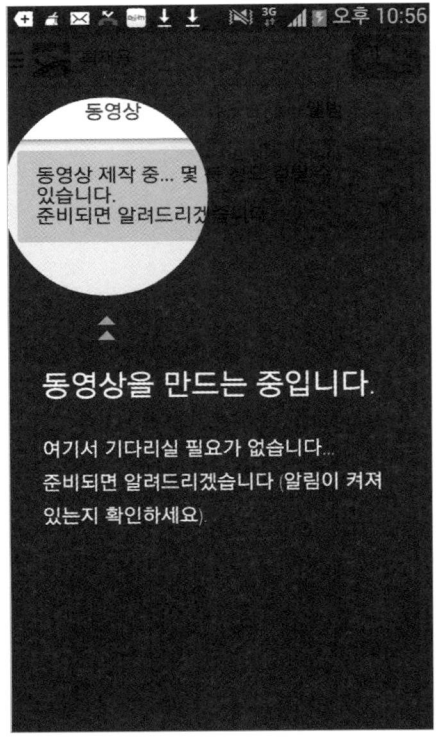

동영상

동영상 제작 중... 몇
있습니다.
준비되면 알려드리겠습니다.

동영상을 만드는 중입니다.

여기서 기다리실 필요가 없습니다...
준비되면 알려드리겠습니다 (알림이 켜져
있는지 확인하세요).

[그림 29] 동영상 만드는 중

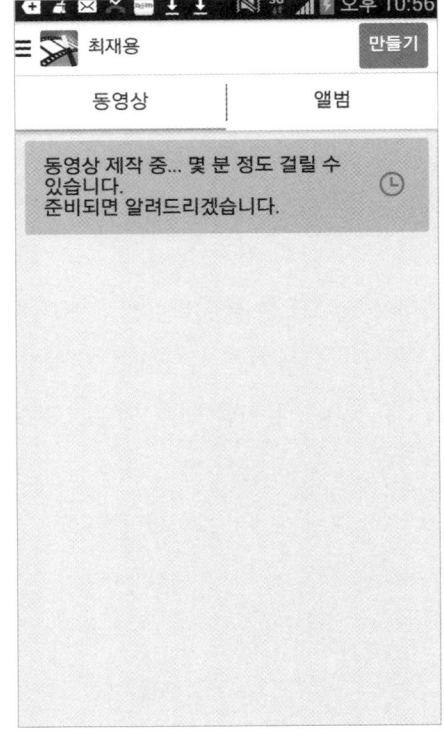

최재용   만들기

동영상   │   앨범

동영상 제작 중... 몇 분 정도 걸릴 수
있습니다.
준비되면 알려드리겠습니다.

[그림 30] 동영상 제작 중

영상이 다 만들어지면 '재생'을 클릭할 수 있는 선택 칸이 뜨게 되고, '재생'을 누르면 만든 영상을 감상할 수 있다.

영상은 다운로드하기 전 반드시 '영화 저장'을 해야 한다. 다 되면 [그림 32]와 같이 ○○의 개인 앨범에 체크하고 완료를 누른다.

저장된 후에는 [그림 33]처럼 곤봉 모양의 공유 표시를 눌러 다양한 SNS에 공유할 수 있다.

[그림 34]에서 모두 보기를 누르면 [그림 35]와 같이 다양한 SNS에 공유할 수 있는 창이 뜬다.

페이스북에 공유하였더니 [그림 36]처럼 공유되어 페이스북 친구들이 볼 수 있게 된다.

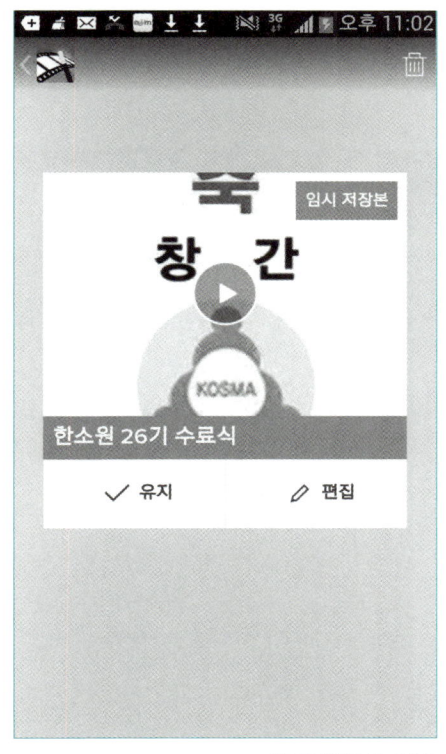

[그림 31] 임시 저장본

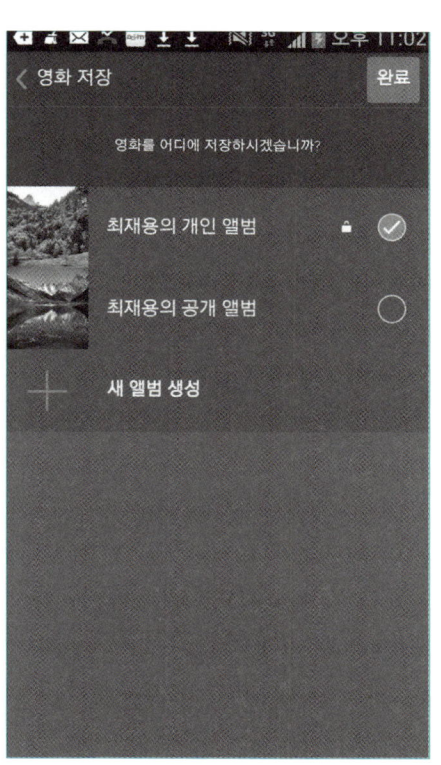

[그림 32] 저장소 확인

[그림 33] 공유하기

[그림 34] 공유 모두 보기 선택

[그림 35] 다양한 공유 채널

[그림 36] 페이스북 공유

동영상을 저장, 다운받으려면 비용을 내야 하므로 유튜브에 공유한 후 유튜브에서 다운받는 것이 좋다. 이렇게 간단하게 스마트폰으로 동영상을 만들어서 SNS에 공유하면 강사로서의 활동 등이 홍보되어 수많은 곳에서 강의 의뢰가 들어올 확률이 높아진다.

03

셀프 브랜딩을
SNS로

현대는 '자기 PR 시대'라고 한다. 자기 PR이란 결국 나를 브랜드화하여 나를 판매하는 것이다. 그러나 아무리 나를 브랜드화해 판매하고자 해도 누군가에게 알리지 않으면 아무도 나의 가치를 알아주지 않는다.

그래서 생겨난 것이 셀프 브랜딩이다. 나 스스로 브랜딩 작업을 해야 한다는 것이다. 브랜딩을 했다면 이제 많은 사람에게 나를 알리는 홍보 단계로 넘어가야 한다. 내가 지금 아주 잘나가는 유명인이 아니라면 혹은 공인이 아니라면, 어떻게 나를 홍보할 것인가?

시대가 아주 좋아져서 나를 홍보하는 데 SNS의 큰 도움을 받을 수 있게 되었다. SNS의 도움을 받기 위해서는 내가 먼저 SNS에 대한 어느 정도 활용 가능한 지식을 소유하고 있어야 한다.

나 스스로 나를 홍보하고 알리지 않으면, 아무도 날 찾아줄 사람이 없다면 이제 소극적 태도를 버리고 적극적인 실천 단계로 들어가야 할 것이다.

본문을 통해 소개된 몇 가지 방법은 나를 소개하고 홍보하는 차원에서 전혀 비용이 들어가지 않는 아주 모범적이고 착한 방법이다. 큰 비용을 들여서 홍보하는 것을 누군들 못하겠는가? 다만, 비용 한계가 문제이지. 그러나 이제 막 강사 활동을 시작한, 즉 1인 기업인이라면 어떻게 이런 비용을 지속적으로 감당

할 수 있을까?

본문에서 제시한 방법은 누구나 쉽게 할 수 있고 필히 해야만 하는 방법이기에 활용을 적극적으로 권장하고 싶다. 굳이 전문 제작 업체에게 맡기지 않더라도 차분히 시작해보면 누구나 따라 할 수 있다.

자! 그럼 이제 망설일 이유가 없다. 지금 바로 실천해보자.

Self-Branding

Part 3

강사 역량을 위한 셀프 리더십 코칭의 이론과 실제

당신은 당신이 생각하는 대로 살아야 한다. 그렇지 않으면 머지않아 당신은 사는 대로 생각하게 된다(One must live the way one thinks or end up thinking the way one has lived).

_프랑스의 소설가·비평가 폴 부르제

01

나에게 강사란
어떤 의미인가?

강사를 준비하기 위해 달려왔다면 지금은 잠시 내가 어디를 향해 가고 있는지 한번 돌아보고 가고 있는 방향을 다시 한 번 확인하고 가야 할 시점이다.
목표를 향해 계속 가다 보면 처음 마음과는 다르게 가기도 하고 처음 마음이 무엇인지 잠시 잊기도 한다. 이번 장에서는 과거·현재·미래의 시점으로 나를 바라보는 시간을 가져보자.

질문 1. 현재 나는 강사로서 어떤 모습인가?

질문 2. 현재의 모습이 되는 과정 중 가장 기억에 남는 것은 무엇인가?

질문 3. 지금부터 1년 후 당신은 어떤 모습의 강사가 되고 싶은가?

(될 것 같은 모습에 집중하지 말고 되고 싶은 모습에 집중하라)

현재의 모습은 내가 노력한 모습의 결과다. 그럼 지금부터 1년 후의 모습은 누구의 책임인가? 나의 책임이다.

질문 4. 1년 후 내가 기대하는 강사의 모습이 되기 위해 1년 동안 무엇을 노력하면 될까?

질문 5. 지금이 1년 후라고 생각하고 내가 기대하던 강사가 된 모습을 상상해 보라.

주위에서 어떤 말을 듣고 있는가?

주위에는 누가 있는가?

나의 표정은 어떤가?

질문 6. 1년 후 기대하는 모습을 이루기 위해 1년 동안 꼭 기억하고 싶은 말을 한 문장으로 만들어보라.

아자, 아자! 파이팅! 당신은 당신이기에 꼭 이룰 것이다.

02

상대가 집중하고 싶은 강사

많은 준비를 한 뒤 강의를 하는데, 상대가 집중하지 않고 관심이 없다. 그 강사는 다시 준비를 한다. 다시 준비하면서 그는 혼잣말을 한다.

"눈높이가 안 맞아! 너무 어렵나? 너무 쉽나?"

강사는 상대의 눈높이를 맞추려고 노력한다. 그 눈높이는 무엇일까? 어떻게 상대의 눈높이를 맞출 수 있을까? 상대의 눈높이는 '상대가 원하는 강의, 기대하던 강의'이다.

그렇다면 과연 어떻게 해야 상대가 원하는 것을 정확히 파악할 수 있을까?

03

셀프 리더십 코칭의 이해

1) 셀프 리더십이란?

셀프 리더십(Self-Leadership)은 자신을 리더로 준비하는 과정이라고 할 수 있다. 즉, 주도적으로 자신의 잠재된 능력을 개발하고 자신이 설정한 행복한 인생의 방향으로 나아가고자 하는 자기 경영 역량 개발이다.

이제 과연 어떻게 상대와 소통을 잘할 수 있는지 코칭을 통해 생각해보자.

어떻게 강사는 상대의 눈높이를 맞출 수 있나? 내가 꼭 전달하고 싶은 것은 무엇인가? 하늘은 스스로 돕는 자를 돕는다. 소통이란 나의 생각을 상대에게 전달하고 또 상대의 생각을 전달받는 것이다. 이러한 소통은 성공을 이루며 삶을 살아가는 데 중요한 기술이다.

2) 코칭이란?

• 소통이 잘되면 무엇이 좋은가?

이 문항에 대한 100명 이상의 답은 크게 다음과 같았다(박은경, 2013, 밸런스행복코칭).

첫째, 일이 잘된다. 둘째, 마음이 편하다. 셋째, 갈등이 줄어든다. 넷째, 일의 결과가 좋다. 다섯째, 가족이 화목해진다.

수년 전 미국의 한 대학에서 '성공의 비결'을 연구·분석한 결과 기술과 실력이 15퍼센트, 나머지 85퍼센트는 '좋은 인간관계와 소통 능력'에 달려 있다고 했다. 이렇게 소통이 성공에 많은 영향을 미치는 것은 꿈꾸는 성공과 관계하는 대상이 있어야 한다.

예컨대 부모로 성공하려면 자녀와 관계를 잘해야 하고 강사로 성공하려면 학습자와 관계를 잘해야 한다. 소통은 상대에게 내가 원하는 것을 알리고 싶은 욕구에서부터 시작된다. 그 소통 채널의 대상이 되는 상대 역시 나와 관계하고 싶은 욕구가 있기 때문에 소통이 시작된다.

서로가 자신이 원하는 것을 전달하려고 할 때 서로 마주보고 자신의 이야기에 집중하게 된다. 그런데 서로에게 자신의 이야기만 하려 하고 상대에게 자기 뜻을 전달하고자 상대 이야기는 듣지 않은 채 자기 이야기만 쏟아낸다. 물론 상대 역시 자신의 이야기만 주장한다. 이런 상황이 되면 소통은 물 건너간 것이다. 이런 불통에서 소통으로 전환할 방법은 '내가 먼저 상대의 말을 듣는 것'이다. 상대의 말을 듣기 시작하면서 더불어 내 이야기도 하려고 할 때 비로소 소통이 시작된다.

상대와 소통을 하고 싶은 욕구가 많으면 많을수록 사람들은 목소리를 높이고 자신의 이야기를 들어보라고 강조한다. 그럼에도 불구하고 상대와 소통하려면 내가 먼저 상대의 이야기를 끝까지 듣고 말을 자제해야 한다.

소통이 안 될 때 흔히 "안 통해!"라고 한다. 이는 나를 이해 못하는 상대가 나를 이해주길 바라는 내 요구의 또 다른 표현이다. 즉, "말이 안 통해"라고 말하는 사람의 말은 통하고 싶다는 의사 표현인 것이다. 그럼 소통하기 위해 누가 무엇을 어떻게 노력해야 할까?

코칭은 소통을 원하는 사람들이 서로가 상대가 원하는 것에 집중해 존중의 마음으로 잘 듣고, 인정과 지지를 하고, 생각을 스스로 정리하도록 질문을 하는 것을 말한다. 이때 개인의 패러다임 확장이 필요하다.

패러다임의 확장을 통한 소통에서 내용이 상대와 '틀린' 것이 아니라 '다른' 것을 이해한다. 최선의 노력으로 최선의 결과를 만들기 위해 최선을 다할 내용, 즉 답은 상대가 갖고 있다는 것을 인식하고 상대에 대한 무조건적인 지지와 신뢰가 코칭의 기본이 된다.

• 코칭의 전제는 무엇인가?

① 코칭의 정의

(사)한국코치협회(KCA, www.kcoach.or.kr)에서는, '코칭은 개인과 조직의 잠재력을 극대화해 최상의 가치를 실현할 수 있도록 돕는 수평적 파트너십이다.' 국제코치연맹(ICF, www.coachfederation.org)에서는, '코칭이란 개인과 조직의 잠재력을 극대화하기 위해 고객들에게 영감을 주는 사고 확장과 창조적인 과정 속에서 고객과 함께하는 것이다(Coaching is partnering with clients in a thought-provoking and creative process that inspires them to maximize their personal and professional potential).'

② 코칭 철학

(사)한국코치협회의 코칭 철학 – 사람은 누구나 가능성과 잠재 능력을 갖고 있다. 그리고 자신이 원하는 것을 찾고 있다. 자신의 문제에 대한 답은 자신이 갖고 있다.

인간은

a. 온전하다(Holistic). 모든 사람에게는 무한한 가능성이 있다.

b. 자원이 풍부하다(Resourceful). 그 사람에게 필요한 해답은 모두 그 사람 내부에 있다.

c. 자신의 삶을 창조한다(Creative). 해답을 찾기 위해서는 파트너가 필요하다.

③ 코칭의 유래

'코치'라는 단어는 '콕스의 마차', 즉 콕스 지역에서 만들어진 마차라는 뜻의 헝가리 옛말에서 비롯되었다. 이 마차가 전 유럽에 퍼지면서 '콕시(Kocsi)' 혹은 '콕지(Kotzdi)'로 불리게 되었다. 영국에서는 이것을 영어로 코치(Coach)라고 했다. 이 단어는 사람을 실어 나르는 개썰매에서 유래되었다.

지금은 유고슬라비아로 불리는 아드리안 해의 달마티아라는 나라가 있다. 달마티아의 개들이 끄는 마차가 있었는데 이것 때문에 달마시안 종들을 코치견이라고 불렀다. 미국 서부 개척 시대에는 말이 끄는 커다란 짐마차를 '스테이지 코치(Stage Coach)'라고 불렀다.

1500년대에 코치라는 단어는 사람들을 현재 있는 곳에서 목적지까지 데려다주는 마차를 가리키는 말이었다.

1840년대에 영국에서는 '개인 지도 교사(Tutor)'의 별칭으로 '코치'라는 말을 사용했다. 승객이 마차를 몰고 목적지에 가듯 교사의 지도로 앞으로 나아간다는 뜻이다.

1880년대에 와서 코치는 케임브리지에 있는 캠 강에서 운동하는 대학생들에게 노 젓는 것을 개인 지도하는 사람을 가리키는 운동 용어가 되었다.

이러한 용법이 그대로 자리 잡아 코치는 운동선수를 도와 어떤 한곳에서 다른 곳으로 갈 수 있도록 해주는 사람들로 알려지게 되었다. 초창기에는 '코쳐(Coacher)'라고 불렀으나 1990년대에 'r'이 떨어져 나갔다. 지금도 메이저리그에서 1루와 3루 뒤에서 코치하는 사람을 '코쳐'라고 부르며, 그들이 서는 자리를 '코쳐스 박스(Coacher's Box)'라고 부른다.

1980년대 초, 토마스 레오나드는 1992년 최초의 전문교육기관인 '코치 유(Coach U)'를 설립했고 여러 코치 운동을 일으킨 리더들과 함께 1994년 국제코치연맹을 설립했다.

코칭이 비즈니스계에 본격적으로 등장한 것은 미국 경제가 불황의 늪에서 허덕이던 1980년대 후반이다. 초기에는 컨설팅 개념과 맞물려 컨설팅의 하위개념으로 인식되었으나 이후 다양한 연구와 검증을 거쳐 현재는 미국 굴지의 기업들에서 관리자들에게 필요한 직무 요건의 하나로 평가받고 있다.

미국의 뒤를 이은 일본은 거품경제의 붕괴가 일어나기 시작한 1990년대에 코칭 시스템을 도입했다. 미국처럼 일본도 오랜 불황의 늪에서 탈출하기 위한 방법으로 코칭을 하나의 매니지먼트 기술, 인재 육성의 방법으로 받아들이는 기업이 급속히 늘어나고 있다. 지금은 코치 분야가 리더십 분야에서 가장 영향력을 주고 있으며 떠오르는 전문 분야로 발전했다.

④ 코칭 윤리

코치로서 직업상의 행위 전반에 대해

a. 나는 코칭에 대한 일반적인 이해를 해치는 행위는 일절 하지 않는다.

b. 나는 코칭에 관해 의도적으로 허위나 오해를 부를 우려가 있는 내용을 구두
  나 서면으로 제출하지 않는다.

c. 나는 다양한 코칭 접근법을 존중한다. 다른 사람들의 노력이나 공헌도 존중
  하며 그것을 나 자신의 것으로 속이지 않는다.

d. 나는 코칭의 영향력을 잘 인식하고 있다. 그것이 오용되었을 경우에 문제를
  파악하고 있다.

e. 나는 나 자신의 코칭 능력 또는 업무상의 관계에 손상, 대립, 방해를 주는 개
  인적인 문제를 인식하도록 항상 노력한다. 필요하다면 나는 그 어떠한 경우
  에도 신속하게 전문적 조언을 요구하며 코칭의 일시 중단 또는 종료가 적절
  할지 등 내가 취해야 할 행동을 결정한다.

f. 나는 코칭 서비스 또는 멘토 코칭을 실시할 때에 한국코치협회 윤리 규정에
  준거해 행동한다.

g. 나는 전문적 능력에 근거하며 정설로 인정되고 있는 과학적 기준의 범위 내
  에서 연구를 실시하고 보고한다. 연구를 실시할 때는 관계자로부터 필요한
  허가를 얻거나 동의를 얻은 다음 모든 불이익으로부터 참가자가 충분히 보
  호되는 형태로 한다. 모든 연구 활동은 우리나라의 법률에 준거해 행한다.

h. 나는 비밀을 지킬 의무를 준수하고 적용되는 모든 법에 따라서 코칭의 실시
  에 관한 모든 작업 기록을 정확하게 작성, 보존, 보관, 파기한다.

i. 나는 한국코치협회 회원의 연락처 정보(전자메일 주소, 전화번호 등)를 협회에
  인정되고 있는 사용 범위에서만 사용한다.

고객에 대한 관계와 행위에 대해

a. 나는 고객과 부적절한 관계와 거래관계를 갖지 않는다.

b. 나는 고객과 명확하게 합의를 하며 직업상의 코칭관계로 성립한 모든 결정
  을 존중한다.

c. 나는 최초의 코칭 시 또는 코칭 시작 이전에 코칭의 본질, 비밀을 지킬 의무

의 범위, 금전 조건 및 그 외의 코칭 계약 조건을 확실히 이해하도록 한다.

d. 나는 코치로서의 자신의 능력, 기술, 경험을 정확하게 인식한다.

e. 나는 나 스스로 코칭 프로세스 또는 코칭을 통해 얻을 수 있는 성과에 대해서 의도적으로 속이거나 부당한 주장을 하지 않는다.

f. 나는 고객 혹은 고객 될 사람에게 오해를 부를 우려가 있는 정보나 충고를 하지 않는다.

g. 나는 코치와 고객과의 관계를 나의 개인적, 직업적, 금전적인 이익을 위해 의도적으로 이용하지 않는다.

h. 나는 고객이 어느 시점에서도 코칭을 종료할 수 있을 권리를 존중한다.

i. 나는 고객이 자신과 타인에게 위험을 미칠 의사를 분명히 했을 경우 관련 기관에 연락한다.

비밀을 지킬 의무

a. 나는 고객의 요구 또는 법이 요구하는 경우를 제외하고 고객의 정보에 대한 비밀을 지킨다.

b. 나는 고객의 이름이나 그 외의 고객 특정 정보를 공개하기 전에 고객의 동의를 얻는다.

c. 나는 나에게 보수를 지불하는 사람에게 고객 정보를 전하기 전에 고객의 동의를 얻는다.

이해의 대립

a. 나는 나 자신의 이해와 고객의 이해가 대립하지 않게 노력한다.

b. 실제로 이해의 대립이 생기거나 그 우려가 생겼을 경우 나는 그것을 숨기지 않고 분명히 하고 고객에게 제일 좋은 대처 방법을 찾기 위해 고객과 함께 검토한다.

c. 나는 코칭관계를 해치지 않는 범위 내에서 코칭 비용을 서비스, 물품 또는 다른 비금전적인 것으로 상호 교환할 수 있다.

(참조 : KCA 규정)

3) 코칭의 패러다임

• 다른 것과 틀린 것은 어떤 차이가 있나?

빨간 병을 아래에 그려보라.

내가 그린 빨간 병만 빨간 병이라고 말할 수는 없을 것이다. "이걸 어떻게 빨간 병이라고 할 수 있겠니?"라고 말하기 전에 '내가 모르는 빨간 병이 있구나!'라고 생각해보라. 우리는 서로가 틀린 것이 아니라 다른 것을 이해하지 못하는 것일 수 있으니까. 상대가 "틀리다"라고 하는 것은 내가 "맞다"를 강조하려는 마음일 수도 있다는 것이다. 혹시 상대가 "맞다"고 자신의 말을 주장한다면, "그래, 그럴 수도 있어" 하며 포용하면 어떨까?

• 최선의 노력이 최선의 결과가 되기 위해 필요한 것은 무엇인가?

강사가 상대에게 원하는 것을 주기 위해 최선을 다한다면 상대는 강사의 노력에 감사한 마음을 갖게 될 것이다. 그리고 강사의 그런 최선이 또한 상대에게도 최선의 만족을 안겨줄 것이다. 상대의 패러다임을 이해하지 못하고 나의 패러다임으로만 상대를 본다면 그건 최선일수록 최악이 될 수도 있다. 강사는 상대와 상관없이 자신이 준비한 것만을 전달하려 한다면 그것이야말로 최악의 평가를 받을 수도 있다.

상대 고유의 경험에 따른 생각을 나와 다르다고 해서 "틀리다"라고 말하는 것은 상대를 존중하지 않는 태도이다. 이는 틀린 것이 아니고 '다른 것'이다.

• 패러다임은 무엇인가?

위키백과에 의하면 '패러다임(Paradigm)'은 어떤 한 시대 사람들의 견해나 사고를 근본적으로 규정하고 있는 테두리로서의 인식의 체계 또는 사물에 대한 이론적인 틀이나 체계를 의미한다.

삶에서 경험한 것이 사람들의 사고를 형성하고 그것이 고정 틀을 만들어서 편견과 선입견을 갖게 된다. 그래서 내가 이상히 여겨지는 것은 상대가 틀린 것이 아니라 내가 모르고 있는 것일지도 모른다. 그래서 틀린 것이 아니라 다른 것일 뿐이다. 이렇게 코칭은 패러다임을 이해함으로써 상대가 틀린 것이 아니라 나와 다른 것이라는 의식의 확장을 돕는다.

예컨대 오늘 내가 보는 하늘은 파랗고, 내 후배가 보는 하늘은 흐리다. 그런 후배에게 "너 참 이상하다"라고 하면 나는 내 안경으로만, 즉 내 패러다임으로만 하늘을 보는 것이다. 반면 후배에게 "그럴 수도 있구나"라고 하면 상대의 다름을 인정하는 말이 된다.

소통하려면 상대를 가능한 한 존재로 보아야 한다. 아무리 힘들고 남루한 행색을 하고 있더라도 상대를 겉모습으로 판단하지 말고 가능성이 있는 'Y(Yes)'로 보고 지시명령형에서 질문형으로, 일방향의 질문에서 쌍방향의 질문을 하는 것이 절대적으로 필요하다.

서커스 코끼리는 어려서부터 훈련을 통해 달아나는 것을 꿈도 꾸지 못할 쇠사슬이라는 족쇄를 찼다. 이것이 적용되면 코끼리는 쇠사슬에 익숙해져 발목에 쇠사슬이 없어도 도망가지 않고 그 생활에 적응한다.

반복된 경험으로 인식이 생기고 그것이 사고의 틀을 만들고 관계 속에서의 편견과 '맞다, 틀리다'라는 잣대를 가진 고집이 작동한다. 이렇게 패러다임은 자신의 환경에 많은 영향을 받는다.

코칭 패러다임의 확장을 통해 '틀렸다'라는 말보다는 '다르다'라는 말로 상대의 다름을 인정한다. 어떤 사람은 밤을 좋아하고 어떤 사람은 낮을 좋아한다. 이때 "생각이 다르군요?", "그럴 수도 있겠네요"라고 하는 이 두 말이 패러다임의 확장을 통한 소통에 도움이 되는 '중립언어'인 것이다.

중립언어는 개인의 의식과 많은 관계성을 갖고 있다. 사람에게는 의식이 있어서 의식입자가 에너지(파장)를 방출하면 다른 생물체의 에너지가 이에 반응한다. 물이란 에너지의 전달 매체다. 물은 정보를 기억할 수 있다. 물이 음악을 듣고 말을 듣고 문자를 본다. 인간의 몸은 막 태어났을 때 90퍼센트, 성장했을 때 70퍼센트, 죽을 때 50퍼센트의 물을 포함하고 있다.

물에는 생명이 있어서 물에 생명을 살리는 긍정의 말을 하면 좋아하고 부정적인 말을 하면 싫어한다. 물과 같이 인간 자체는 생명이므로 우리의 육체는 긍정의 말과 부정의 말에 그대로 반응한다. 따라서 우리가 어떻게 의식하는가에 따라 몸이 건강하기도 하고 병들기도 한다. 긍정 의식, 부정 의식에 따라 몸이 살고 죽는다. 우리의 삶에 많은 영향을 미치는 의식은 언어와 관계가 있고 또 패러다임 확장과 관계 있다. 코칭은 소통을 통해 삶에 많은 영향을 미친다.

4) 코칭 프로세스

• 프로세스는 무엇인가?

사전적 의미의 프로세스는 '어떤 과정의 진행 절차'라고 한다. 코칭의 프로세스는 상대가 생각을 정리하고 열도록 돕는 질문의 진행 절차이다. 진행 절차가 있으면 엉뚱한 곳에 가지 않고 차근차근 목표를 향해서 가는 것에 도움을 준다. 프로세스는 목표를 향해가도록 도와주는 등불과도 같다.

• 일반 대화와 코칭 GROW 프로세스는 어떻게 다른가?

첫 번째, 코칭 철학의 기반에 맞춰서 진행된다. 두 번째, GROW 프로세스에 맞춰서 진행된다. 세 번째, 코칭 전문가가 진행을 한다.

코칭 프로세스를 통해 기대하는 성과는 개인의 행복과 성공이다. 코치가 코칭 프로세스를 잘하려면 프로세스에 맞춰 삼천포로 가지 않도록 함께 동반하는 것이 필요하다. 동반 과정에서 프로세스에 따라 코칭이 진행되는 것은 코치의 진행 역량이다. 상대가 시작의 주제와 다르게 왔다 갔다 해 일반 대화로 진행되지 않도록, 코치는 코치 프로세스에 익숙해지는 연습을 해야 한다.

프로세스 진행 시 코치에게 필요한 역량

① GROW의 프로세스를 따른다. 상대와 정한 시간을 지킨다.

② 프로세스 동안 상대(고객)와 코칭 프레즌스(Presence)를 지킨다.

③ 효과적인 질문과 경청, 지지, 인정을 충분히 한다.

④ 코치 자신이 편안한 마음으로 코칭해 상대(고객) 스스로 자신의 모습을 볼 수 있도록 동반한다.

⑤ 상대(고객)의 주제에 따른 구체적인 실행 계획을 세우고 실행할 수 있도록 후원 환경을 조성한다.

프로세스의 진행을 유연하게 하기 위해 코치 자신이 맑은 거울이 되는 것이 필요하다. 그렇게 맑은 거울이 되어주기 위해서는 본인의 문제라고 생각하는 문제와 본인의 감정을 조절하는 것이 중요하다.

GROW 프로세스란 무엇인가?

코칭 대화 프로세스는 코칭의 효과를 정해진 코칭 시간에 효과적으로 프로페셔널하게 진행하기 위한 대화 진행 형식이다. 코칭은 많은 경우 1회기를 50분 기준으로 30분~두 시간 동안 진행한다. 이 과정에서 코칭 주제에 초점을 맞춘 코칭의 성과를 거두기 위해 프로 코치의 코치 진행 형식에 따라 진행하게 된다. 과정의 단계를 나눠 진행함으로써 자연스럽게 코칭의 효과를 만들도록 돕는 과정이다.

코칭 대화 프로세스는 코칭 과정을 이끌고 가는 등불과도 같다. 모델은 코칭 철학을 기본으로 코칭 기술을 자연스럽게 적용하는 과정이다. 마치 프로 요리사의 역량으로 한결같은 맛을 유지하는 것이 기본에 충실한 것처럼, 이 과정은 기본 코칭을 숙지한 코칭 철학과 정의에 충실하려는 프로 코치의 코칭 진행이다.

GROW 모델은 문제를 해결하거나 목표를 설정하는 탁월한 기술이며, 1980년대 후반에서 1990년대에 걸쳐 영국에서 개발되어 기업코칭에 널리 활용되어왔다. 아직도 원 GROW 모델개발자에 대해 의견이 분분하고 명확하지 않은 상태에서 코칭계에서 유명한 알렉산더(Graham Alexander), 파인(Alan Fine),

위트모어 경(Sir John Whitmore)은 GROW 모델 활용에 막대한 기여자로 알려져 있다(The GROW model(or process) is a technique for problem solving or goal setting. It was developed in the United Kingdom and was used extensively in the corporate coaching market in the late 1980s and 1990s. There have been many claims to authorship of GROW as a way of achieving goals and solving problems. While no one person can be clearly identified as the originator Graham Alexander, Alan Fine, Sir John Whitmore who are well known in the world of coaching, made significant contributions).

(참조 : Wikipedia, the free encyclopedia)

• GROW 프로세스의 이해   CQ(Coaching Question)

G	Goal(목표)	원하는 목표, 미래에 원하는 것이 이뤄진 모습
		CQ 1 해결하고 싶은 주제는?
		CQ 2 해결된 바람직한 상태는?
R	Reality(현실)	현실의 상태, 원하는 목표와 가장 멀리 있는 지금의 상태
		CQ 3 현재 상황은?
O	Obstacles(장애물) Options (가능한 방법)	원하는 목표에 다가가는 과정에서의 예상 장애물 장애물 인식 후 원하는 목표를 이룰 수 있는 방법들
		CQ 4 예상되는 장애물은?
		CQ 5 그러한 장애물에도 불구하고 해결할 수 있는 방법들은?
W	Will(의지) Wrap Up(마무리)	위에서 찾은 방법을 실행해 목표를 이루는 구체적 실행 계획
		CQ 6 대안들 중 한 가지를 선택한다면?
		CQ 7 구체적인 실행 계획은?

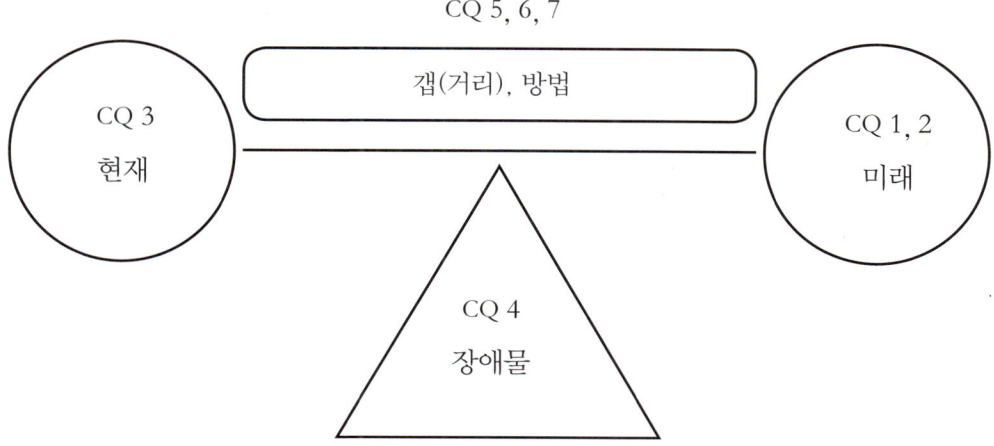

CQ 5, 6, 7

갭(거리), 방법

CQ 3
현재

CQ 1, 2
미래

CQ 4
장애물

GROW 프로세스의 이해

GROW 프로세스를 통해 고객이 앞으로 미래에 원하는 모습을 찾고 그 모습을 선명하게 꿈꾸면서 코칭 주제를 정한다. 지금 현재의 모습을 확인함으로써 얼마나 멀리 있는지, 미래의 목표까지 가는 과정에서 예상되는 장애물도 생각해보고 잘할 수 있는 강점도 생각해본다. 그럼에도 불구하고 목표를 이룰 방법을 세 가지 이상 찾는다. 그리고 세 가지 이상의 방법 중 본인이 가장 해보고 싶은 방법을 하나 선택해 꼭 그것을 실행할 환경과 자신과의 약속을 만드는 과정이 GROW 코칭 프로세스이다.

5) 코칭의 3요소

코칭의 3요소는 상대의 마음을 열도록 돕는 경청, 상대가 생각을 하도록 돕는 질문, 상대가 하고 싶도록 돕는 지지·칭찬이다.

어렵게 체중 감량에 도전한 고객이 '이번에도 안 될 거야' 하는 부정적 마음으로 노력하면 결과는 기대에 못 미칠 것이다. 이때 고객에게 잘할 수 있다고 진정으로 믿어주고(지지), 강점을 찾아 칭찬함으로써, 하고자 하는 동기부여를 주고 하려는 마음을 갖게 하는 데 도움을 준다.

• 상대의 마음을 열도록 돕는 경청

"말하는 것의 반대가 듣는 것은 아니다. 말하는 것의 반대는 기다리는 것이다."

이는 미국 작가이자 연설가 프란 레보비치의 말이다.

경청은 기다리는 것이다. 앞에 있는 고객이 말을 끝까지 할 때까지 기다리는 것이다. 사실, 이것이 쉬운 일은 아니다. 왜냐하면 나도 내 속의 말을 하고 싶기 때문이다. 그래서 끝까지 기다리는 것이 쉽지 않은데 가만히 들어보면 끝에 나오는 말에 참 중요한 말이 많다. 그래서 '경청이란 끝까지 기다리면서 듣는 것'이다.

어떻게 하면 끝까지 들을 수 있을까? 상대가 말할 때 경청을 잘해주면 상대는 마음의 문을 열기 시작한다. 마음의 문고리는 안쪽에 있어서 밖에서는 열 수가 없다. 스스로 문고리를 열면 고객은 자기 속 안에 있는 자신도 인지하지 못했던 모르는 내용을 끄집어내서 이야기하기 시작한다. 이것이 경청을 해야 하는 이유다. 경청으로 끝까지 상대의 이야기를 들을 마음이 있다는 표현을 해주면 상대는 마음을 열어 천천히, 하나씩 이야기를 시작한다.

메라비언 법칙에 언어적인 경청과 비언어적인 경청이 있다. 지난 1971년 앨버트 메라비언은 실험을 통해 100퍼센트 중 7퍼센트 언어 정보, 38퍼센트 청각 정보, 55퍼센트 시각 정보 순으로 상대를 이해한다고 했다.

귀로 듣기 : 7퍼센트 – 무엇을 말하는가? (내용 : 말)

귀로, 마음으로 듣기 : 38퍼센트 – 어떻게 말하는가?(음성적 요소 : 높낮이, 어조, 강약, 떨림 등)

눈으로, 마음으로 듣기 : 55퍼센트 – 비언어적 메시지(시각적 요소 : 몸짓, 표정, 자세, 안색 등 생리적 반응 등)

_심리학자 앨버트 메라비언

이는 경청을 통해 상대의 소리나 내용만을 듣는 것이 아니라 소리의 색, 표정 등도 같이 경청하는 것의 중요성을 알려준다. 즉, 상대(고객)의 모든 것에 집중해 듣는 것이 경청이다. 이런 경청은 코칭 요소 중 칭찬, 인정, 지지, 효과적인 질문에 많은 도움을 준다. 경청을 통해 상대가 나한테 무엇을 원하는지를 이해하기가 쉽다.

① 경청의 이해를 돕는 활동

두 사람씩 짝이 된다.

a. 1분 동안 서로를 경청하지 말고 각자 하고 싶은 말을 동시에 한다.

b. 1분 동안 순서를 정해 한 사람은 이야기하고 한 사람은 최선을 다해 경청한다.

c. 서로에게 어떻게 하는 것이 경청인지 이야기한다.

② 경청의 이해

경청은 상대가 말하는 것을 그대로 듣고 있다고 표현하고 들은 내용을 확인하는 것 모두를 의미한다(박은경, 2013, 밸런스행복코칭). 즉, 말을 듣는 언어적 경청과 표정과 소리를 듣는 비언어적 경청 모두를 잘해야 경청을 잘한다고 말할 수 있다. 기계적 경청(Mechanical Listening)을 통해 경청의 세 가지 맞춤(눈 맞춤, 말 맞춤, 마음 맞춤)을 이해한다(박은경, 2012, 밸런스행복코칭).

경청을 하다 보면 무의식적으로 상대의 말을 끊거나 중간에 개입할 수도 있다. 상대의 이야기를 듣는다는 것은 나를 조절하고 노력하는 과정이다. 이때 어떤 노력을 하면 효과적인 경청이 되는지 무조건 기계적으로 연습하는 과정이다. 다른 사람의 영혼 이야기를 경청함으로써 그 의미가 잘 드러나게 해주는 것은 우리가 다른 사람을 위해 해줄 수 있는 가장 위대한 봉사일 것이다.

• 상대가 생각을 하도록 돕는 질문

'Powerful Coaching Questions'은 고객의 잠재 능력을 극대화해 창의적인 답을 찾도록 돕는 도구이다. 질문을 통해 고객의 내재되어 있는 잠재 능력을 극대화해서 본인의 입장에 맞는 창의적인 방법을 만들어내도록 도와준다.

① 질문의 효과

a. 필요한 특별한 정보를 얻는다.

b. 다른 사람들을 설득하고 자극한다.

c. 자신의 문제를 창의적으로 생각하도록 돕는다.

② 질문의 일곱 가지 유익

a. 질문을 하면 답이 나온다.

b. 질문은 생각을 자극한다.

c. 질문을 하면 정보를 얻는다.

d. 질문을 하면 통제가 된다.

e. 질문은 마음을 열게 한다.

f. 질문은 귀를 기울이게 한다.

g. 질문에 답하면 스스로 설득이 된다.

(출처 : 도로시 리즈의 『질문의 7가지 힘』)

③ 효과적인 질문의 유형

a. 긍정 질문 : 원하는 것에 초점을 맞춘다.

– 앞으로 5년 후에 아니면 다음 세대의 사람들이 지금 상황에 대해 이런 결정을 바라볼 때 어떻게 생각하겠는가?

– 자손들의 관점에서 5년 후, 혹은 다음 세대의, 또는 손자의 손자가 지금 당신이 내린 결정을 어떻게 생각하겠는가?

b. 미래 질문 : 미래의 비전에 초점을 맞춘다.

– 당신이 나와 같은 상황이라면 어떻게 하겠는가?

– 이제 앞으로 1년 후 또는 5년 동안에 어떤 일을 하기를 원하는가?

c. 열린 질문 : 주제에 대해 생각을 하도록 맞춘다. 누가, 언제, 어디서, 무엇을, 어떻게, 무슨 이유 등의 의문사로 시작한다.

– 그와 같은 경험이 당신에게 어떤 의미를 주었는가?

– 어떤 경험을 통해 삶이 형성되었는가?

d. 직접적 질문(Direct Question) : 문제의 핵심을 직접적으로 집어내는 것이다.

– 이 상황에서 당신의 가치가 진실한가?

– 이 상황 속에서 당신의 가치에 대해 당신은 진실한가?

– 그 같은 행동을 했을 때 누가 가장 유익을 얻을 것이라고 생각하는가?

④ 질문을 할 때

– 간단하고 명료해야 한다.

– 한 번에 한 가지씩 질문한다.

– 핵심에서 벗어나지 않아야 한다.

– 고객의 생각을 확장하는 데 도움이 되도록 한다.

• 농부 이야기

토마토 농사를 지어서 가족들과 행복하게 사는 농부가 있었습니다. 그런데 어느 해는 아무리 농사를 열심히 지어도 토마토가 열리지 않는 거예요. 다른 해는 지금쯤이면 토마토가 나왔을 텐데 올해는 아무리 열심히 해도 토마토가 열리지 않는 거예요. 그래서 농부는 이런 생각을 하기 시작했어요.

'왜 안 열리지? 문제가 무엇일까? 안 열리는 이유가 뭐지? 도대체 내가 무엇을 잘못했을까?'

농부는 짜증이 나기 시작해요. 기분이 울적해요.

'아 안 되는구나.'

어떤 마음이 들어요?

'체념하고 싶어져요. 원망하고 싶어져요. 누구 탓일까요?'

이런 마음이 드는 거예요. 하늘 탓도 해봤다가 땅 탓도 해봤다가 별별 탓을 다 해보는 거죠.

'작년에는 날씨가 좋았는데, 올해는 날씨가 안 좋아. 하나님 왜 그러시는 거예요?'

하나님을 탓했어요.

'작년에는 땅이 좋았는데, 올해는 땅이 안 좋은가 봐.'

땅을 탓했어요.

'작년에는 묘종을 산 그 상인이 정말 좋은 묘종을 갖다줬는데, 올해는 그 상인이 나한테 왕창 사기를 쳤네.'

상인 탓을 하고 있어요. 생각하고 생각하다 결국 이렇게 생각하게 된 거예요.
'그 상인을 잡아야겠다.'
그래서 상인을 잡으러 다녔어요. 알고 보니 사기꾼! 한 달을 찾아 헤맸는데 그 사기꾼이 잡혔을까요? 안 잡혀요.

그러면 이 농부에게 한 달 동안 어떤 일이 벌어졌을까요? 농사 일은 하나도 안 하고 안 잡히는 사기꾼만 잡으러 다니다 보니까 한 달 동안 정신적으로 피폐해 있죠. 육체적으로 피폐해 있죠. 그러다 보니까 주위 사람과 다투는 일이 잦아졌어요. 그러다 보니까 한 달 사이에 자기 삶은 완전히 부정적인 삶을 살고 있더라 이 말입니다.

어떤 질문이냐 하면 '왜 안 되지? 그 사람은 왜 안 잡히는 거지? 그 사람이 왜 재수 없게 나한테 걸려든 거지?' 하는 거죠.

그러던 어느 날 농부가 이런 생각을 하기 시작했어요.
'내가 지금 뭐하고 있는 거지? 나는 농부야. 농사를 지어야 올해 안에 수확해서 우리 애 등록금도 내지. 내가 미쳤어. 너 지금 제정신이니?'

이렇게 정신을 차린 거예요.

그러면서 이런 질문을 했지요.
'그럼에도 불구하고 내가 지금부터 잘할 수 있는 것은 무엇일까? 나는 농부인데 내가 어떤 농작물을 심으면 나머지 기간 동안 수확할 수 있을까? 날씨가 안 좋을 수도 있는데 그럼에도 불구하고 잘하려면 어떻게 하면 될까? 그 사기꾼을 잡으러 갈 게 아니라 어떻게 하면 좋은 묘종을 줄 상인을 만날 수 있을까?'

무슨 질문을 했어요? 긍정 질문, 열린 질문, 미래 질문을 한 거죠. 자기 자신한테 말이에요. 그랬더니 어떤 대답이 나올까요?

"될 것 같아."

그래서 농부는 움직이기 시작했어요. 그래서 맨 처음 무엇을 마음먹었냐 하면 '일단 상황이 어떤지 가서 보자'였지요. 그래서 그 농장에 가보니까 쑥대밭이 되어 있어서 쑥을 다 뽑았어요. 다 뽑고 나니까 토마토들이 그럼에도 불구하고 열려 있는 거예요. 농부는 생각했어요.

'아 지금 다른 작물을 심기보다는 조금 더 내가 정성을 들이고 조금 더 좋은 묘

종을 사다가 토마토 농사를 열심히 지어봐야지. 뭐니 뭐니 해도 나는 토마토 농사는 잘 짓는 사람이야.'

이렇게 자기를 보게 된 거예요. 그래서 토마토를 열심히 가꾸기 시작했어요. 정성을 다해 가꾸었어요. 다른 때보다도 환경이 안 좋기 때문에 더 많은 정성을 들인 거죠. 열심히 가꿔서 하나가 나면 "고맙습니다", 두 개가 나면 "웬일이신가요?", 세 개가 나면 "고맙습니다"라고 했어요. 이렇게 정성을 들여 가꾸다 보니까 그해에는 평년보다 3배 이상 수확할 수 있었다고 합니다.

이 이야기는 농부 스스로 부정 질문을 했을 때의 태도와 긍정의 질문을 했을 때의 태도를 통하여 다른 결과가 올 수 있다는 것을 보여준다.

이처럼 질문은 문제의 상황을 가능성의 상황으로 바꾸어 미래를 향해 나아갈 힘과 답을 줄 수 있다.

잘못된 상황을 상대나 환경 탓을 하는 경우도 질문을 통해 누구의 탓이 아니고 결국은 내가 바뀜으로써 상황과 상대가 바뀐다는 것을 인식하도록 돕는 것이 또한 질문의 힘이다.

부부 코칭의 사례에서 서로가 서로를 탓하고 부족하다며 화를 내고 그래서 같이 살기 힘들다고 하는 경우, "그럼에도 불구하고 잘살 수 있는 방법은 무엇일까요?"라고 미래 질문을 던져본다. 그러면 각자 서로가 바뀌었으면 하는 것들에 대한 요구를 이야기한다. 이때 "어떻게 하면 잘할 수 있을까요?"라는 긍정 질문, 열린 질문을 던져 서로의 욕구를 바라볼 수 있도록 한다.

이런 사례를 통해 강사로서 효과적인 질문을 이용해 학습자들의 원하는 욕구를 알고 최선을 다한다면 강사의 최선이 진정한 최선이 되리라 생각한다.

• 상대가 하고 싶도록 돕는 지지·칭찬

"우리는 누구나 다 '칭찬'이라는 사랑스러운 말로부터 무엇인가를 할 마음이 우러나오게 된다."

이는 로마 시대의 정치가이자 철학자 키케로의 말이다. 또 미국의 소설가 마크 트웨인은 이렇게 말했다.

"칭찬 한마디 듣는 걸로 나는 두 달을 살 수 있다."

• **칭찬 요령**(출처 : 박은경, 2012, 밸런스행복코칭)

a. 잘하는 것을 구체적으로 인정하기.

b. 잘하려는 것을 인정하기.

c. 듣고 싶어 하는 말을 해주기.

d. 즉시 하기.

• **칭찬은 고래도 춤추게 한다**

a. 고래는 어떤 칭찬에 춤을 출까?

b. 칭찬은 상대를 움직이게 하는 힘이 있다는 말이다. 그렇다면 어떤 칭찬을 할 때 고객에게 정말 움직일 마음이 일어날까?

c. 진짜 내 마음을 울리는 칭찬은 어떤 것일까?

d. 상대에게 어떻게 칭찬을 해줘야 정말 마음에 꼭 드는 그런 칭찬이 될 수 있을까?

이 질문들을 거듭 고민해보기 바란다.

강사 셀프 브랜딩

1판 1쇄 | 2015년 6월 30일
저   자 | 한광일, 최재용, 박은경
발 행 인 | 김인태
발 행 처 | 삼호미디어
등   록 | 1993년 10월 12일 제21-494호
주   소 | 서울 서초구 바우뫼로41길 18 원원센터 4층
전   화 | 02-544-9456
팩   스 | 02-512-3593
정   가 | 18,000원

ISBN 978-89-7849-525-7 13690

ⓒ 한광일, 최재용, 박은경

이 도서의 국립중앙도서관 출판예정도서목록(CIP)은
서지정보유통지원시스템 홈페이지(http://seoji.nl.go.kr)와
국가자료공동목록시스템(http://www.nl.go.kr/kolisnet)에서 이용하실 수 있습니다.
(CIP제어번호: CIP2015015041)